河北省社会科学发展研究项目

河北省农村金融发展问题研究

庞如超　刘凤茹　著

西北工業大學出版社

【内容简介】 本书对河北省农村金融发展进行了全面的分析和研究，对正规金融与非正规金融的关系以及农村金融的供给和需求进行了详细的分析和调查，对河北省小额贷款公司、农村小额保险以及农村信用合作社发展中存在的问题进行了剖析，从信息学角度对农村金融风险的形成及防范进行了研究探讨。

图书在版编目(CIP)数据

河北省农村金融发展问题研究/庞如超，刘凤茹著．—西安：西北工业大学出版社，2014.1
ISBN 978-7-5612-3914-8

Ⅰ．①河…　Ⅱ．①庞…　②刘…　Ⅲ．①农村金融—金融市场—经济发展—研究—河北省　Ⅳ．①F832.35

中国版本图书馆 CIP 数据核字(2014)第 014935 号

出版发行：西北工业大学出版社
通信地址：西安市友谊西路 127 号　邮编：710072
电　　话：(029)88493844　88491757
网　　址：www.nwpup.com
印 刷 者：陕西宝石兰印务有限责任公司
开　　本：850 mm×1 168 mm　1/32
印　　张：9.125
字　　数：252 千字
版　　次：2014 年 5 月第 1 版　2014 年 5 月第 1 次印刷
定　　价：30.00 元

前　言

本书是根据2013年度河北省社会科学发展研究项目（项目编号：201303060）的最终研究成果编写的。课题组在对河北省农村金融进行调查、分析和数据处理的基础上，对河北省农村金融发展进行了考察和研究，撰写了本书。

本书基于金融与经济发展的关系理论，通过构建计量模型对河北省农村金融发展支持经济增长进行了实证分析。河北省农村金融发展整体上促进了农村经济增长，但对经济增长的影响还存在一定的局限性。通过对河北省农村进行抽样调查发现，传统的正规金融不能满足需求，农村金融供给缺口较大。由于正规金融的供给不足，农村非正规金融得到快速发展，要积极引导和规范非正规金融的发展，推进民间金融的合法化，为农村经济发展服务。农村小额贷款公司因具备成本优势和信息优势，近几年在农村金融市场得到快速发展，一定程度上缓解了资金供给不足的问题，但潜在的金融风险不容忽视。农村小额保险的发展为农民规避基本的生产生活风险发挥了积极作用，但是，农村小额保险在我国还处于探索阶段，供给模式还没有完全建立，还存在着很多制约因素。农村信用合作社成为农村金融市场上规模最大的正规金融机构，但由于自身产权不明晰、内部管理混乱等问题，不能充分发挥金融服务的功能，只有进行有效的改革和创新，才能成为农村金融市场的中坚力量。由于农村金融市场上信息不对称而出现逆向选择、道德风险等问题，农村金融市场处于高风险状态。只有进行制度上的完善和规范金融机构，建立农业保险制度等，才能使农村金融市场健康稳定运行，为农村经济发展提供资金支持。

本书对国内外相关文献进行了全面梳理，对大量相关经济数据进行了整理与挖掘，并运用计量模型进行了检验和分析，全面地展现了河北省农村金融发展水平以及主要农村金融机构的经营状况。课题组成员精诚合作，顺利完成了课题研究任务。

庞如超作为课题负责人，设计了研究方案并修订了全部书稿；本书第2～6章由庞如超撰写；第1章、第7章和第8章由刘凤茹撰写。课题组其他成员负责数据和资料的搜集和整理工作。

本书在数据统计和资料搜集方面得到了河北省银监局周楠女士、中国农业银行河北省分行王元先生、中国农业银行邢台分行张永乐先生以及河北银行廊坊分行周淼华女士的大力支持，在此表示衷心感谢。

因水平有限，书中难免存在不妥之处，敬请读者批评指正。

著 者

2013年10月15日

目　　录

第1章　河北省农村经济和农村金融发展概况

几经变迁的农村金融体制为河北省农村经济增长做出了巨大贡献，但是，我们也应该看到现有的农村金融体制所提供的金融服务很难满足农村社会发展带来的多层次、多元化的金融需求。农村金融体制改革仍然是农村经济体制改革的薄弱环节，农村金融与农村经济发展要求不相适应。

1.1　河北省农村经济发展状况①

河北省是我国北方农业大省之一，农业的综合生产能力占主导优势地位。同时，乡镇私营企业的不断兴起使得河北省农村经济产业结构不断发生着变化，农村综合素质和市场竞争实力也在逐渐增强。

农村经济在河北省国民经济发展中占据十分重要的地位，改革开放以来，河北省农村经济一直保持着较好的发展态势。2011年，河北省农、林、牧、渔业总产值达4 895.88亿元，增加值2 905.73亿元，占全省国内生产总值(GDP)的11.85%。全省农村人口为5 599.62万，农村从业人口为3 003.83万，其中，农、林、牧、渔业，建筑业，交通运输、仓储和邮电通信业，批发零售业，住宿和餐饮业从业人口所占比例分别为47.71%，21.9%，11.73%，4.6%，8.39%。与其他沿海发达省份相比，河北省农村从业人员

① 数据来源：《河北省农村统计年鉴》。

中农、林、牧、渔业所占比例较高，而第二、三产业的从业人员所占比例相对较低。河北省乡镇企业近几年保持快速发展，对吸纳农村劳动力和促进农村经济发展做了重要贡献。本节从农村农、林、牧、渔业，乡镇企业，农民收入与消费三方面分析河北省农村经济基本发展状况。

1.1.1　农、林、牧、渔业

农、林、牧、渔业总产值，是以货币形式表现的一定时期内（通常为1年）生产的农业、林业、牧业、渔业产品的价值量和对农、林、牧、渔业生产活动进行的各种支持性服务活动的价值量的总和，既包括生产部门的产值，也包括农、林、牧、渔服务业产值。图1－1显示了1990—2011年河北省农、林、牧、渔业总产值变动情况，总体来看，农、林、牧、渔业总产值呈上升趋势。2011年河北省农、林、牧、渔业总产值由1990年的357.63亿元增长到4 895.88亿元，增长了近13倍，比上年增长12%，年均增长幅度14%。

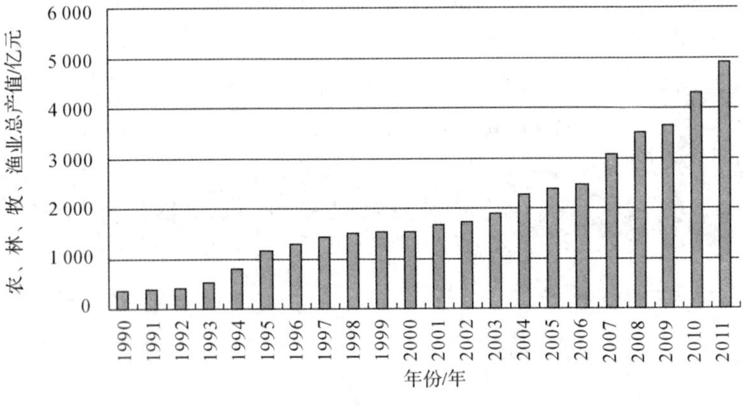

图1－1　1990—2011年河北省农、林、牧、渔业总产值变化趋势图

从农、林、牧、渔业内部结构变动角度进行分析，总体上各部门之间逐渐趋于合理，但农业部门所占比重仍然偏高，林业、渔业比重较小(见表1-1)。1990年农、林、牧、渔业占比分别为71.24%，2.68%，23.31%，2.77%，到2011年各行业占比分别为56.69%，1.20%，34.19%，3.34%。尽管历年各行业占比有所波动，但总体上农业和林业占比趋于减少，而牧业和渔业趋于增加。农业比重下降主要是因为农业效益相对牧业和渔业较低，而林业比重的下降主要是发展速度相对于其他产业部门较慢。

表1-1　农、林、牧、渔业总产值构成　单位：%

年份/年	农业	林业	牧业	渔业	农、林、牧、渔服务业
1990	71.24	2.68	23.31	2.77	
1991	68.66	3.28	25.12	2.94	
1992	67.28	3.32	25.85	3.55	
1993	67.38	2.99	27.21	2.42	
1994	65.08	2.44	29.91	2.57	
1995	65.65	2.05	29.98	2.32	
1996	61.73	1.91	33.71	2.65	
1997	58.80	1.84	36.40	2.96	
1998	58.83	1.82	36.36	2.99	
1999	57.13	1.83	37.86	3.18	
2000	54.82	1.64	39.73	3.81	
2001	53.53	2.02	40.81	3.64	
2002	53.14	2.17	40.88	3.81	
2003	51.05	2.20	38.42	3.07	5.26
2004	49.69	1.75	40.46	3.16	4.94
2005	52.87	1.69	36.96	3.34	5.14
2006	55.97	1.86	33.75	2.95	5.47

续表

年份/年	农业	林业	牧业	渔业	农、林、牧、渔服务业
2007	53.29	1.70	37.29	2.77	4.95
2008	50.23	1.60	40.25	2.93	4.99
2009	53.80	1.09	37.08	2.98	5.05
2010	57.32	1.19	33.50	3.31	4.68
2011	56.69	1.20	34.19	3.34	4.58

注:2002年以后年份执行新国民经济行业分类标准,总产值包括农、林、牧、渔服务业产值。

1.1.2 乡镇企业

乡镇企业是指以农村集体经济组织或者农民投资为主,在乡镇(包括所辖村)举办的承担支援农业义务的各类企业,包括乡镇办企业、村办企业、农民联营的合作企业、其他形式的合作企业和个体企业五级。乡镇企业是30多年来在中国农村发展起来的新兴经济组织,这种新经济组织解决了农村经济发展和农民的转移就业问题。2011年,河北省乡镇企业经济单位个数达154.32万个,同比增长7%,其中乡镇企业17.46万家,比上年增加1.66万家;河北省万人拥有乡镇企业24.9个,拥有乡镇企业经济单位220.4个。乡镇企业经济单位从业人员达1 366.46万人,同比增长7.78%,约占全社会第二、三产业从业人员的55%,其中乡镇企业从业人员633.9万人。完成增加值10 891亿元,同比增长24.3%,占全省GDP的44.4%。乡镇企业经济单位实现营业收入43 473.2亿元,同比增长27.6%;实缴税金1 252.8亿元,同比增长33.9%,占全省全部财政收入的41.48%。乡镇企业的迅速发展对促进农民增收、转移农村劳动力和促进农村经济发展发挥了十分重要的作用(见表1-2)。

表 1-2　河北省历年乡镇企业基本情况

年份/年	乡镇企业个数/万个	乡镇企业从业人数/万人	乡镇企业营业收入/亿元	乡镇企业实交国家税金/亿元
2000	101.3	849.6	7 629.4	103.1
2001	103.3	868.7	8 544.9	113.4
2002	105.4	886.2	9 741.1	130.7
2003	107.5	903.9	11 213.0	161.4
2004	118.1	914.5	11 932.3	240.0
2005	124.7	1 006.5	14 693.1	306.2
2006	129.3	1 092.4	17 676.7	394.2
2007	132.5	1 140.8	20 270.9	531.4
2008	135.0	1 179.9	24 838.4	698.9
2009	139.3	1 222.0	27 435.4	744.9
2010	144.2	1 267.8	33 830.7	914.8
2011	154.3	1 366.5	43 473.2	1 252.8

1.1.3　农民收入与消费

近年来，随着农村经济的快速发展，农民收入增长显著，受收入变化的影响，农民生活消费支出也大幅度增长，生活质量不断改善。如图 1-2 所示，2002 年以前，河北省农民人均纯收入增长比较缓慢，从 2002 年开始，进入快速增长期。到 2011 年，农民人均纯收入达到 7 120 元，比上年同期增长 1 162 元，是 1995 年的 4.3 倍，高于全国平均水平（6 977 元）。农民收入持续增长主要是由于进城和外出务工的工资收入不断增加，农业生产经营收入继续保持稳定增长和非农产业收入的增长。农民人均消费支出的变化趋势和人均纯收入类似，2002 年开始，人均消费支出增长明显。2011 年，河北省农民人均消费 4 711 元，比上年同期增长 866 元，是 1995 年的 4.3 倍，但低于全国水平（5 221 元）。在支出结构方面，食品消费支出占整个消费支出的比例，总体呈下降趋势，2005 年为 41%，到 2011 年为 33.5%；居住消费支出变化不明显，基本保持在 21%左右；医疗保健支出所占比例呈显著的上升趋势，2000 年为5.7%，一直持续增长，到 2011 年为 12.1%。可以看出，河北省农村居民的收入和消费在持续地增长，生活水平不断提高，医疗保健的增长显著，但是和城镇居民比较仍然有一定差距。

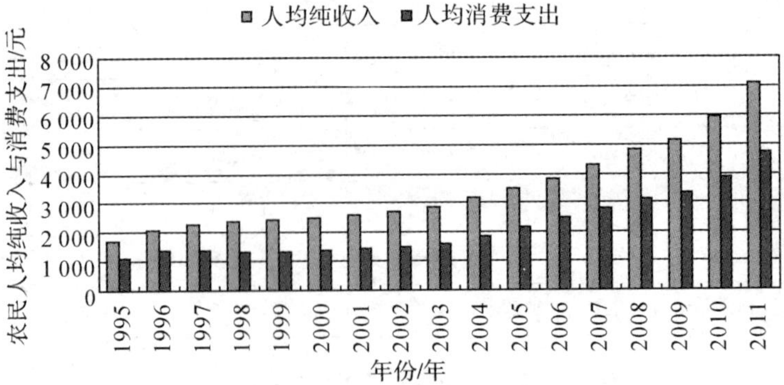

图 1－2　河北省农民人均纯收入与消费支出

1.2　河北省农村金融基本状况

农村金融是指农村领域内支持农村生产经营活动的金融机构和金融工具的总称。农村金融有两层含义，广义上是指对农村经济发展提供金融支持的金融部门以及相关的吸收存款、发放贷款、办理结算等金融活动，狭义上是指对以从事农业生产的农户为主体的传统部门的融资支持。本书讨论的农村金融是指支持农村经济发展的所有金融组织和金融活动。河北省在农村经济快速增长、农民收入迅速提高、农村经济结构不断优化的同时,其农村金融也伴随全国农村金融的改革发展有了显著进步。

1.2.1　河北省农村金融发展历史沿革

河北省农村金融体系是我国农村金融体系中的一个重要组成部分。河北省农村金融发展过程是整个中国农村金融发展和改革的一个缩影,早在20世纪20年代初期,香河县成立了近代我国最早的农村信用合作社。改革开放以来,为了推动农业和农村经济的发展,农村金融制度发展大体上可以分为下述3个阶段。

第一阶段(1979—1993年)。这一阶段主要是恢复和成立新的农村金融机构,形成农村金融市场组织的多元化和竞争状态。中国农业银行的恢复,改变了传统的运作目标,明确提出大力支持农村商品经济,提高资金使用效率,发展农村金融事业;同时还规定,农村信用合作社是中国农业银行的基层组织。由于中国农业银行集财政性拨款管理、商业信贷业务和合作金融组织于一身,从而确定了中国农业银行在农村的垄断地位。农村信用合作社改革继续推行,1984年提出了把农村信用合作社办成“自主经营、自负盈亏”的群众性合作金融组织,之后,中国农业银行对农村信用合作社进行了民主管理、业务管理和组织建设等方面的一系列改革,推动了农村信用合作社事业的极大发展。随着家庭联产承包责任制的推行,农村合作基金会在清理农村基层财务过程中开始兴起。它是由乡镇集体经济组织和农户按自愿互利、有偿使用的原则建立起来的农村互助组织。资金以集体资金为主,并吸收农户资金入股,存款时间长,利率比信用合作社低,贷款对象主要是村内或乡内农户。

第二阶段(1994—2002年)。在第一阶段的基础上,建立一个能够为农业和农村经济发展提供及时、有效服务的农村金融体系。

这一体系包括以工商企业为服务对象的商业性金融机构(中国农业银行)、以服务农户为主要目标的农村信用合作社(中国农村信用合作社)、支持整个农业开发和农业技术进步的政策性金融机构(中国农业发展银行)。1996 年,农村信用合作社从农业银行脱钩,改革的核心是把农村信用合作社逐步改为由农民入股、由社员民主管理、主要为入股社员服务的合作性金融组织。1998 年中国人民银行制定了《关于国有独资商业银行分支机构改革方案》,根据该方案,中国农业银行大量撤并分布在农村基层的分支机构和网点。中国农业银行从农村撤离之后,农村信用合作社成为农村金融的主力军,从 2002 年初,农村信用合作社开始向农户提供小额、无抵押、无担保贷款。

在该阶段,国有商业银行商业化并逐渐撤离农村,中国农业发展银行职能由综合性向单一性转变,农村信用合作社进行体制改革,农村合作基金会受到整顿,农业保险逐年萎缩,农村金融体系的整体功能被削弱,表现:资金通过邮政储蓄银行和国有商业银行大量流向城市;农村资金供求矛盾日益突出;农民的消费性贷款几乎不可能从正规金融体系中得到满足,生产性贷款的条件也很苛刻;农村基础设施建设与公共服务的资金需求难以得到保证。

第三阶段(2003 年至今)。党的十六大之后,“三农”问题成为政府工作的重中之重。为改善农村金融服务,国家加大了政策引导扶持的力度,加快了农村金融改革的步伐。在这一阶段,农村信用合作社作为农村金融的主力军,成为新一轮农村金融改革的主角。中国农业银行面向服务“三农”开启了商业化改革;农业银行改革既有国有银行改革的一般性,又有其特殊性;农业银行庞大的网点和人力资源既是优势,又是劣势(增加了经营成本)。2007 年明确了农业银行改革的十六字原则,即“面向三农、整体改制、商业运作、择机上市”。2007 年邮政储蓄银行挂牌成立,以零售业务和中间业务为主,为城市社区和广大农村地区居民提供基础金融服务，与其他商业银行形成互补关系。从 2004 年开始，连续五个中央一号文件都对发展政策性农业保险提出了具体要求。2004 年，各地区和有关部门认真贯彻落实中央有关文件精神，以科学发展观为指导，掀起了新一轮农业保险试点高潮，取得了一定成效，试点区域和险种范围不断扩大、种类不断丰富。2006 年，银监会出台《关于调整放宽农村地区银行业金融机构准入政策更好支持社会主义新农村建设的若干意见》，从机构种类、资本限制等方面，大幅放宽农村金融机构的准入政策，鼓励各类资本到农村，设立村镇银行、贷款公司和农村资金互助社，农村金融竞争主体日益多元化。

经过以上 3 个阶段的改革和发展，农村金融市场得到了快速发展和完善，在政府的引导扶持下，目前河北省已经初步建立了农村政策性金融、合作性金融、商业性金融和其他金融组织形式共同发展的农村金融体系。

1.2.2　河北省农村金融机构组织体系

按照金融机构是否接受专门的银行监管机构监管，农村金融组织体系可分为正规金融机构和非正规金融机构两类。正规金融机构是指受一般法律约束并接受专门的银行监管机构监管的金融机构，它主要分为商业性金融机构、合作性金融机构和政策性金融机构。非正规金融机构指的是未经注册并且不接受正规监管的机构，如农村合作基金、私人钱庄等。图 1－3 所示为河北省现存农村金融机构组织体系。

1.2.2.1　正规性农村金融机构

为河北省农村经济发展提供服务的正规金融机构主要包括中国农业银行河北省分行、中国农业发展银行河北省分行、河北省农村信用合作社以及少量的农业保险公司，此外还有中国邮政储蓄银行和部分其他商业银行所提供的农村金融服务，但发挥的作用不大，一般只涉及少数较大农村企业的融资。农村金融服务主要涉及存款、贷款、汇兑、结算等综合金融服务。事实上，真正为河北省农村提供贷款服务的金融机构主要是中国农业银行、农村信用合作社和农业发展银行。其中农村信用合作社的小额信贷是直接面向单个农户的，农业发展银行主要承担部分政策性业务。

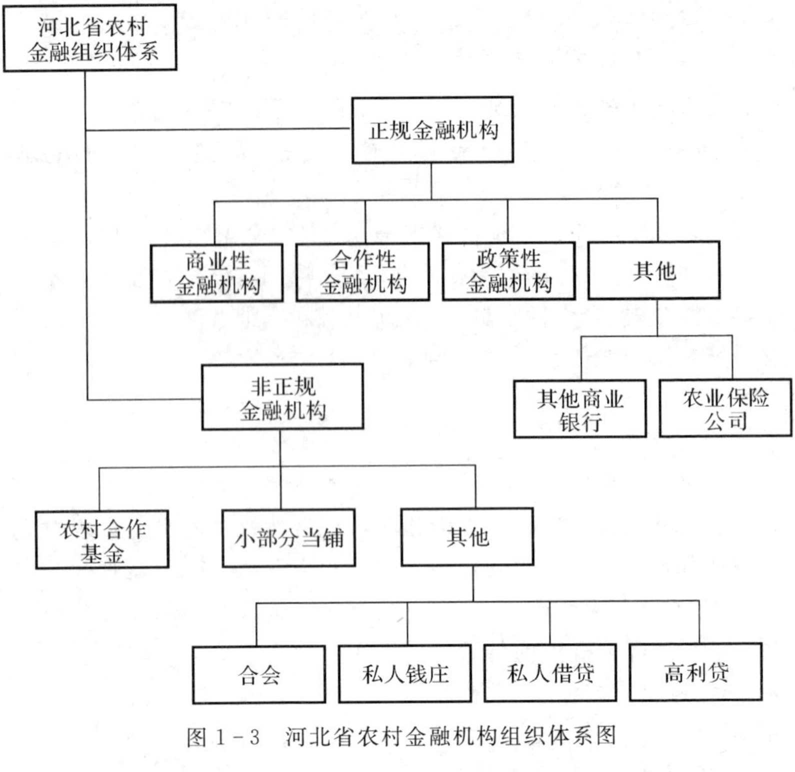

图 1-3　河北省农村金融机构组织体系图

(1)农村商业性金融机构。农村商业性金融机构是指根据农业经济的产业需求而设立的，向农业经济部门和农民提供金融服务的农村金融机构，其主要以获利为目的。农村商业金融涵盖的内容比较多，它包括所有商业性金融机构在农村的业务活动。但根据我国目前的实际情况，中国农业银行在农村商业性金融业务中一直占据绝对的优势，因此，在河北省经营农村金融业务的金融机构主要有中国农业银行河北省分行、部分其他商业银行等。中国农业银行河北省分行是河北省农村金融的一个重要主体，在农村金融中占据重要地位，也是河北省营业机构覆盖面最广、营业网点最多的国有金融机构之一，主要承担着农村存、贷款等业务。截至 2006 年年末，中国农业银行河北省分行在河北省拥有 11 个地市二级分行，265 个县级支行，员工 23 243 人，其涉农贷款余额为 562.89 亿元，占全行各项贷款的 40.6％，农业存款余额为 624.72 亿元，占各项存款的 38.61％。① 除了中国农业银行以外，中国工商银行、中国建设银行、城市商业银行、中国邮政储蓄银行等其他商业银行也涉及一部分农村和农业业务。可以看出，中国农业银行河北省分行是河北省农村商业性金融的主体，也是农村金融的一支重要力量。

(2)农村合作性金融机构。农村合作性金融机构是以互利合作为原则由农民自愿入股组成，实行民主管理，主要为入股农民提供金融服务的资金合作组织。河北省农村信用合作社是河北省农村金融的基础力量，其队伍十分庞大、营业网点覆盖几乎遍及所有乡镇，是农业正规金融机构中唯一与农业农户有直接业务来往的金融机构，在支持河北省农业和农村经济发展中起着极为重要的作用。目前河北省农村信用联社(信用社的管理模式是“省联社”模式：指县联社和信用社原来两级法人合并为一级法人，在县联社基础上，出资建立省联社，承担对辖内信用社的管理、指导、协调和服务职段，不干预信用社具体经营活动)在全省设 8 个地市级办事处、3 家联社、265 个县级联社、营业网点达 5 100 多个，从业人员 3.7 万余人。2006 年河北省农村信用合作社实现各项存款余额

① 数据由中国农业银行河北省分行提供。

2 215.32 亿元，全年累计发放农业贷款 1 395.2 亿元，其农业存、贷款分别占全省农业存、贷款的 65.72%和 34.4%。

(3)农村政策性金融机构。农村政策性金融机构是政府为实现一定的农业政策目标，促进农业经济发展而设立的专门从事政策性融资活动的农村金融机构。中国农业发展银行是 1994 年成立的直属国务院领导的政策性金融机构，它是市场经济条件下，国家为了保护和加强农业产业，专门为农民、农业、农村服务而建立的自成体系的现代化农业政策性银行，主要负责落实国家粮棉购销政策，同时也承担一些效益好、缺乏竞争性的项目如农林水基础设施改造、农林资源开发、农田水利建设、农村生态环境治理等项目，保护广大农民利益，促进农业和农村经济发展，不以盈利为目的。中国农业发展银行河北省分行是总行设在河北省的一级分行，下设 11 个地市分行，152 个营业机构，员工 1 356 人。2005 年中国农业发展银行河北省分行全年累计投放粮食储备贷款 38.62 亿元，累计投放棉花收购贷款 26.4 亿元，向农民拨付财政补贴粮农资金 11.65 亿元，累计兑付种粮农民 17.36 亿元。中国农业发展银行河北省分行从成立以来在促进河北省农村经济结构合理化，改善农村经济环境，提高农民收入方面发挥了巨大作用。

(4)农业保险公司。目前，河北省共有中国人民财产保险公司、太平洋财产保险公司、中国平安保险公司、华泰财产保险公司、天安财产保险公司等 8 家财产保险经营主体，但是只有中国人民财产保险公司在河北省开展经营农业保险业务。该公司自 1983 年起开始经营农业保险，迄今已达 30 年，在运行模式上，主要依托各级金融机构开展农险业务。目前，中国人民财产保险公司开办的农险业务主要分为种植业保险和养殖业保险两大类。全省性保险产品主要有农作物火灾保险、农作物种植雹灾保险、林木火灾保险等。截至 2005 年年末，中国人民财产保险公司实现农业保费 324.2 万元，保额 13.94 亿元。从以上可以看出，农村保险公司在河北省发展缓慢、业务范围狭窄且规模比较小，在河北省农村金融体系中实力很弱。

1.2.2.2　非正规性农村金融机构

非正规性农村金融机构主要包括存在于农村的民间自由借贷、私人钱庄、互助基金等一些民间金融机构。民间金融机构是由农民自发形成的组织相互进行资金借贷的一种直接资金融通的行为，不受法律保护，也不受国家政策法规的约束和监管，没有固定的经营场所，主要按照市场供求来确定借贷利率，自由性很高。资金不足是中小、乡镇企业面临的普遍问题，河北省也不例外。河北省不到 7%的中小、乡镇、民营企业资金充足，其他均在不同程度上存在资金缺口。由于对中小、乡镇企业调查成本高、授信风险大，四大国有商业银行在河北省基本上已经放弃了中小、乡镇、民营企业这块农村金融市场。从全国范围来看，我国目前存在着大量的民间金融活动，温铁军对东、中、西部 15 个省份的调查发现，民间借贷发生率高达 95%。就河北省而言，民间金融主要以民间借贷形式存在，也有少量的农业企业集资和私人钱庄的存在，中小、乡镇企业资金的主要来源是民间资金和少量的农村信用合作社资金。

1.3　农村金融发展促进经济增长的作用机制

金融发展与经济增长相互联系、相互作用、相互制约。经济增长状况决定了金融的发展程度，金融发展的好坏会在很大程度上影响经济增长。农村金融是构成一国宏观金融体系的重要组成部分，农村金融的有效充分发展能够促进农村经济快速增长，农村金融对农村经济增长的促进作用机制主要体现在动员农村储蓄、提高储蓄向投资转化率、提高资本配置效率、拓宽农民融资渠道等四方面。

(1)农村金融可以通过动员农村储蓄提高农村储蓄率以此来促进农村经济增长。储蓄是投资的源泉,动员储蓄就是把分散的资金转化为资本进行投资,如果没有多种多样的投资者,生产过程就达不到有效率的规模。农民的收入将形成消费和储蓄两部分,在收入一定的情况下,两者之间具有此消彼长的关系。农民的储蓄和消费可以分为基本储蓄、消费和可能储蓄、消费,因此农民的消费和储蓄之间存在一个弹性区间。农村金融机构的存在具有使得边际消费倾向递减和边际储蓄倾向递增的作用,因此这个弹性区间的更大份额将会被储蓄挤占。动员储蓄本身就是资本积累,并深刻地影响着经济增长,动员储蓄是金融发展对经济增长最基本的贡献,现代金融正是适应了以上需要不断创造新的金融工具来动员储蓄,促进经济增长。

(2)金融最重要的功能就是将闲散的货币转变为生产资本,也就是把储蓄转化为投资。在储蓄量已定的情况下,投资的数量和质量取决于储蓄向投资转化的能力和方向,农村金融中介(农村金融中介指农村信用合作社,农村各商业银行、政策性银行、保险公司等)是影响农村储蓄向投资转化率的一个重要介质。农村金融制度的完善和农村金融市场的发展,使得农村金融工具更加多样化,可以为农村提供更多的投资渠道,也为农民提供了分散风险的可能。农村金融工具增加会吸引农民将更多的实物储蓄转化为货币储蓄,从而增加农村资本积累,为农村经济发展提供资金支持。农村金融发展还有利于解决农村中储蓄者与投资者之间的信息不对称问题,提高农村储蓄向投资转化率。另外,金融中介将农村资金转化为投资的过程中,由于经营的无效率性和市场不完全性,一般情况下,金融中介很难将吸收的存款全部转化为投资,其中未被转化的部分被称为“金融中介成本”,常常以存贷利差形式流向金融中介。随着金融深化程度的加深,金融中介之间竞争就会加剧,每个金融中介组织会在竞争压力下提高自己的经营效率,减少金融中介的存贷利差，提高储蓄向投资的转化，从而推动经济增长。

(3)农村金融可以通过提高资本配置效率来促进经济增长。农村经济领域存在着资金分布严重不均衡状况，一些农户和农村非农产业拥有剩余的资金但是缺乏投资选择，另一些农户和农村企业没有足够的资金进行投资生产。由于市场结构和信息的不完全性，拥有剩余资金的农户难以鉴别可以投资项目的优劣，其结果是不能把资金投入高收益的项目上。金融市场具有提高金融资源配置效率的功能，金融中介具有搜集和筛选信息的功能，金融中介客观上比农民投资者拥有更多的信息优势。格林伍德认为，单个投资者对市场的冲击是无能为力的，无论他们是选择低风险项目投资还是选择可能遭受较大风险项目投资，都不会使资本的总体收益最大化。农村金融中介可以通过风险分享机制促使单个投资者将资金投资于风险更高但更具效率的项目上，农村金融中介的产生和发展对于改善无效率投资起到了重要作用。另外，农村金融中介还可以通过创新活动来提高资金使用效率，金融中介之间竞争不断加剧，金融中介要在竞争中生存就必须不断进行金融创新，不断开发新的金融工具和金融产品投入经营活动中，有助于提高资金配置效率。

(4)农村金融发展为农村经济主体提供了多种融资渠道。农村金融的发展表现为农村金融机构数量的增多，农村金融机构服务质量的提高，以及金融业务和金融工具的增加，这些都为农村经济发展提供了积极的因素。多层次的金融体系所提供的多样化的金融服务为农村中的农民和乡镇企业提供了多种筹措资金的渠道和多种筹资工具，可以更加方便地获得资金，对农民来说意味着降低获得资金的成本。从金融机构获得资金后，农民能够承担更大的债务和从事更大规模的生产投资，这样可以提高农民生产积极性，从而增加农民收入，促进农村经济增长，把农村从狭小的天地里彻底解放出来。

河北省农业和农村经济无论在规模上还是在结构上总体状况比较好，农业和农村经济在全省经济发展和全国农村经济发展中占据重要地位。从农村社会生产总值来看，农村经济总量规模比较大，农村中农产品小麦、玉米等产量在全国位居前列，并且近年来农村经济保持了一个较高的增长速度，农村经济增长比较乐观。农村中农民收入保持稳定上升，农民储蓄率较高，非农行业带来的收入为农民收入增长做出了很大的贡献。从农村经济结构方面看，河北省农村经济结构不断得到优化，农村中农业经济所占的比重不断下降，非农行业所占的比重不断上升，并且在农村经济中已经居于主导地位，农业经济中农、林、牧、渔业之间的比例也在不断改善。因此可以预测，河北省农村经济还将继续保持快速稳定的发展趋势。经过3个阶段的改革和发展，河北省农村金融市场中的金融工具得到了很大的扩展，包括存款、贷款、债券、股票、农业保险等，但是除了存款、贷款外其他形式数量和规模非常小。目前河北省已经初步形成政策性金融、商业金融和合作性金融搭配的农村金融机构组织框架，另外还有部分经营农业保险的保险公司以及非正规金融机构包括私人自由借贷、私人钱庄的存在。

第 2 章　河北省农村金融发展与经济增长

农村金融是现代金融的重要组成部分，作为农村资本要素最为重要的配置方式，它伴随着农村经济的发展而逐步壮大，为农村生产经营提供一切金融服务，在农村经济发展中所发挥的作用日益显著，成为农民生产、生活的强有力保障。发展经济学已经证明农业和农村经济的发展离不开有效的金融支持。目前，农村金融业发展落后成为制约我国农村经济发展的瓶颈，农村经济发展中最为缺乏的就是资金，没有资金支持农业经济结构就无法调整，乡镇企业无法实现第二次创业。解决农村资本配置问题是解决“三农”问题的关键。农村金融体制改革没有能够跟上农村经济转型对金融服务不断增长的需求，缺乏合适有效的农村金融体系成为河北省当前农村金融发展的困境。基于此，本章运用金融发展与经济增长理论对河北省农村金融发展与经济增长之间的关系进行实证研究，最终为河北省农村金融改革和发展提供一些切实性的建议。

2.1　金融发展和经济增长的理论基础

金融与经济之间的关系问题长期以来一直是经济学家争论的一个焦点。对这一问题的不同认识，将影响到金融改革的方向，进而影响到实际经济的增长。金融发展理论的历史演变就是对货币金融与经济增长关系认识不断深入的过程。

2.1.1 经济增长和金融发展理论

经济增长是指一个国家潜在的国民产量或潜在的国民生产总值(GNP)的扩展,我们可以把经济增长看作是生产可能性边界随着时间向外推移。可见,经济增长意味着国民产出水平以及人均产出水平的不断增加。现在,越来越多的国家和地区采用国内生产总值的变化来说明经济增长情况。国内生产总值是一个国家或一个地区在一定时期内所生产和提供的最终产品价值之和。不同于经济增长,经济发展是指连续的动态的,伴随生产结构、分配结构和消费结构变化的经济增长过程。经济发展不仅意味着产出总量的增加,还意味着国民经济中农业产业比例合理下降,其他产业相应调整,同时经济发展在经济制度创新、劳动力就业结构、人口教育水平等方面都会发生质的变化。经济发展的基石是经济增长,经济增长也是经济发展所要实现最为重要的目标。

2.1.1.1 经济增长理论

经济增长理论(economic growth theory)是研究经济增长因素的理论。经济增长的原因、经济增长内在机制以及经济增长的途径,历来就是经济理论研究中的核心问题。早期重商主义者认为要增加财富就要加大对外贸易中的出口份额从而增加贵金属的存量。重农主义的代表人物魁奈(Francois Quesnah)认为农业发展才能为经济增长创造源泉,一国的经济增长由其农业收成多寡而定,只有大力发展农业才能增加社会财富。此后很多关于经济增长的理论先后产生。

(1)古典经济增长理论。经济学鼻祖、古典经济学的创始人亚当·斯密(A. Smith)在其划时代的巨著《国富论》中指出:“劳动生产力上最大的增进,以及运用劳动时所表现出来的熟练、技巧和判断力,似乎是分工的结果。”他认为除了农业以外,工商业对于剩余产品的生产以及对经济增长的作用是巨大的,还深刻地描述了经济增长的动态过程，强调专业化分工是促进技术进步、提高劳动生产率最重要的原因。大卫·李嘉图(David Richard)也分析了导致经济增长的基本因素，并说明了这些因素又是如何影响工资、利润和地租的相对份额。他认为推动经济增长的主要原因是资本家将其净收入中除消费以外的剩余部分追加投入生产中所形成的资本积累。以上构成了古典经济学派的经济增长理论(classical growth theory)的基础。

(2)哈罗德-多马(Harrod - Domar)经济增长模型。该模型假设全社会只有一个生产部门，只生产和消费一种产品，技术系数 σ、储蓄率 s 是外生变量，不存在折旧，且规模收益不变，在此假设下得出

$$S = sY \tag{2-1}$$

$$K = \frac{1}{\sigma}Y \tag{2-2}$$

在式(2-1)和式(2-2)中，Y 为产出，S 为储蓄；K 为资本存量；$\frac{1}{\sigma}$ 为资本产出比率；Y，K 都为内生变量；s，$\frac{1}{\sigma}$ 都是固定不变的。式(2-1)说明储蓄是由储蓄率和产出所决定的，式(2-2)说明产出和资本之间存在技术关系。在没有折旧的情况下，所有的投资都转化为新增资本，即 $I = \Delta K$，其中 I 为投资，由国民收入的均衡条件可以得出

$$S = I = \Delta K \tag{2-3}$$

将式(2-1)，式(2-2)代入式(2-3)经过变换可以得到 $sY = \Delta K = \frac{1}{\sigma}\Delta Y$，即

$$\frac{\Delta Y}{Y} = s\sigma \tag{2-4}$$

这就是著名的哈罗德-多马模型的表达式，它说明经济增长率是由储蓄率和资本产出率决定的，通过调节储蓄，引入外来资本或

提高资本产出率，从而可以促进经济增长。

(3)新古典经济增长理论崛起。1957年，美国经济学家索洛(R. M. Solow)发表的《技术变化与总量生产函数》中第一次将技术进步因素纳入经济增长模型，将产出增长中由投入要素的变化所引起的部分与技术进步所引起的部分区分开来，并对技术进步对经济增长的贡献份额作了定量测算。后经索洛本人及T. W. Swan，J. Tobin等人的补充和发展，形成了新古典经济增长理论。被最广泛采用的函数是柯布-道格拉斯生产函数(Cobb - Douglas production function)。用这一函数建立投入-产出之间的关系，并用实际的数据进行回归，估计参数值，最终的结论是投入增加不足以全部解释产出的增加，而且两者之间的缺口非常巨大，这个不能被解释的部分被称为"索洛参差(Solow residual)"。新古典经济增长模型成功地解决了哈罗德-多马模型中所存在的均衡增长路径的稳定性问题，通过引进带有技术进步的模型，很好地解释了人均收入长期稳定增长的原因。

(4)新经济增长理论的发展。由罗默(Romer)和卢卡斯(Lucas)这两位经济学家首创的，以及由他们所引发的、包括他人研究的经济增长理论，被称为"新经济增长理论(new economic growth theory)"。罗默的模型是建立在阿罗干中学模型的基础上的，以生产中的积累资本代表当时的知识水平，直接将技术进步内生化，把建模的出发点放在完全内生化技术进步作用的思路上，探讨在人口或劳动力不增长甚至负增长的情况下经济增长的可能性。在Arrow模型中，生产要素应包括四方面：资本、非技术劳动、人力资本和新思想。4个要素中以特殊的知识即新思想最为重要，是经济增长的主要因素。罗默模型引进了新的生产函数，其得出的基本结论：投资引致知识的积累，知识增长加快了技术进步进程，技术进步则提高了投资的收益。

2.1.1.2　金融发展理论

金融发展是指金融资产总量的增加以及金融结构的改善，主要包括金融资产、金融机构、金融市场的发展。戈德史密斯认为，金融发展主要是指金融结构的变化。金融发展理论研究的是一切有关金融发展与经济增长之间关系的理论。20 世纪 60 年代以后，人们开始认识到金融因素在经济发展中的作用，并将金融与经济发展紧密地结合起来，强调金融在经济发展中的重要作用，逐步形成了现代金融发展理论体系。

(1)戈德史密斯金融发展理论。戈德史密斯是现代比较金融学的奠基人，他的杰出贡献在于奠定了现代金融理论的基础。具体表现如下：第一，他率先提出了金融结构与金融发展的概念，所谓的金融结构就是指一国金融工具和金融机构的形式、性质以及相对规模。并且列出了衡量一个国家金融结构的 8 个指标，最为重要的两个指标是新发行率（NER）和金融资产相关率（FIR），金融资产相关率的构成和计算公式为

$$FIR=\frac{FT}{WT} \tag{2-5}$$

式(2-5)中，FT 是指一定时期内金融活动总量；WT 是指经济活动总量。第二，他通过对各个国家金融发展状况观察，发现虽然各国金融经济发展水平不尽相同，但他们都有大体一致的金融发展路径。第三，他十分关注发展中国家的金融发展问题，特别强调发达国家与欠发达国家在金融发展中的明显区别。

(2)麦金农和肖的金融发展理论。麦金农和肖的金融深化模型的核心问题是利率压制问题，他们认为发展中国家正确的金融改革途径应是放松对各类金融机构的管制，实行金融自由化，形成均衡的市场利率，从而提高储蓄率和投资率，进而促进经济发展。麦金农和肖共同提出的金融抑制和金融深化理论认为，金融与经济是密切联系的两个领域，金融体制与经济是一种相互制约、相互

发展的关系。当政府过分干预金融，人为地压制利率和汇率，造成金融与经济之间存在一种恶性循环状态时，就被称为金融抑制；而当政府放弃对金融的过分管制，允许市场机制特别是利率机制自由运行时，完善的金融体系和活跃的金融市场能够充分有效地把社会闲置资金转化为生产性投资，并通过市场机制引导资金流向高收益部门和地区，从而促进经济的发展。

(3)卡普的金融发展模型。卡普(Basant K. Kapur)的金融发展模型主要假设：①固定资本与流动资本总保持着固定比例。②由于固定资本的技术不可分性，存在一部分闲置的固定资本。③企业的产出水平取决于其能够获得的流动资本数量。④金融中介对经济的影响主要是通过流动资本的提供而实现。⑤名义货币存量 M 分为两个部分：$M=C+L$，C 为现金加银行存款准备金，L 为银行贷款。资本积累率公式为

$$K^{\omega}=\frac{1}{1-\alpha}\left[\mu q\,\frac{M}{P}-\pi\theta(1-\alpha)K\right] \tag{2-6}$$

式(2-6)中，μ 为货币扩张率。$\mu=M^{\omega}/M=C^{\omega}/C=L^{\omega}/L$，$C/M=1-q$。$\alpha$ 为固定资本占总资本的比率，流动资本中 θ 部分由银行借款筹集，P^{ω} 为物价变动率，$P^{\omega}/P=\pi$，K 为资本存量。在上述卡普的资本积累率公式中，货币扩张率为 μ，贷款占货币的比率 q 以及实际货币余额 M/P 对资本积累率都有着影响。

卡普引进了一个卡干货币需求函数：

$$M'/P=Y\mathrm{e}^{-\alpha(\pi^{*}-d)} \tag{2-7}$$

式(2-7)中，M'/P 为实际货币余额的意愿持有额；α 为一正常数；π^{*} 为预期通货膨胀率；α 为存款的名义利率。另外 Y 为货币流通速度，经过简单的推导可以得到最终的静态增长方程：

$$r=\mu\,\frac{\sigma q}{(1-\alpha)}\mathrm{e}^{-\alpha(\mu-r-d)}-\mu\theta+\gamma\theta \tag{2-8}$$

式(2-8)中，在 d 不变的情况下总有一个正值 μ 使 γ 达到最

大。这说明在静态情况下货币量的变化与经济增长率是相关的，经济增长率在这一金融发展公式中是取决于金融发展的。

(4)弗莱的金融发展理论。马克斯维尔·弗莱(Maxwell Fry)修正和发展了麦金农和肖的金融发展模型。他认为，提高利率对经济增长具有双重效果，不过该模型对影响储蓄和投资的各种因素的分析更为详细，并且弗莱还把时滞因素考虑到模型中去，从而能够更为准确地反映储蓄与投资的变化对经济增长的实际影响。在弗莱的动态模型中还引入了长期菲利普斯曲线理论。弗莱的分析结果为，通货膨胀与经济增长之间存在负相关关系，原因是发展中国家一般是金融严重压制的国家，在通货膨胀情况下，实际利率必然下降，储蓄必然减少，从而使本来就匮乏的资本更加匮乏。在实际利率偏低的经济中，投资平均效率势必降低，也就不能使长期经济增长率下降。

2.1.2　农村金融发展理论及文献综述

农村金融是整个金融体系的重要组成部分，农村金融发展理论是现代金融发展理论的重要内容，农村金融发展理论受金融发展理论的指导和影响。金融抑制论、金融深化论、金融约束论在农村金融发展理论的具体表现形式为农业信贷补贴论、农村金融市场论和不完全竞争市场论。

2.1.2.1　农村金融理论及述评

(1)农业信贷补贴论。20 世纪 80 年代以前，农业信贷补贴论一直是农村金融理论界的主流学说，该理论认为农村居民特别是贫困阶层没有储蓄能力，农村面临的是资金不足问题。由于农业的产业特性(收入的不确定性、投入的长期性、低收益性等)，农业不可能成为以利润为目标的商业银行的融资对象。因此有必要从农村外部注入政策性资金，且利率应该比其他产业要低，并建立非盈利性专门金融机构进行资金分配，以促进农业生产投入，缓解农村贫困。同时低利率政策和大量农村信用合作组织的存在，还可以使农村中非正规性金融（主要是高利贷）活动消亡。根据这一理论，发展中国家广泛实行了农村金融政策，以贫困阶层为目标的专项贷款也兴盛一时。

（2）农村金融市场论。20 世纪 80 年代以来，农村金融市场论重视市场机制作用，其主要理论前提与农业信贷补贴论正好相反，认为农村居民和贫困阶层具有储蓄能力，没有必要从外界注入资金，低利率政策会妨碍人们向金融机构存款，抑制金融发展；农村金融机构资金外部依存度过高是导致其贷款回收率过低的重要原因。农村金融市场论提出的政策主张：①农村金融机构主要是农村内部的金融中介，应该以动员储蓄为主要职责，没有必要实行专向特定目标贷款制度；②为了实现储蓄动员、平衡资金供求，利率必须由市场决定，实际存款利率不能为负数。③判断农村金融是否成功应根据金融机构的成果，经营独立性和持续性。④非正规金融机构具有一定的合理性，不应一律取消，应当将正规金融市场与非正规金融市场结合起来。

（3）不完全竞争市场理论。20 世纪 90 年代，东南亚等市场经济国家爆发金融危机，人们认识到市场机制也存在严重缺陷，要培育有效率稳定的金融市场、减少金融风险，仍需要必要、合理的政府干预。不完全竞争市场理论的主要政策建议：①金融市场发展的前提条件是低通货膨胀的宏观经济条件。②在金融市场发育到一定程度之前，相对利率自由化来说，更应该注意用政策手段将实际存款利率保持在正常的范围内，并同时抑制存、贷款利率的增长；③在不损害银行最基本利润范围内，政策性银行是有效的；④利用借款人联保小组以及组织借款人互助合作等形式，政府应该鼓励这种农民组织形式的形成；⑤利用担保融资、使用权担保以及合作基金可以降低信息的不对称性。

2.1.2.2　关于农村金融发展与农村经济增长关系的文献综述

长期以来,金融发展与经济增长之间的关系一直是经济学家所关注的一个重要问题,越来越多的经济学家认为金融发展在促进经济增长方面发挥了重要作用,涵盖发达国家与发展中国家的大量研究已经证明以上看法。现对国内外学者的研究成果做一简要综述。

1. 国内外金融发展与经济增长关系研究成果

(1)金融发展与经济增长之间没有关系。持有该种观点的学者认为,金融发展与经济增长之间没有一个变量对另一个变量有显著的影响,两者之间的相关性纯粹属于巧合,不存在因果关系。经济发展的同时金融机构同样发展,但各自按自身的规律发展,持有这种观点的学者主要是新古典经济学派经济学家。琼·罗宾逊认为金融只是随着经济的发展而发展的,它对经济的发展并没有促进作用。我国学者韩廷春采用金融发展与经济增长关联机制的计量模型进行实证研究,他认为技术进步与制度创新是经济增长最为关键的因素而金融发展对经济增长的作用极其有限,因此在经济增长过程中不能单纯追求金融发展和信贷数量的扩张而应该重视金融体系的效率和质量,但是其研究重点似乎更多地放在影响经济增长的其他变量的分析上。

(2)金融发展是经济增长的一个决定性因素,即金融发展对经济增长具有供给主导(supply leading)作用。持有该种观点的经济学家认为,金融体系的功能在于动员储蓄、配置资源、实施公司控制、润滑商品和服务等,通过这些渠道促进资本积累和技术创新从而实现经济增长。因此他们认为金融发展是经济增长的推进器,金融发展与经济增长之间的因果关系方向是金融发展导致经济增长。Schumpeter 主张功能完善的银行能够通过发现和支持具有较大成功概率创新项目而刺激创新进而推动经济增长。戈德史密斯用金融中介资产与国民生产总值的比值表示金融发展水平。应用35个国家103年(1860—1963年)数据进行实证研究表明:经济增长迅速的时期总是伴随着金融的快速(超过平均速度)发展。King和Levine研究了1960—1989年80个国家的数据发现,一个国家初期的金融发展水平与该国后期的经济增长、资本积累、生产力增长有很强的相关性,而这种效应的经济规模非常大,证明了他所支持金融发展促进经济增长的观点。冉茂盛,张宗益,钟子明应用多变量(向量自回归)方法,依据中国改革开放30年来的相关宏观经济数据,其中包括宏观经济指标中的国内生产总值、国有及非国有部门年生产总值、固定资产投资额及金融发展指标中的金融相关率、实际利率等,对中国的金融发展与经济增长关系进行了实证分析,得出了中国的金融发展对国内生产总值增长具有显著的促进作用。

(3)经济增长导致金融发展。这种观点的核心是金融发展处于一种"需求遵从"(demand following)地位。根据这个观点,经济发展为特殊的金融配置创造需求,金融系统自动对这些需求做出反应。制度经济学家认为现代金融体系之所以复杂是因为金融体系为了实现它的两个基本功能(在储蓄者和投资者之间充当媒介、为资金寻找合适的投资项目),在不同的条件下需要不同的制度安排,经济的增长会导致金融体系的完善和促进金融市场的建立,因为随着经济规模的不断扩大,对资本的需求也会不断地增加,这会促使能够筹集资金用于经济发展的金融机构的产生。卢卡斯认为经济学家过分强调了金融因素在经济增长过程中的作用,他认为经济发展会创造对金融服务的需求,这种需求导致金融部门的发展,因此是经济发展带动金融发展,而不是金融发展促进经济发展。我国学者单俏颖应用协整和格兰杰因果关系检验等计量方法,深入分析了我国国内生产总值增长率和金融发展之间的内在联系,研究结果表明:在现阶段,相对于金融发展推动经济增长来说,中国似乎更多地表现为经济增长带动金融发展。

(4)金融发展与经济增长互为因果关系。越来越多的经济学家开始持有这种观点,他们认为不仅金融发展与经济增长之间存在较强的正向关系,即金融发展促进经济增长,而且经济增长的同时又要求金融市场的同步,也就是说经济发展反过来促进了金融的发展。诺曼利用广义距估计方法研究了 75 个国家的 1965—1995 年的情况得出的结论:在遭受货币危机的国家,金融深化对经济增长的促进作用要好于没有遭受货币危机的国家,并且指出金融中介结构与经济增长之间存在互为促进的作用。王志强和孙刚采用带有控制变量的向量误差修正模型和格兰杰因果关系检验方法,从中国金融总体发展的规模扩张、结构调整和效率变化三个方面对中国金融发展和经济增长之间的相关性关系和因果关系进行检验中发现,中国金融发展和经济增长之间有密切的关系,并且中国金融规模和金融效率与经济增长同时存在双向的因果关系。陈军和王亚杰从供给推动和需求拉上两个角度分析了金融发展和经济增长之间的互动关系,对两者之间的运行机理进行了深入研究,并运用格兰杰因果关系检验方法,发现现阶段我国金融发展与经济增长之间存在双向的因果关系。史永东、武志利用格兰杰因果关系检验和基于柯布-道格拉斯生产函数框架下的计量分析,对我国金融发展与经济增长间的关系进行了实证研究。格兰杰因果关系检验结果表明:我国金融发展与经济增长之间存在一种双向因果关系,研究结论与我国正处于从转轨经济向成熟的市场经济过渡的基本国情相吻合。

2. 农村金融发展与农村经济增长研究综述

农村金融在支持农村经济发展方面发挥了巨大作用,农村经济在国民经济发展中占具非常重要的地位,基于整个国民经济层面的研究结论不一定适合我国农村发展实情,于是单独考察农村金融发展与农村经济增长关系的研究也有了很大的发展。

张兵、朱建华、贾红刚运用金融资产相关率(FIR)指标实证检验了我国农村金融深化的绩效，并对农村金融资产相关率发展趋势进行了回归检验。研究结果表明：中国农村金融深化进程落后于全世界平均水平 25 年，落后于全国整体水平 10 年左右。我国农村的金融资产相关率与农村国民生产总值呈现显著的正相关性。姚耀军、和丕禅利用格兰杰因果关系检验法，对中国农村 1978—2001 年间金融发展与经济增长的关系做出实证研究。研究结果发现，中国农村正规金融的发展对农村经济增长没有起到“供给主导”作用，而是处于一个严重滞后的“需求遵从”地位，农村正规金融相对于农村经济增长是缺乏效率的。董晓林通过分析农村金融发展对这三个决定因素的影响机制，建立农村地区金融发展与其经济增长相互影响的内生增长模型，运用相关数据分析衡量我国农村金融对经济增长的支持程度。实证结果表明：金融支持对农村经济增长具有推动作用，我们应进一步深化农村金融体制改革，提升金融对农村经济发展的支持力度。钟笑寒、汤荔通过利用中国农业银行分支机构在农村地区收缩的外生变动，从实证的角度印证了一个重要事实，就是金融机构对农村经济的发展有举足轻重的作用。

金融发展与经济增长之间的关系至今仍是经济学家讨论的一个热点话题，尽管在金融发展与经济增长的关系上存在着争议，但主流的观点是金融发展促进经济增长，经济增长又会促进经济的发展，两者之间互为因果关系。金融部门可以为借贷双方提供中介服务，使企业分散管理风险，为整体经济配置资本并为国内和国际商业运转提供许多必要的技术支持，如果没有一个有效的金融服务部门，一国经济很难运转良好和繁荣起来。国内很多学者对我国金融发展与经济增长之间关系进行了研究，研究对象无论是拥有完整经济体系的国家层次还是一个地区（或几个地区）都得出了很多有价值的结论，但是我国金融发展在支持经济增长中的作用并没有完全被考察。通过查阅浩瀚如海的文献发现，现有的很多文献都侧重于实证研究，理论研究很少，并且研究进展比较缓慢。其次，我国学者研究两者关系时很少考虑我国研究背景，因为近年来我国金融改革和发展很快，把研究背景始终放在同一个不变的环境下进行不能够反映我国的现实情况，充分考虑我国金融改革进程有助于提高研究结果的可信性和准确性。另外，在测量指标(无论是金融发展指标还是经济增长指标)和研究方法上存在很大差别，测量指标和研究方法主要是借鉴国外的研究，在数据处理方面，不论是采用线性回归还是采用时间序列模型进行计量检验的时候，数据稳健性检验方面讨论得不够，尽管有大量的数据、先进的统计分析方法，不同的测量指标和研究方法所得出的结论差别是很大的。因而我们对于现有的计量结果有理由进行怀疑，这也是对金融发展与经济增长之间关系存有很大争议的一个重要原因。

2.2　河北省农村金融发展现状

金融发展是指金融总量的增长与金融结构的优化，主要包括金融资产的发展、金融机构的发展以及金融市场的发展。它反映了一个国家或地区金融资产规模的扩张和金融深化程度。金融总量增长是金融发展的量，金融结构是金融发展的质。现代金融发展理论认为，在金融发展水平较高的经济体系中，金融体系所能起到的润滑作用将不断得到增强，金融发展对资本积累和经济增长具有极其重要的作用。农村金融发展是一种通过发展农村金融资产、金融机构以及金融市场来促进农村储蓄的增加和储蓄向投资的有效转化，从而推动农村经济长期发展的金融策略。

纵览相关文献，金融发展并没有一个统一的定义。戈德史密斯认为，金融发展就是指金融结构由简单到复杂，由低级向高级方向的发展，而金融结构是指一国现存的金融工具与金融机构之和，包括各种现存的金融工具和金融机构规模、经营方式等。格利与肖认为，金融发展是指各类金融资产和各种金融机构的增多。Khan认为，金融发展是指金融体系的规模或者效率得到提高。麦金农认为，金融发展是指金融变量绝对规模和相对规模的变化，其内容包括金融变量和金融变量与宏观经济变量的比率两方面的变化。彭兴韵认为，金融发展是指金融功能的不断完善、扩充并促进金融效率的提高和经济增长的一个动态过程。尽管如此，从实证的角度，经济学家和学者们却发展了一套比较完善的指标体系来衡量金融发展水平。通常金融资产反映的是金融发展的量，金融相关率反映的是金融发展的质。

本节将运用金融发展理论从金融资产总量、金融发展结构、金融存贷结构等方面对河北省农村金融发展水平进行定量分析。

2.2.1　河北省农村金融资产总量

根据戈德史密斯对金融资产的分析，他认为金融资产应该包括现金、储蓄存款、定期存款、股票、债券、基金、保险项目等。目前，相对于城镇居民，农村居民持有的有价证券数量极少，另外没有可以利用的比较准确的统计资料。因此，没有考虑有价证券部分和保险项目，本书分析农村金融资产主要包括农户所持现金和存款。首先，农户持有现金，由于可获得的农村统计方面的资料有限，因此用全国历年货币流通量乘以河北省农村国内生产总值与全国国内生产总值的比值来近似表示。其次，存款为各金融机构农业存款与乡镇企业存款之和。河北省农村金融资产见表2－1。

表 2－1　河北省农村金融资产与农村 FIR 单位:亿元

年份/年	现金	存款	金融资产	人均金融资产/元	国民收入	FIR (%)	全国 FIR (%)
1988	44.73	42.21	86.94	176	184.65	47.08	53.91
1989	54.74	50.19	104.93	209	196.87	53.30	62.42
1990	64.91	53.50	118.41	227	216.76	54.63	66.75
1991	95.19	56.59	151.78	288	270.71	56.07	70.81
1992	104.44	62.32	166.76	316	295.98	56.34	72.93
1993	120.54	63.88	184.42	347	323.99	56.92	74.59
1994	144.38	88.64	233.02	438	345.93	67.36	90.35
1995	195.42	108.83	304.25	571	360.40	84.42	109.69
1996	262.96	134.10	397.06	746	427.14	92.96	117.89
1997	323.35	173.45	496.80	935	588.72	84.39	108.05
1998	346.63	218.08	564.70	1 061	888.48	63.56	106.29
1999	382.55	262.39	644.94	1 209	1 093.08	59.00	114.90
2000	437.46	306.68	744.14	1 383	1 214.73	61.26	136.87
2001	477.99	358.26	836.25	1 553	1 280.22	65.32	159.95
2002	570.83	419.36	990.19	1 837	1 302.86	76.00	182.33
2003	622.26	506.26	1 128.52	2 096	1 334.22	84.58	193.48
2004	662.04	554.08	1 216.12	2 256	1 402.21	86.73	199.97
2005	724.84	601.90	1 326.74	2 447	1 446.99	91.69	201.65
2006	822.53	673.08	1 495.61	2 763	1 535.94	97.37	203.52
2007	928.52	757.20	1 685.72	3 089	1 709.16	98.63	211.36
2008	1 223.45	847.51	2 070.96	3 768	1 871.81	110.64	218.20
2009	1 518.38	937.82	2 456.19	4 441	2 034.46	120.73	221.04
2010	1 813.30	1 028.13	2 841.43	5 101	2 197.11	129.33	229.56
2011	2 108.23	1 118.44	3 226.67	5 762	2 359.76	136.74	232.08

注:数据来源于历年《河北经济年鉴》《河北金融年鉴》《中国统计年鉴》《中国金融年鉴》。

农村金融发展规模可以通过农村金融资产的绝对数量和人均数量来衡量。从表 2-1 可以看出,近年来河北省农村金融资产总量有大幅度的增长。1988 年河北省农村金融资产总量为 86.94 亿元,到 2011 年河北省农村金融资产总量已经达到 3 226.67 亿元,是 1988 年的 37.1 倍,年均增长 17.2%。人均拥有金融资产从 1988 年的人均 176 元增长到 2011 年的 5 762 元,是 1988 年的 32.7 倍,年均增长 16.6%。从这个指标上看,河北省农村金融资产总量有了很大的发展并且发展势头很好。从农村金融资产增长率来看,从 1988 年以来都保持了 10%以上的增长率,保持了一个较高的水平。改革开放以来,河北省农村金融资产高速增长的原因主要是农村经济体制改革所引致的农村经济的快速增长以及农村经济发展对金融资金需求的迅速扩大。从以上分析可以看出,河北省农村金融资产无论是在总量方面还是在增长率方面都有了极大的发展并且增长势头很好,但是和同时期的城市金融资产规模相比,农村金融资产规模还比较小,金融资产结构十分不合理,股票、债券、基金和保险项目等其他形式金融资产数量十分少,主要因为投资渠道狭窄的农民缺少将收入转化为金融资产的有效途径,二元经济结构决定的二元金融结构仍然十分明显。

2.2.2　河北省农村金融发展结构

度量经济发展中金融深化程度就是要考察金融在经济中的地位——经济中金融结构的变化过程。国际上常用的衡量金融结构的指标有戈氏指标和麦氏指标。戈氏指标是戈德史密斯企图找出决定一国金融结构、金融工具存量和金融交易流量的主要经济因素而创造性地提出的一个衡量一国金融结构和金融发展水平的指标。金融结构的首要方面即一国的金融上层结构与经济基础结构之间的关系,体现在金融相关率上,这一比率是某一时点上现存金融资产总额与国民财富之比率①。麦氏指标是麦金农在衡量金融发展水平时所使用的货币存量(M_2)与国内生产总值的比率这一指标，其研究重点主要是发展中国家的金融抑制与金融深化。并认为“货币负债对国内生产总值的比率——向政府和私人部门提供银行资金的镜子——看来是经济中货币体系的重要性和‘实际规模’的最简单的标尺”②。张杰指出，戈氏指标的完整表达式应该为$(M_2+L+S)/GNP$，其中 M_2 为广义货币存量，L 为各类存款，S 为有价证券。

戈氏指标和麦氏指标都是从总体上去衡量一国金融发展程度的，这两种指标都无法具体准确反映河北省的金融发展。借鉴戈氏指标，用农村国民收入代表农村地区的国民财富，由于在河北农村经济统计指标中没有农村地区国民生产总值的统计，而现行农村社会生产总值的统计中又存在着相当的重复计算，很难显示农村国民财富的变化。农村国民收入是指农村物质生产部门劳动者在一定时期所创造的价值等于农村社会总产值中扣除物质消耗后的剩余部分。因此，农村国民收入作为度量农村国民财富的指标是一种较好的选择。考虑到河北的实际情况，相对于城镇居民而言，农村居民拥有的保险项目、有价证券数量极少，本书分析河北省农村金融资产主要为农村流通现金和存款，农村金融发展水平用农村金融资产相关率衡量(见表 2-1)。

通过考察河北省农村金融资产相关率的变化曲线更直观、更清楚地分析河北省农村金融发展结构。从图 2-1 可以看出，1988—2011 年河北省农村金融资产相关率整体呈上升趋势，上升幅度较小。1988—1993 年增长比较缓慢，农村金融资产相关率由 1988 年的 47.08%增加到 1993 年 56.92%，5 年的时间变化不到

① 戈德史密斯. 金融结构与金融发展. 上海：三联书店，1994：23.
② 麦金农. 经济发展中的货币与资本. 上海：三联书店，1988：105.

10个百分点，处于50%左右的水平。经历5年的徘徊期后，农村金融资产相关率开始加速上升，1995年增长10.44个百分点，1996年增长17.06个百分点，达到历年最高水平。这也验证了戈德史密斯的说法："在各国金融体系发展过程中，普遍存在一个爆发运动。"在这段时期，金融资产增长快于国民收入的增长，金融资产增长率年均增长为21.2%，农村国民收入年均增长仅为12%。究其原因，可能是改革开放以来，农民收入不断增加，河北省农村金融发展水平有了一定的提高，农村大量的财富从实物形态向金融形态转变，使得农村金融资产相关率短时间内大幅度上升。经历1996年的最高水平以后，农村金融资产相关率从1997年开始回落，下降到1999年的59.0%。究其原因，可以归结于全国范围内的宏观经济过热和通货膨胀，因为经济过热和通货膨胀的共同作用对金融资产相关率值影响很大。戈德史密斯认为金融资产相关率与通货膨胀呈反相关关系，通货膨胀率越高，金融资产相关率值越低，反之亦然[①]。此后农村金融资产相关率值又进入了增长时期，一直到2011年，但增长速度较慢，落后于全国水平。从戈德史密斯的3种金融结构来看，第一阶段金融资产相关率较低，约在0.2到0.5之间，属于金融发展的初级阶段。第二阶段金融资产相关率仍然较低，约在0.5到1之间，第三阶段的特点是金融资产相关率值较高，大约在1左右。河北省农村金融资产相关率在1989年已经超过了0.5，1989—2007年一直处于0.5到1之间，2008—2011年超过了1。全国整体农村金融发展水平在1995年就超过了100%，位于第三个阶段。可见河北省农村金融发展仍然处于一个较低的水平。

与中国农村整体金融发展水平相比较，1988年中国整体水平为53.91%，1993年为74.59%，与此同时，河北省农村金融资产

① 戈德史密斯. 金融结构与金融发展. 上海：三联书店，1994.

相关率由 1988 年的 47.08%增加到 1993 年 56.92%，都存在一个缓慢的发展时期。此后 1993—1996 年两者都正在经历高速发展时期。

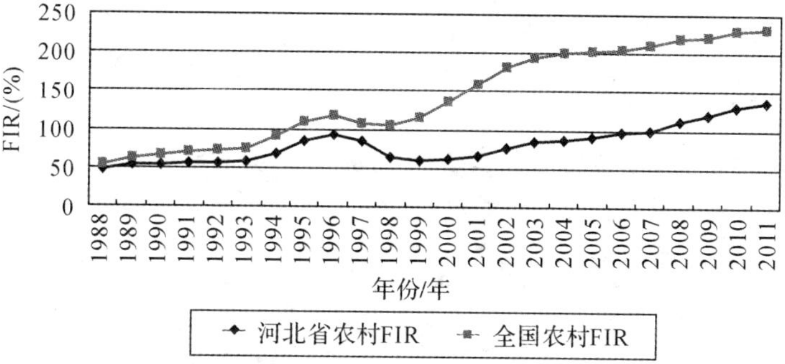

图 2－1　河北省与全国农村金融资产相关率变化折线图

2.2.3　河北省农村金融机构存贷结构分析

中国存在一个明显的银行导向型的金融结构，在中国，广大农村地区资本市场的力量极其微弱。农村金融机构在农村市场开展的业务主要是存款、贷款业务。农村经济体制的改革和农村经济增长，推动了农村金融资产以更快的速度扩展其规模，同时金融资产规模的扩大又提高了农村金融机构为农村增长供应更多金融资金贷款的能力，推动农村经济的增长。结合河北省农村金融发展状况本节设计农村金融发展规模指标、农村金融发展结构指标、农村金融发展效率指标来考察存贷结构支持农村经济增长程度。

2.2.3.1　农村金融发展规模指标

金融发展规模指的是一个国家或一个地区在一定条件下金融发展所能容纳的金融资产总量。它既能反映一个国家或地区金融发展的水平，又与一国的经济增长水平密切联系。在以信贷为主体的中国农村金融市场中，贷款是将储蓄转化为投资的主要渠道，农村贷款总量的增长能够反映出农村金融对实体经济的支持程度的加大，信贷资金在农村经济发展中的作用是不言而喻的，因此考察农村信贷资金绩效指标对农村金融发展及其对农村经济发展的影响是十分重要的。在此我们选取农村金融发展规模指标(农村贷款余额/农村国民收入)来衡量农村信贷在支持农村经济增长中的作用，从而体现出河北省农村金融发展规模对农村经济增长的支持力度。有关数据见表2－2。

表2－2 河北省农村金融发展指标与农村经济增长率

年份/年	贷款余额/亿元	国民收入/亿元	金融发展规模指标/(%)	经济增长率/(%)
1988	22.18	184.65	12.01	3.3
1989	37.00	196.87	18.79	2.5
1990	33.40	216.76	15.41	4.5
1991	39.25	270.71	14.50	7.8
1992	44.56	295.98	15.06	3.1
1993	51.66	323.99	15.95	5.4
1994	58.49	345.93	16.91	3.6
1995	75.86	360.40	21.05	0.9
1996	89.87	427.14	21.04	8.7
1997	88.23	588.72	14.99	16.2
1998	103.87	888.48	11.69	11.9
1999	126.76	1 093.08	11.60	9.4
2000	171.96	1 214.73	14.16	7.5

续表

年份/年	贷款余额/亿元	国民收入/亿元	金融发展规模指标/(%)	经济增长率/(%)
2001	204.82	1 280.22	16.00	7.8
2002	207.33	1 302.86	15.91	4.8
2003	147.89	1 334.22	11.08	5.7
2004	144.19	1 402.21	10.28	5.3
2005	146.90	1 446.99	10.15	5
2006	150.25	1 535.94	9.78	6.3
2007	209.14	1 709.16	12.24	6.7
2008	182.50	1 871.81	9.75	6.5
2009	211.12	2 045.03	10.32	4.3
2010	214.03	2 207.68	9.69	11.2
2011	209.43	2 380.90	8.80	10.8

注:数据来源于《河北金融年鉴》《河北经济年鉴》。

运用统计软件Eviews5.0对河北省农村金融发展规模指标与农村经济增长率两变量数值进行回归分析得出以下结果:

$$G = 11.0324 + 0.3245RG + 0.5616G(-1)$$

式中,G表示农村经济增长率,RG表示农村金融发展规模指标。模型的F检验值为4.900 3,达到5%的显著水平上显著;α的T检验值为3.104 5,概率达到0.008 3,达到1%显著水平上的显著;β的T检验值为-1.4126。理论上分析,农村贷款作为一种货币资金,对农村的产出应当具有促进作用,农村贷款投入规模越大,农村社会产出的规模也应该越大,两者之间应呈正相关关系。回归结果是农村金融发展规模指标与农村经济增长率之间存在着正相关关系，相关系数为0.324 5，当农村金融发展规模指标上升一个百分点时，经济增长率就会提高0.324 5个百分点。由此可见，河北省农村信贷促进了农村经济增长，但是对农村经济增长的支持力度不够。这说明在河北省农村地区，信贷投入量不足，农村金融不能够有效支持农村经济发展，农村生产活动中“贷款难”是一个非常现实的问题。我们还可以用农村贷款与纯收入的比率这个指标来考察金融中介所提供的金融支持状况。该指标值越大反映一个地区金融发展水平越低，一般正常值在8.0左右，在广大农村，金融储蓄功能十分薄弱，部分原因可能是农村居民不轻易借债，更主要的是农村居民为主导的农村金融体系还没有真正出现过，即使合作制的农村信用合作社，其覆盖面也十分小。另一方面说明了农民从正规农村金融机构取得贷款相当困难，农村中民间金融的活跃对农村经济增长也做出了很大贡献。

2.2.3.2　农村金融发展结构指标

根据中国的统计标准，通常将农村经济划分为农业经济和农村中非农行业，农村非农行业中乡镇企业占主导地位，其产值占非农行业总产值80%左右。改革开放以来，农村工业化迅速发展，乡镇企业在农村经济中的地位不断上升，农村经济从停滞传统的农业经济转变为正在迅速工业化的经济。作为农村经济活动的主体，乡镇企业也是农村金融需求市场的一个重要主体，农村金融发展对乡镇企业是十分重要的。在此参考姚耀军农村金融发展结构指标（乡镇企业贷款余额比农业贷款余额）来反映农村贷款在农村中农业部门和非农部门之间分配对农村经济增长产生的影响。有关数据见表2－3。

表 2-3　河北省农村金融发展结构指标与农村经济增长率

年份/年	乡镇企业贷款余额/亿元	农业贷款余额/亿元	金融发展结构指标/(%)	农村经济增长率/(%)
1988	6.42	15.76	40.74	3.3
1989	14.11	22.89	61.64	2.5
1990	19.16	14.24	134.55	4.5
1991	21.06	18.19	115.78	7.8
1992	22.34	22.22	100.54	3.1
1993	24.27	27.39	88.61	5.4
1994	24.63	33.86	72.74	3.6
1995	29.64	46.22	64.13	0.9
1996	34.23	55.64	61.52	8.7
1997	39.85	48.38	82.37	16.2
1998	46.27	57.60	80.33	11.9
1999	54.74	72.02	76.01	9.4
2000	70.28	101.68	69.12	7.5
2001	80.03	124.79	64.13	7.8
2002	86.52	120.81	71.62	4.8
2003	59.36	88.53	67.05	5.7
2004	58.41	85.78	68.09	5.3
2005	59.38	87.52	67.85	5
2006	63.63	86.62	73.46	6.3
2007	67.54	90.28	74.81	6.7
2008	72.18	96.54	74.77	6.5
2009	89.21	121.91	73.18	4.3
2010	85.14	128.89	66.06	11.2
2011	86.35	123.08	70.16	10.8

注：数据来源于《河北金融年鉴》《河北经济年鉴》。

从表 2－2 和表 2－3 可以看到，1988 年河北省农村贷款规模仅仅为 22.18 亿元，到 2011 年农村贷款规模增长到了 209.43 亿元，增长了 9.4 倍。其中，乡镇企业贷款 1988 年为 6.42 亿元，2011 年为 86.35 亿元，增长了 13.5 倍；农业贷款 1988 年为 15.76 亿元，2011 年 123.08 亿元，增长了 7.8 倍。河北省农村金融机构贷款总量比较快，乡镇企业贷款增长速度要快于农业贷款增长速度，但是乡镇企业贷款总量始终小于农业贷款总量。

借助统计软件 Eviews5.0 对农村金融发展结构指标与经济增长率之间进行回归分析，得

$$G=4.0127+0.0312RJ+0.5142G(-1)$$

式中，G 表示农村经济增长率，RJ 表示农村金融发展结构指标。β 的 T 检验值为 0.7132；河北省的农村金融发展结构指标和经济增长率是正相关的，但是相关系数比较小，并且农村金融发展结构指标是农村经济增长的格兰杰原因，这表明农村金融资源向农村中非农产业部门倾斜对经济增长将具有积极影响。乡镇企业等农村中非农行业对农民收入以及在农村经济发展中发挥着十分重要的作用。可以看出，农村金融发展结构指标值大的年份经济增长率也相对较高，两者之间存在着相似的变化趋势。乡镇企业的发展速度从 1997 年起明显放慢并陷入困境。正是融资难问题导致了这种情况，因此，强调农村中乡镇企业等非农行业的融资问题是不过分的。主要是因为河北省以大银行为主的高度集中的金融体制不适合为中小企业尤其是乡镇企业服务。统计数据显示，农村金融机构中中国农业银行对农业和乡镇企业的贷款比例在逐步减少，农村信用合作社成为农业贷款和农村乡镇企业贷款的主要金融机构，中国农业银行在农村中贷款总量越来越少。

2.3　河北省农村金融支持经济增长的实证检验

金融是现代经济的核心，金融发展对经济增长具有显著的推动作用。20 世纪中期以来，国内外许多学者分别从各自的角度采用各种不同指标和实证方法对金融发展与经济增长之间的关系作了多方面和多层次的研究。本节将在内生经济增长理论基础上对河北省农村金融发展与农村经济增长之间关系进行实证检验。

2.3.1　实证研究相关理论

经济增长原因、内在机制以及其实现途径是经济理论研究中的核心问题。不同的经济增长理论对影响经济增长因素有不同的理解，对金融系统的作用和金融发展的实现路径也有不同的理解。经济增长理论从古典经济增长理论到新古典经济增长理论，再到内生经济增长理论，假设条件逐步放松。20 世纪 30 年代，哈罗德和多马首先建立起经济增长的数学模型，经济增长理论经历了数次变革。内生经济增长理论产生于 20 世纪 80 年代，其基本观点是经济增长是经济体系中内生因素作用的结果，内生的技术变化决定了经济增长。在假设资本的边际产出递增的条件下，引入金融因素作为影响经济增长的内生因素，来探讨金融发展是如何影响经济增长的。

2.3.1.1　金融发展推动经济增长的理论分析

帕加诺模型——AK 模型，是现代金融理论中说明金融发展促进经济增长机制的一个最为简练的内生经济增长模型，该模型表明金融发展可以通过资本边际生产率、储蓄率以及储蓄向投资转化率 3 个渠道作用于经济。

假设条件：一个没有政府的封闭经济，只生产一种产品，它可以被用来投资和消费，如果用于投资，则每期以 δ 的比率折旧，并

且假设人口不变，AK 模型的生成函数形式为

$$Y_t = AK_t \tag{2-9}$$

式(2-9)中，A 为资本的边际生产率，Y 为产出，K 为广义上的资本存量(包括人力资本和技术知识等)，t 为时期。资本积累方程为

$$I_t = K_{t+1} - (1-\delta)K_t \tag{2-10}$$

式(2-10)中，I 为总投资，在没有政府的封闭经济中，总储蓄等于总投资，由于金融系统在将储蓄转化为投资时需要吸收一部分资金，现假设 θ 比率的储蓄能够转化为投资，于是有

$$\theta S_t = I_t \tag{2-11}$$

则$(t+1)$期的经济增长率为

$$g_{t+1} = \frac{Y_{t+1}}{Y_t} - 1 = \frac{K_{t+1}}{K_t} - 1 \tag{2-12}$$

通过式(2-11)和式(2-12)，并去掉下标可以得到稳态增长率为

$$g = A\theta s - \delta \tag{2-13}$$

式(2-13)中，$s=S/Y$，s 为总储蓄率。式(2-13)表明：金融市场能增加储蓄向投资转化的比例 θ，也可以提高社会边际资本边际生产率 A，还可以影响私人储蓄率 s。通过这些因素的作用，人均实际收入的增长率上升，从而导致经济的内生增长。

第一个因素储蓄-投资转化率 θ 在经济增长过程中特别重要，因为金融系统在把储蓄转化为投资的过程中，由于交易成本和信息成本的存在，并且金融中介也要获取一部分利润，居民储蓄 S 不可能产生 $\theta S=I$ 的投资，因此，$(1-\theta)$ 表示储蓄进入金融市场后的漏出比例。金融资源的漏出比例可以反映出金融市场效率的高低。一个充分发展的金融体系能够大大降低储蓄转化为投资过程中所发生的交易成本和信息成本，金融市场的效率提高，人均实际收入的增长率增加，经济增长率也相应得到提高。对于第二个因素，金融体系通过发挥金融系统的信息优势和专业优势，使金融市

场能增加投资生产率。此外金融市场通过投资组合多样化使分散消费者流动性风险成为可能，因此，首要的基本功能就是资源配置，一个功能良好、效率高的金融体系能够通过高效的方式把资金配置到资本边际生产率较高的生产中，从而促进经济增长。第三个因素中，金融发展使金融市场更加发达，金融设施更加完善和健全，金融工具更加丰富，金融功能更加完善，从而可以吸收更多的储蓄。假设金融市场通过改变储蓄率 s 也能影响经济增长，而这与目标投资收益率 I/Y 是一致的，随着金融市场的发展，储蓄率上升或下降，经济也将随之扩张或收缩。金融发展对经济增长的影响如图 2－2 所示。

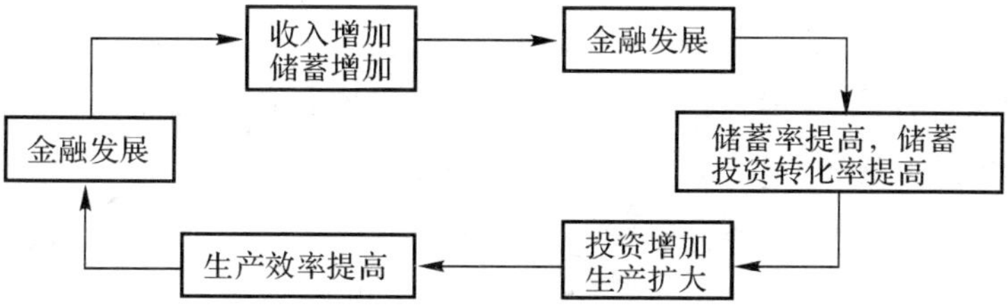

图 2－2　金融发展因素影响经济增长作用机制

2.3.1.2　数据选取及回归方程设计

（1）经济增长指标（G）。我国目前没有专门的官方统计指标和资料，前面已经讨论过很多国家和地区通常采用国内生产总值的变化来说明该国家和地区的经济增长情况。参考国内相关研究情况和数据可获得性，结合河北省实际情况，本书采用农村社会总产值的变化作为考察农村经济增长指标。

（2）农村资本边际产出率（RE）。它表示每投入一单位资本所带来的产出的增加值。金融发展使得资金更多地投入到收益率高的项目上，提高投资效率。借鉴李木祥的做法，边际资本产出率＝农村国内生产总值增量×100/总投资。本书将用农村国内生产总值增量×100/农村社会固定资产总投资来衡量农村资本边际产出率。

(3)农村金融资产相关率(*RFIR*)。它表示农村金融发展程度,通常人们运用戈氏指标并简化为某一时点上现存金融资产总额与国民财富——实物资产总额——加上对外资产之比来衡量一个国家和地区的金融发展程度,前文已经详细分析了河北省的农村金融发展水平,相关数据在此直接引用。

(4)农村储蓄率(*RS*)。由河北省正规金融机构的涉农存款总额表示整个河北省农村存款,然后除以各个年份农村国内生产总值作为农村储蓄率指标。即农村储蓄率=农村存款/农村国内生产总值。

(5)农村储蓄-投资转化率($R\theta$)。它反映的是农村储蓄转化为投资的效率,本指标数值为历年河北省农村信用合作社贷款余额与存款余额的比值。

以上相关指标的数据见表 2-4。

由以上分析构造回归方程为

$$G=a_0+a_1RE+a_2RFIR+a_3RS+a_4R\theta+\mu \qquad (2-14)$$

表 2-4 河北省农村金融发展与经济增长指标 单位:%

年份/年	*G*	*RE*	*RFIR*	*RS*	$R\theta$
1988	3.3	18.94	47.08	22.86	44.31
1989	2.5	24.80	53.30	25.49	52.25
1990	4.5	33.69	54.63	24.68	60.48
1991	7.8	61.67	56.07	20.90	66.28
1992	3.1	30.85	56.34	21.06	67.68
1993	5.4	48.04	56.92	19.72	68.25
1994	3.6	21.56	67.36	25.62	67.84
1995	0.9	12.27	84.42	30.20	69.90
1996	8.7	37.10	92.96	31.39	69.96
1997	16.2	65.33	84.39	29.46	66.25

续表

年份/年	G	RE	$RFIR$	RS	$R\theta$
1998	11.9	85.42	63.56	24.54	64.39
1999	9.4	43.53	59.00	24.00	67.79
2000	7.5	20.64	61.26	25.25	64.40
2001	7.8	10.74	65.32	27.98	62.78
2002	4.8	3.69	76.00	32.19	64.21
2003	5.7	4.94	84.58	37.94	64.48
2004	5.3	10.31	86.73	39.51	65.57
2005	5	6.65	91.69	41.60	65.22
2006	6.3	12.61	97.37	43.82	65.41
2007	6.7	22.30	98.63	44.37	65.15
2008	6.5	19.55	110.64	45.40	64.02
2009	4.3	17.65	120.73	48.36	69.25
2010	11.2	20.36	129.33	46.32	67.39
2011	10.8	18.34	136.74	47.68	67.79

注：数据来源于《河北金融年鉴》《河北经济年鉴》。

2.3.2　实证检验过程

经济时间序列数据，特别是宏观经济数据，常常呈现明显的时间趋势，但仅从图像上是无法确定数据是由带趋势的稳定过程，还是由带常数项的单位根过程产生的。基于向量自回归（VAR）模型的格兰杰因果关系检验首先应考虑数据的平稳性，否则所进行的估计就有“伪回归”之嫌。单位根过程的检验对检验时间序列的稳定性十分重要，在进行回归之前有必要对模型的前提假设进行检验。检验金融发展对经济增长的关系要涉及两方面问题。①相关时间序列是单位根过程产生和我们采用多变量 VAR 内积分析方法的理论前提。②协整分析的第一步是确认各个变量的单整阶数。

2.3.2.1　单位根检验

本书利用迪福-富勒提出的 ADF 检验法对各个变量进行单位根检验。若 ADF 统计量的绝对值小于临界值的绝对值，则该变量存在单位根即非平稳；若 ADF 统计量的绝对值大于临界值的绝对值，则该变量不存在单位根即平稳。依据赤池信息准则(AIC)和施瓦兹准则(SC)可以做出更准确的判断。ADF 检验模型有 3 种设定模式：

$$y_t = \rho y_{t-1} + \sum_{i=1}^{m} \lambda_i \Delta y_{t-1} + \varepsilon_t \tag{2-15}$$

$$y_t = \alpha + \rho y_{t-1} + \sum_{i=1}^{m} \lambda_i \Delta y_{i-1} + \varepsilon_t \tag{2-16}$$

$$y_t = \alpha + \beta t + \rho y_{t-1} + \sum_{i=1}^{m} \lambda_i \Delta y_{i-1} + \varepsilon_i \tag{2-17}$$

本书依据水平变量和一阶差分变量的趋势图来选择模型设定模式，如果检验结果没有发生冲突，那么最后得到的结论是比较可靠的。检验结果见表 2-5。

表 2-5　ADF 单位根检验结果

变量	检验形式(C,T,L)	检验值	P 值
RE	(0,0,0)	−2.085 877	0.251 7
ΔRE	(0,0,0)	−4.053 217	0.006 3
$RFIR$	(0,0,4)	1.548 118	0.964 4
$\Delta RFIR$	(0,0,4)	−2.959 619	0.005 5
RS	(0,0,3)	2.171 993	0.989 3
ΔRS	(C,0,3)	−2.482 282	0.016 2
$R\theta$	(0,0,4)	1.006 216	0.910 6
$\Delta R\theta$	(0,0,4)	−3.822 193	0.000 7
G	(C,0,4)	−2.447 604	0.142 3
ΔG	(0,0,3)	−4.335 61	0.000 2

注：1. ΔRE 表示 RE 的一阶差分，其余类同。

2. (C,T,L) 表示检验模型含有截距项，趋势项、滞后阶数为 L。

由表 2-5 显示，所有变量都是非平稳一阶单整的。同时利用 PP 检验法进行了单位根检验，结果与 ADF 检验结论一致。

2.3.2.2　协整检验

一组稳定的 I(1) 时间变量序列的线性组合如果是稳定的时间序列，那么我们就称他们存在协整关系，称这一线性组合的表达式为协整式。而这种协整关系通常认为等价于变量之间的长期均衡关系。我们在对变量进行因果检验之前一般先进行协整关系检验，确定变量之间协整关系数目并以之为前提通过 VAR 相关系数矩阵的假设检验来获取变量间的因果关系。

虽然反映农村金融发展与农村经济增长的各个指标是非平稳的一阶单整序列，但这些指标可能存在某种平稳的线性组合。这个组合反映了变量间的长期稳定关系，此即协整关系。本书采用基于回归残差的协整检验，这种方法的思想是如果因变量能被自变量的线性组合解释，两者之间存在稳定的均衡关系，因变量不能被自变量解释的部分构成一个残差序列，这个残差序列应该是平稳的，检验一组变量之间是否存在协整关系等价于检验回归方程的残差是否是一个平稳序列。对 $G, RE, RFIR, RS, R\theta$，进行协整回归，其结果为

$$\hat{G} = 0.1256RE + 0.0713RFIR + 0.0412RS - 0.0462R\theta$$

$$(4.3152) \quad (0.8613) \quad (0.1869) \quad (-1.1271)$$

$$R^2 = 0.5836, \quad DW = 1.0537$$

（括号内为相应系数的 T 检验值，下同）

检验残差序列的平稳性：

$$e_t = -0.1256RE - 0.0713RFIR - 0.0412RS + 0.0462R\theta$$

对 e_t 进行 EG 检验又得

$$\Delta e_t = -0.5316e_{t-1}$$

$$(-2.6182)$$

$$R^2 = 0.3164, \quad DW = 2.1357$$

上式中 ADF 检验值 -2.618 2 在大约 1% 水平上拒绝了零假设。认为上述 5 个变量间存在协整关系。

建立误差修正模型:

$$\Delta G = 0.132\,6\Delta RE - 0.030\,1\Delta RFIR + 0.273\,2\Delta RS - 0.250\,1\Delta R\theta - 0.760\,3ecm(-1)$$

(4.765 1) (-0.259 3) (0.766 5) (-1.613 2) (-2.890 2)

$R^2 = 0.715\,8$, $s.e. = 2.103\,6$, $DW = 1.981\,6$

剔除不显著变量 $\Delta RFIR$,则

$$\Delta G = 0.130\,2\Delta RE + 0.179\,6\Delta RS - 0.249\,8\Delta R\theta - 0.748\,9ecm(-1)$$

(4.724 1) (1.091 2) (-1.765 9) (-3.310 5)

$R^2 = 0.736\,5$, $s.e. = 2.013\,5$, $DW = 1.981\,6$

长期来看,农村金融发展水平与农村经济增长之间存在着正相关关系,回归系数为 0.071 3,$T = 0.861\,3$,该系数不显著,也就是说农村金融发展水平对农村经济增长的解释程度不高。无论从长期还是从短期来看,农村储蓄率、资本产出率与经济增长率之间呈正相关,相关系数分别为 0.041 2,0.125 6 和 0.179 6,0.130 2,这意味着储蓄率和资本产出率每提高一个百分点,相应长期和短期时间内经济增长提高 0.041 2,0.125 6 和 0.179 6,0.130 2 个百分点,储蓄率和农村资本产出率对农村经济增长的作用是正向的,提高农村储蓄率和投资效率可以促进农村经济增长。储蓄-投资转化率均与农村经济增长之间呈负相关关系,长期看,如果两者提高一个百分点,对经济增长率的提升分别为 -0.046 2 个百分点,短期内则为 -0.250 1 个百分点,农村储蓄-投资转化率的提高并没有带动农村经济增长。

2.3.2.3 格兰杰因果检验

宏观经济运行数据在很大程度上来自于变量之间可能存在的因果关系。这种因果关系使组成宏观经济系统的各个变量相互制

约和相互促进。格兰杰(Granger)在1969年提出因果关系概念并给予实证检验,一个包括(x,y)的信息集合。如果利用x的过去信息不用它时能更好预测y,则称x为y的原因。其直观实证模型如下。

无限制回归:

$$y_t=\alpha_0+\sum_{i=1}^{m}\alpha_i y_{t-i}+\sum_{j=1}^{k}\beta_j x_{t-j}+u_t \tag{2-18}$$

有限制回归:

$$y_t=\alpha'_0+\sum_{i=1}^{m}\alpha'_i y_{t-i}+\varepsilon_t \tag{2-19}$$

若接受$H_0:\beta_1=\beta_2=\cdots=\beta_k=0$,则$x_i$不是$y_i$的格兰杰原因,此时使用$F$检验。

$$F=\frac{(RSS_R-RSS_U)/k}{RSS_U/(T-1-m-k)}-F(k,T-1-m-k) \tag{2-20}$$

式(2-20)中,RSS_R,RSS_U分别表示有限制回归和无限制回归的残差平方和;k为约束个数;$(T-1-m-k)$为无限制回归的自由度;T为样本容量。实际上,格兰杰因果关系检验完全可以基于系统的VAR来定义:

$$\begin{vmatrix} y_t \\ x_t \end{vmatrix}=\begin{vmatrix} \alpha_0 \\ \beta_0 \end{vmatrix}+\begin{vmatrix} \alpha_{11} & \alpha_{12} \\ \alpha_{21} & \alpha_{22} \end{vmatrix}\begin{vmatrix} y_{t-1} \\ x_{t-1} \end{vmatrix}+\begin{vmatrix} \beta_{11} & \beta_{12} \\ \beta_{21} & \beta_{22} \end{vmatrix}\begin{vmatrix} y_{t-2} \\ x_{t-2} \end{vmatrix}+\begin{vmatrix} u_{1t} \\ u_{2t} \end{vmatrix} \tag{2-21}$$

如果接受$H_{01}:\alpha_{12}=\beta_{12}=0$,则$x_t$不是$y_t$的格兰杰原因。

如果接受$H_{02}:\alpha_{21}=\beta_{21}=0$,则$y_t$不是$x_t$的格兰杰原因。

在验证了各个变量具有协整关系后,根据简化的VAR格兰杰因果关系检验的形式,利用Eviews5.0提供的检验功能对河北省农村金融发展与经济增长之间的因果关系进行检验,检验结果见表2-6。

表 2-6　格兰杰因果关系检验结果

原假设	F 值	P 值	滞后阶数	结论
G 不是 RE 的格兰杰原因	6.248 9	0.013 8	4	$G \rightarrow RE$
G 不是 $RFIR$ 的格兰杰原因	15.778 6	0.001 3	1	$G \rightarrow RFIR$
$RFIR$ 不是 G 的格兰杰原因	3.659 2	0.072 1	1	$RFIR \rightarrow G$
G 不是 RS 的格兰杰原因	3.256 5	0.091 5	1	$G \rightarrow RS$
G 不是 $R\theta$ 的格兰杰原因	3.170 9	0.067 8	3	$G \rightarrow R\theta$

根据表 2-6 的结果，在 10%的显著水平上有结论：河北省农村金融发展中的农村金融资产相关率与农村经济增长之间具有双向的格兰杰因果关系，农村经济增长是农村资本产出率、农村储蓄率和农村储蓄-投资转化率的格兰杰原因。

河北省农村金融发展与农村经济增长之间存在着一种长期的均衡关系，农村金融发展水平与农村经济增长之间存在着正相关关系，这种实证结论符合金融发展理论的主流观点，Levine 认为，在金融发展与经济增长之间存在着正的一阶关系。格兰杰因果关系检验表明农村金融发展与农村经济增长之间互为格兰杰因果关系，这表明：改革开放以来，农村经济体制改革促进了农村经济增长并带动农村金融的发展，接着农村金融发展又反过来进一步推动了农村经济增长，从而在两者之间呈现正相关关系，但是两者之间相关系数比较小，说明河北省农村金融虽然有了发展但是发展水平还比较低。实证结果印证了经济增长与金融发展之间是相互制约、相互促进、相互影响的，经济增长是金融发展的原动力，而金融发展也会对经济增长产生强烈的反作用，两者必须协调发展，如果农村金融发展被人为地抑制，则必然对经济增长形成制约。鉴于河北省农村金融发展水平，隐含的政策结论是，加快农村金融体制改革，提高农村金融发展水平，对农村经济增长具有十分重要的意义。

2.4　农村信贷对农民收入增长的有效性分析

农民增收问题是解决“三农”问题的关键，也是新农村建设的重点和根本。随着我国农村金融改革的推进，关于农村信贷与农民收入增长的问题再次引起人们的关注。近年来，国内已有部分学者对农村信贷与农村收入之间的关系问题进行了相关的研究。郑小华分析了农村金融体制对农民增收的制约因素，提出了通过农村金融体制创新增加农民收入的基本思路。瞿商等人认为目前农业信贷资金不足是影响农民收入增长的一个非常重要的制约因素，探讨了建立有效的农民增收和农业信贷资金支持的互动机制的途径。孙蕾等人从动态角度说明农村信贷投入与农民收入在长期趋势上的相互影响和作用效果。张凯等人认为我国农村信贷投入与农民收入之间存在着正向的互动作用，因此增加农村信贷投入是促进农民收入持续增长的一个重要途径。

本节以河北省农村信贷投入和农民收入为研究对象，通过对1988—2009 年的数据进行实证分析，考察两者之间的关系，为河北省的农村金融改革和新农村建设提供理论性结论。

2.4.1　指标选取与数据说明

2.4.1.1　指标选择与数据说明

(1)农民人均纯收入(NI)。该指标反映了河北省农民的人均收入情况，用河北省经济统计年鉴的农村居民家庭人均纯收入的数据来表示。该指标扣除了农村居民的各项费用和税金，可以直接用于投资、消费储蓄的收入，较真实地反映了农民的实际收入和购买力水平。因此用农民人均纯收入来衡量农民收入情况。

(2)农村产业结构(INS)。如图 2－3 所示，农村第一产业生产总值所占比例逐年降低，说明随着农村经济的发展，第二、三产业所带来的产值不断增加，同时也吸收大量的农村劳动力。从事第一产业的劳动力随着产值的降低而下降。在农民收入结构中，非农业收入比例持续增加，是推动农民收入增长的重要因素。农村劳动力的转移大致为两个方向，一个方向为当地乡镇企业、运输及服务等相关行业，另一个方向是全国各大中城市，进城务工。后者与农村金融发展相关性不大，暂不考虑。由于非农产业的发展与农村劳动力转移具有直接关系，因此本书用农村非农产业总产值与农村国内生产总值的比值来衡量农村产业结构指标，表示非农产业和劳动力转移对农民收入的影响。

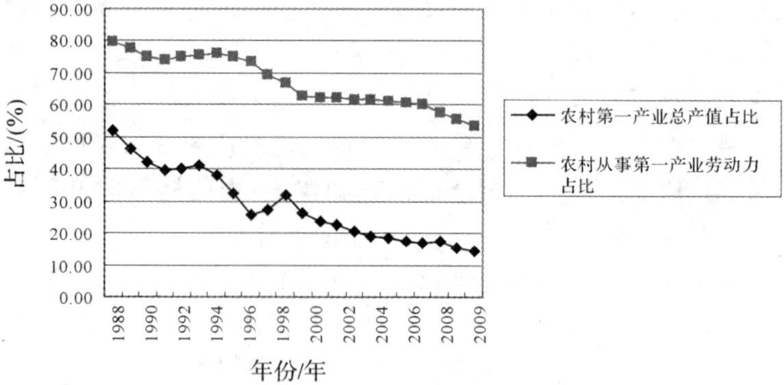

图 2-3　农村产业结构变化及劳动力转移

(3)农村人均信贷额(AC)。农村信贷总额包括对农业的信贷投资也包括对乡镇企业的信贷投资。因此，本书用河北省农村信贷总额与农村劳动力总人数的比值来表示农村人均信贷额，用来说明农村信贷对农村的支持。

(4)农村金融发展效率(FX)。农村金融发展效率是指农村金融中介将农村储蓄转化为农村贷款的效率。用农村存款余额与金融机构对农业和乡镇企业的贷款余额之比来衡量。农村金融发展效率反映了金融机构对农村信贷投入的支持程度。

2.4.1.2　分析方法

首先，考虑到数据的自然对数变换不改变原来的协整关系，并能使趋势线性化、消除时间序列中存在的季节性变化引致的异方差现象，本书在实证分析中分别对变量取自然对数，为 ln*NI*，ln*INS*，ln*AC*，ln*FX*。为了避免出现伪回归的现象，本书利用单位根检验法，检验变量的平稳性，对于非平稳性的变量进行处理，使之成为平稳的时间序列。如果变量是单整的，通过格兰杰因果关系检验，确定农村信贷支持与农民收入增长之间的关系。如果这些变量之间存在长期稳定的关系，还需在此基础上进行 VAR 模型的脉冲响应，以确定各因素对农民收入的动态影响。

2.4.2　实证分析过程及结果说明

2.4.2.1　单位根检验

对于时间序列变量，进行因果关系检验及建立 VAR 模型的前提是所有变量服从同阶单位根过程。本书用 Eviews5.0 软件对各变量的原始数据和一阶差分进行 ADF 单位根检验。检验结果见表 2－7，所有变量的原始数据都是非平稳的。ln*NI*，ln*INS*，ln*AC*，ln*FX* 的一阶差分均（分别用 Δln*NI*，Δln*INS*，Δln*AC*，Δln*FX* 表示）在 5％的显著水平下都是平稳的，因此，所有变量都是一阶单整的，即服从 I(1)过程。

表 2－7　ADF 单位根检验结果

变量	检验类型(*c*，*t*，*m*)	ADF 检验值	临界值(5％显著水平)	是否平稳
ln*NI*	(*c*，0，2)	－1.117 516	－3.029 970	否
Δln*NI*	(*c*，0，1)	－3.268 217	－3.029 970	是
ln*INS*	(*c*，0.2)	－0.493 539	－3.029 970	否

续 表

变量	检验类型(c,t,m)	ADF 检验值	临界值(5%显著水平)	是否平稳
$\Delta\ln INS$	(c,0,1)	−5.252 243	−3.029 970	是
$\ln AC$	(c,0,0)	−1.915 354	−3.020 686	否
$\Delta\ln AC$	(c,0,0)	−4.510 113	−3.029 970	是
$\ln FX$	(c,0,0)	−2.564 496	−3.012 363	否
$\Delta\ln FX$	(c,0,0)	−4.658 808	−3.020 686	是

注:检验类型中 c 代表截距项,t 代表趋势项,m 表示滞后项期数。

2.4.2.2 格兰杰因果关系检验

由于 $\ln NI$ 与 $\ln FX$,$\ln RFIR$ 3 个变量不存在协整关系,需进一步通过格兰杰因果关系检验分析变量之间的关系。检验结果见表 2-8 所示。

表 2-8 格兰杰因果检验结果

变量	零假设	F 统计量	P 值
$\ln NI$	$\ln NI$ 不是 $\ln AC$ 的格兰杰原因	0.116 08	0.891 20
	$\ln AC$ 不是 $\ln NI$ 的格兰杰原因	2.703 96	0.099 36
$\ln INS$	$\ln INS$ 不是 $\ln NI$ 的格兰杰原因	13.124 5	0.000 51
	$\ln NI$ 不是 $\ln INS$ 的格兰杰原因	2.429 96	0.121 86
$\ln FX$	$\ln FX$ 不是 $\ln AC$ 的格兰杰原因	1.668 60	0.221 66
	$\ln AC$ 不是 $\ln FX$ 的格兰杰原因	1.696 66	0.216 64
$\ln AC$	$\ln AC$ 不是 $\ln INS$ 的格兰杰原因	2.703 96	0.099 36
	$\ln INS$ 不是 $\ln AC$ 的格兰杰原因	0.016 47	0.983 69

由表 2-8 可以看出,在 10%的置信度下,农村信贷支持是农

民收入增长的格兰杰原因。但农民收入的增长并没有成为农村信贷支持的原因，这说明农民收入增长，储蓄增加，但农村金融中介机构并没有把储蓄转换为支农贷款。这一点与农村金融发展效率不是农村信贷支持的原因的检验结果相同。从检验结果还可以看出，非农产业的发展促进了农民收入的增长，而农村信贷支持是非农产业发展的原因，这与实际情况相吻合。

农村金融发展效率没有成为农村信贷支农的格兰杰原因，说明农村金融发展效率低下，没能把农村存款有效地转换为支农贷款，阻碍了农民收入的增长。其原因主要是农村金融中介机构把农村存款投向了城市，而农村的资金需求得不到满足。首先，农村资金大量流向城市使农村资金供给不足，金融发展效率低下。如图 2-4 所示，长期以来，河北省农村信用合作社存贷比整体呈增长趋势。近几年农村信用合作社存款余额是贷款余额的 1.5 倍以上，其差额部分大部分投向了城市，农村信用合作社并没有给“社员”提供针对符合农村实际情况的金融服务。在农村分布广泛的中国邮政储蓄银行在农村地区只吸收存款，并不对农民和中小企业提供信贷服务。实际上，中国邮政储蓄银行没有给农村市场注入资金，反而从农村地区抽走大量资金流向城市。其次，贷款难的问题普遍存在，农民贷款需求不能很好地得到满足。由于中低收入的农民收入低和抵押品缺乏导致农民的一些低收入家庭由于偿还能力不足和还款来源不稳定，一般无法获得贷款。另外，乡镇一级的农村信用合作社存在大量的“人情”贷、“关系”贷，使得那些有真正资金需求而没有“人情”“关系”的农民得不到贷款。

为了进一步考察农村信贷支持与农民收入增长的动态关系，我们通过 VAR 模型的脉冲响应函数来分析。为了防止 VAR 模型因变量顺序变化带来脉冲响应的不同，采取检验两个变量关系的一般冲击反应。结果如图 2-5 所示。

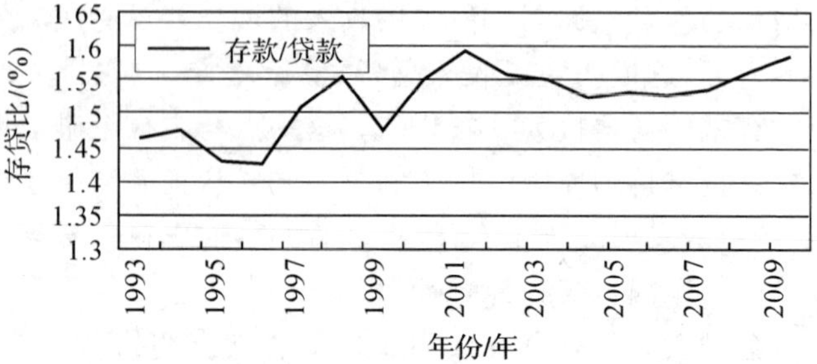

图 2-4 河北省农村信用合作社存贷比

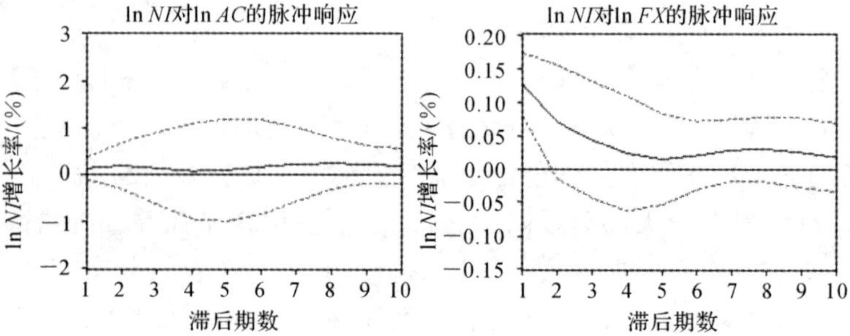

图 2-5 农民收入与农村信贷对冲击的动态反应

由图 2-5 可看出：①农村信贷的正向冲击，对农民收入有正向效应，这种冲击使农民收入增长得到改善，并且作用是长期的。②农村金融发展效率的正向冲击开始使农村信贷得到明显改善，这种正效应逐渐降低，但长期内对农村信贷支持有促进作用。VAR 分析结果说明了，河北省农村信贷支持农民收入增长起到了重要的促进作用，而农村金融发展效率的改善将推动农村信贷的增长。

2.4.3 基本结论

实证结果显示：1988—2009 年期间河北省农村信贷支持与农

民收入存在正相关的关系，长期内促进农民收入的增长。但是，农村金融发展效率的低下没有成为农村信贷增长的原因。另外，农村产业结构的变化与农民收入呈正相关关系，证实了非农产业对农民收入的拉动作用。

改革开放以来，农村经济体制改革不断深化，但农村金融改革相对滞后。首先，金融供给严重不足、农村金融发展效率低下成为制约农村经济发展、农民增收的主要因素。据汇丰银行资助的"中国农村金融发展研究"对河北省的调查显示，河北省以种植业为主的家庭占 47.4%，以非种植业生产为主的家庭为 41.2%，非种植业、非牧业为主要收入来源的家庭平均要比以农业为主的家庭高出 7 245 元。借贷对农民收入有着显著的影响，近半数农民借贷为了发展生产和投资。2006 年所有农民的预期平均纯收入将比 2005 年增加 10.8%，或多数人为了增加收入才借贷。事实也证明，农村第二、三产业的发展推动了农村劳动力的转移，拓宽了农民增收的渠道，带动了农民收入的增加。但因农村信贷供给不足，贷款难的情况普遍存在，在一定程度上制约了农村第二、三产业的发展。农民发展非农产业的资金来源主要集中在个人存款、现金及借贷，这也是农村信贷成为农村产业结构调整的瓶颈原因。其次，金融的最主要功能是将社会的储蓄化为投资，从而促进经济的长期增长，促进农民增收。而河北省农村金融效率水平低，没能充分发挥金融基本功能，抑制了农民收入的增长。我国农村资金外流现象已得到众多学者的认可，而河北为农业大省，资金外流的同时农村资金缺口巨大。农村金融机构不能把农村存款有效地转化为农村信贷供给，部分地消解了农村居民收入水平提高带来的消费和投资效应，导致农村的投资不足，特别是农业和农村经济实体投入不足，必然对农业新技术的推广和乡村实体的生产形成制约，影响到农民收入水平的持续提高。

2.5　农村金融支持经济增长的政策建议

改革开放以来,河北省农村经济发展很快,不仅表现在经济总量、增长速度和农民收入上,还表现在经济结构的不断优化上。河北省农村金融也取得了很大的发展,基本上形成了商业性、政策性、合作性农村金融组织并存的局面,除此之外还包括一些非正规农村金融机构。河北省农村金融发展与农村经济增长之间存在着长期稳定的正相关关系,这符合金融发展理论的主流观点。改革开放以来,农村经济体制改革促进了农村经济增长并带动农村金融的发展,接着农村金融发展又反过来进一步推动了农村经济增长,从而在两者之间呈现正相关关系,更重要的是也说明了河北省农村金融已经有所发展,但是从储蓄率、储蓄-投资转化率来看,农村金融发展水平还比较低,农村金融机构提供的金融服务效率还比较低。实证结果印证了金融发展与经济增长之间是相互制约、相互促进、相互影响的,经济增长是金融发展的原动力,而金融发展也会对经济增长产生强烈的反作用,两者必须协调发展。

为了使农村金融支持农村经济更好、更快地持续发展,我们应当将现有的农村金融体系构建成一个多元化、多层次、高效的农村金融体系,解除当前的农村金融抑制现象,实现农村金融制度和金融工具创新,扩大农村金融市场化改革,培育良好的农村金融运行外部环境。

2.5.1　完善农村金融体系

商业金融、政策性金融、合作金融以及民间金融同时并存才能满足农村经济发展所必需的多样化的需求,也才能使农村金融规模得到加速扩张,农村金融结构得到合理调整。今后,中国农业银行在河北省农村金融市场中所占的份额和所发挥的作用,仍然占有重要的地位。其改革方向不论是坚持向城市进军的策略还是兼顾农村市场都必须坚持商业化的道路，目前的改革关键是产权制度的改革，并在明确产权制度的基础上进行股份制的改造，建立完善的内部治理结构，彻底解决当前中国农业银行既要考虑盈利目标又要承担支援农业和农村经济的政策性任务的困扰，将支农政策性业务从中国农业银行中划分出来以免损害其独立性。从长远发展来看，农村信用合作社理应成为为“三农”提供金融支持的主力军和联系国家与农民的纽带。因此，改革农村信用合作社就要坚持服务“三农”的基本政策定位，坚持合作制的原则，积极稳妥地推行农村信用合作社的产权制度的改革、经济管理体制的改革，并针对不同的地区选择合适的改革模式，同时要加强农村信用合作社的政策扶持力度，优化其外部运行环境，完善农村诚信体系建设。政策性金融机构是发展中国家经济起飞过程中不可缺少的。深化农村政策性金融改革要坚持经营目标的政策性和效益性相结合、经营范围的政策性金融与商业性金融相分离的原则。积极拓宽中国农业发展银行资金来源渠道、扩展其业务范围，建立农村政策性金融机构资金的财政补偿机制，制定农业政策性金融专门的法律法规，明确经营宗旨，确保稳健运行。农村非正规金融是伴随着金融抑制而产生的，不受政府的鼓励和保护，但是作为一种农村金融制度安排，它对农村经济发展具有特殊的意义。因此，政府应正视非正规金融的存在，积极引导非正规金融形式，使其在农村金融制度变迁中逐步纳入正规的农村金融体系中去，政府部门要针对非正规金融的特点，制定相关的法律法规，做到依法监管非正规金融形式的发展，同时建立民间金融检测分析制度，加强对非正规金融的研究。

2.5.2　加强农村金融创新

现阶段农村金融服务要适应农村多样化、多层次的金融需求，考虑到不同地区、不同需求群体对农村金融的不同需求特征，通过各种农村金融制度创新、农村金融业务和农村金融工具创新来消除农村金融发展中存在的问题，也是解除农村金融抑制，深化农村金融发展的关键。农村金融创新对政府来说，就是要进行农村金融制度的创新，金融制度创新能够弥补不恰当的制度安排，改变农村金融市场环境。放松农村金融市场的进入条件，引入多样化的农村金融组织，包括非政府组织的小额信贷和其他自发的民间金融合作形式。放松对民间金融组织和活动的歧视和压制政策，可以进行民间金融合法化试点，把很多不规范的金融活动从地下转移到地上来。此外，培育竞争性的农村金融市场还要积极推行农村金融市场利率市场化建设，进一步扩大贷款利率浮动幅度。金融机构可以根据每一笔贷款的预期风险进行定价，使得金融机构之间展开充分竞争。农村金融业务单一、缺乏适合农村市场的融资工具是造成农村金融抑制的一个重要原因，因此农村金融创新对农村金融机构来说就是要进行金融业务和金融工具的创新。首先，健全和完善农村贷款的抵押担保制度，发展抵押品的多种替代形式，促进农村抵押市场的多样化。其次，扩大信用贷款范围，开发新的金融产品，满足农民多层次的需求如用于农田基本建设方面的长期信贷支持、短期资金周转贷款和小额贷款。再次，要提高农村金融机构硬件设施，提高金融机构的工作效率和服务态度。农村金融机构可以以中间业务为突破口，加强结算业务、电子汇兑等业务上的硬件设施建设，优化金融服务。

2.5.3　培育良好的农村金融运行外部环境

健康的金融机构、良好的金融秩序需要相应良好的外部环境，包括有序的市场经济秩序和稳定的经济政策。从近年来农村信用合作社改革的教训来看，政府不能过度参与金融企业的正常经营活动，应该保持宏观经济政策的连续性和一致性，维护宏观经济的稳定运行，加快农村商品化、市场化和货币化进程，给金融机构生存和发展创造必要条件。在目前针对信用合作社改革的各项措施中，一般均通过国家规定贷款比例的方式来达到农村信用合作社贷款支农的目的。这一措施是必要并且是符合国际惯例的。金融市场的健康运行和金融机构的规范需要建立完备的诚信制度，农村金融组织面临的服务对象是广大的农户和乡镇小企业，信息不对称问题十分严重，因此，对农村金融机构而言，推行诚信评级，建立诚信档案，建立和完善个人诚信制度意义更为重大。我们可以借鉴国外的经验和做法，结合河北省农村实际情况建立适合本省的诚信制度。扩大和完善客户的信用记录，建立对所有金融机构开放使用的金融信用档案系统。还要建立起客户守信的激励机制，让守信的得到好处，失信的受到惩罚，形成一旦失信就难以生存的威慑，从而发挥市场经济“自净化功能”。其次，要建立健全的法制体系，保障正常的信用关系和环境。因为仅靠良心道德不可能有效约束所有债权人和债务人的行为。必须依靠法律的力量，把一切信用活动纳入法制的轨道，形成有法可依、有法必依、违法必究的法制环境。为市场经济建立必要的法律基础，才能维护和培养良好的社会信用秩序，使诚信、守信成为经济主体的自觉行动。

第3章　河北省农村金融需求状况分析

当前，河北省农村金融体系主要包括中国农业发展银行、中国农业银行、农村信用合作社、中国邮政储蓄银行以及村镇银行、小额贷款公司、农村资金互助社（河北省晋州市周家庄资金互助社）等新型农村金融机构，基本建成了政策金融、商业金融、合作金融及新型金融机构相结合的“多层次，广覆盖，可持续”的农村金融服务体系。但是由于农户融资需求比较强烈，河北省农民融资难的问题仍然比较严峻。在国家支持农业发展政策的环境下，河北省农户对信贷资金的需求非常旺盛，而信贷资金的供给却比较滞后。从数字看，2009年年末，河北省新增农业贷款占全部金融机构新增贷款比例为8.9%，比2001年的25.8%下降了16.9个百分点，农业贷款形势更加严峻。目前，全省城市平均万人拥有银行业机构1.51家，农村地区万人拥有银行业机构只有0.89家，仅为城市水平的59%。城乡之间金融资源配置落差较大，农村地区金融服务便利度远低于城市水平。

3.1　河北省农村金融需求现状

3.1.1　农户的金融需求

为了解河北省内各个地区主要是农户的资金需求情况，对家在河北省11个地区的学生家庭进行了问卷调查。问卷的主要内容是关于农户的基本情况及对资金借入借出等各方面的情况进行调查。本次调查采用随机抽样的方法，在省内总共11个地区中调查农户1 200多户，发出调查问卷1 250份，回收问卷1 213份，回收率达到97%，整理录入有效问卷1 191份，有效率达到95%。

经过调查数据整理和分析，初步了解到河北省农户的资金需求除了具有一些全国性特点之外，还存在着一些河北省地方性的特点。同时，由于省内的经济发展和政策的差异，各个地区也存在较大的差异。

在调查中，为了解河北省各个地区的资金需要状况，我们使用了比较宽泛的农户的概念。此次调查对象如前所述是在校生中家在河北省11个地区的学生家庭，之所以如此，一是因为各个地区农户的资金需求本身是一个比较宽泛的问题，了解宽泛的问题，自然需要相对应的宽泛的调查对象；二是因为家庭的每个成员，从其居住、经营和收入来进行分析，多少都和农业有关，难以进行明确的区分，如有的家在农村居住，但主要收入来源是固定工资；有的家在城镇居住，但家中有人从事农业种植或养殖。因此，只要和省内11个地区资金需求有关的家庭，在此次调查中我们统称为农户。

3.1.1.1　农户基本情况分析

在农户的基本情况调查中，主要调查了农户的家庭人口数、居住地，从事的经营以及家庭的收入情况。在调查数据方面，可以从农户分布情况、家庭情况、收入情况等几方面进行说明。

1. 农户分布情况

从地区分布看，被调查农户分布于河北省11个地区，具体数据如下：沧州地区107户，衡水地区162户，石家庄地区161户，秦皇岛地区19户，张家口地区35户，唐山地区72户，廊坊地区92户，邯郸地区179户，邢台地区110户，保定地区196户，承德地区58户。从地区分布看，本次调查覆盖河北省所有11个地区，所获数据可以较为全面地反映省内农户资金供需的基本情况。

从居住分布看，调查以农户现在的居住地来划分，274户居住在城镇，约占被调查总数的23%，917户居住在农村，约占被调查总数的77%（见表3-1）。调查以居住地进行分类，没有以户籍作为划分标准，首先是考虑到农户居住地的选择与资金需求之间的关系更为直接，而户籍因素则影响相对较小。其次是因为有些农户虽然以种植业养殖业为主，但居住在城镇，而有些农户虽然是在企事业单位工作，但居住在农村，所以说户籍已经不再是农户发展的限制因素。

表3-1　农户分布表

居住地	农户数/户	比例/(%)
城镇	274	23
农村	917	77
合计	1 191	100

2. 农户家庭情况

从农户家庭人口数来看，农户家庭主要由3～6口人组成，其中，四口之家为最多，占到调查总户数的45%，其次是五口之家，占到调查总户数的24%（见表3-2），户均人口数约为4.4人。

表3-2　家庭人口数与户数的比率

家庭人口数/个	家庭数/户	比例/(%)
2	13	1
3	188	16
4	535	45
5	284	24
6	123	10
7	35	3
8	8	0.6
9	5	0.4
合计	1 191	100

从农户基本经营来看,农户以从事种植业养殖业为主,在全部农户中,从事农业种植或养殖的户数为876户,占到农户总数的74%;开办企业或经营买卖的为339户,占到农户总数的28%;既从事农业种植养殖又开办企业或经营买卖的为252户,占到农户总数的21%。

3.农户收入情况

从农户收入来源来看,与农户从事基本经营的特点相对应,家庭主要收入来源居于首位的是农业种植和养殖业,约为469户,只占调查总户数的39%(见表3-3)。

表3-3　农民收入来源分布表

收入来源	固定工资	种植养殖	工业	服务业	打工	其他	合计
户数/户	231	469	95	132	198	66	1 191
比例/(%)	19	39	8	11	17	6	100

因此,与上面从事的基本经营结合进行分析,实际家庭主要收入来源于农业的只占种植养殖户的54%,也就是说,家中虽然从事农业种植或养殖,但46%的农户主要收入来源并不是种植业和养殖业的收入,而是来自于固定工资、工业、服务业及打工等其他形式的收入。而从收入来源的分析也证实了前面所提到的,农户正不断向多种经营发展,增加收入。

从农户收入总额来看,2008年被调查的农户年收入总和分档比例见表3-4,1万至3万元区间所占比例最大,达到36%,其他依次是1万元以下26%,3万至5万区间22%,年收入3万以下累计占调查总数的62%,5万元以下累计占到84%(见表3-4,图3-1)。从统计上看,农户收入呈现明显的偏态分布,说明河北省地区农户收入整体处于较低的水平。

表 3-4　收入与户数的比例表

收入/元	户数/户	比例/(%)	累计/(%)
1 万以下	308	26	26
1 万～3 万	482	36	62
3 万～5 万	218	22	84
5 万～10 万	119	11	95
10 万～50 万	53	4	99
50 万以上	11	1	100
合计	1 191	100	

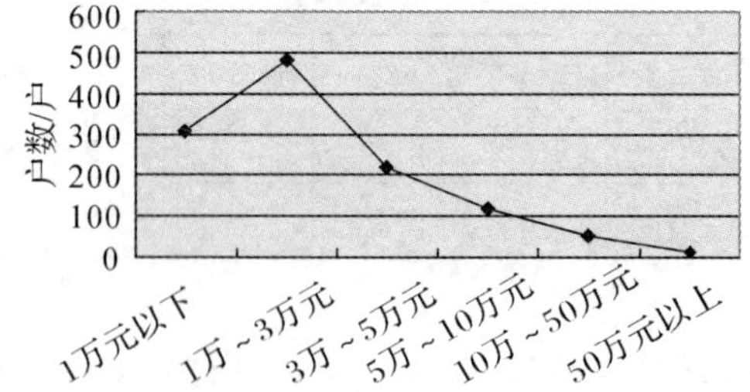

图 3-1　2008 年河北省农户收入分布图

从农户收入水平档次看，由于各地区经济发展水平不同，我们不能以收入总额来进行比较，因此通过大家对自己收入在当地水平认知为依据进行分析，219 户认为处于低收入水平，940 户认为处于中等收入水平，只有 32 户认为是处于高收入水平。其中，在中等收入群体中，40%是中等偏下，46%中等，只有 14%是中等偏上的收入水平。数据说明，多数家庭处于当地中等和中等偏低的收入水平。

农户基本情况分析可以看出，全省农户大多数仍以种植养殖业为主，其收入也是主要的收入来源，但随着市场的发展，经济水平的提高，农户也呈现出了多种经营、多种收入来源的明显的特点。农户基本情况分析将成为农户资金需求与供给分析的基础和依据。

3.1.1.2　农户资金需求分析

从农户的资金需求分析，主要呈现下述特点。

1. 农户借款行为较为普遍

调查数据显示，在调查农户中，听说过有借钱行为的有 1 123 户，占调查总数的 94%；自己有借钱想法的有 760 户，占调查总数的 64%；而在过去一年实际发生过借钱行为的有 624 户，占调查总数的 52%(见表 3-5)。

表 3-5　农户借贷情况

	是否听说过借款		是否有借款想法		是否发生借款	
	户数/户	比例	户数/户	比例	户数/户	比例
是	1 123	94%	760	64%	624	53%
否	68	6%	431	36%	567	47%
合计	1 191	100%	1191	100%	1 191	100%

由此看来，大多数农户收入并不能满足农户资金需求，农户中存在较为普遍的资金需求。另外，从借款频率上看，每年发生的次数以 1～3 次为主，占到借款户数的 84%。因此总体上看，多数农户有资金借入的需要但每年发生次数较为有限。

2. 农户借款用途多样

农户中普遍存在借款现象，其用途多种多样，如果简单划分，可以分为两类，一类是与主要劳动和经营有关的，有 294 户，占借款户数的 47%，另一类是与主要劳动和经营无关的，有 320 户，占借款户数的 53%，这两类大致相当，调查并没有体现出明显的倾向性。

如果再细分，农户借款用途主要集中于以下 4 个大的方面(包含交叉)。

第一,用于生意周转、企业生产的有197户,约占32%;

第二,用于上学学费的有239户,约占38%;

第三,用于购建住房的有135户,约占22%;

第四,用于看病的有98户,约占16%。

其他还有红白事等方面的借款,但数量相对较少。需要指出的是,我们是以在校大学生的家庭作为调查对象,因此用于上学学费方面的借款相对比例较大,但是这并不影响我们对借款用途的分析。总之,农户借款直接用于劳动、经营或生活需要,是否能有效得到借款直接关系到农户生活水平和生产效率。

3. 农户借款数额偏小

被调查的发生借款的624户家庭中,借款金额的分档及比例见表3-6,1万元以下的借款户数占到借款总户数的60%,5万元以下的借款户数占到将近90%,而借款金额超过10万元的仅占4%。由此充分说明,农户的借款数额绝大多数属于小额借款,借款数额决定了农户的借款来源并不是以银行等机构为其主。

表3-6　农户借款数额所占总户数的比例

金额/元	户数/户	比例/(%)	累计/(%)
5 000以下	163	26	26
5 000～1万	212	34	60
1万～5万	180	29	89
5万～10万	41	7	96
10万以上	28	4	100
合计	624	100	

4. 农户借款来源以亲戚朋友为主

农户借款数额偏小的特点直接决定了农户借款来源是以亲戚朋友为主的特点。数据显示,向亲戚朋友借款的约占借款户数的

82%,向银行借款的约占10%,向信用合作社借款的约占6%,向中国邮政储蓄银行、地方政府及其他借款机构借款的占2%,这其中没有向贷款公司进行借款的。结合上面借款额来看,5万元以上的借款多来自于银行、信用合作社等机构,而5万元以下的借款多来自于亲戚朋友中间。

5.农户对地区借款渠道认知有限

在借款来源存在问题的这个项目调查中,总体感觉就是农户对相关借款的内容了解有限,具体表现:①这个调查项目的填写不充分,不少的调查问卷该选项空缺;②农户填写"手续复杂"和"根本不可能"两项相对较多。究其原因,分析有二:一是如前所述,农户借款多来自于亲戚朋友,未与其他借款机构打过交道;二是即使打过交道,由于次数较少,也难以全面了解这些借款机构的借款程序和借款情况。因此,农户在调查问卷填写上出现了以上现象。

从填写出的内容来看,农户比较明确,认知相对统一的内容:①政府借款可能性较小;②亲戚朋友借款数额受限;③贷款公司利息高,风险大;④银行借款需要抵押,办理时间长;⑤信用合作社贷款利息较高、需要抵押,办理时间长;⑥中国邮政储蓄银行借款办理时间长。

在调查农户对于贷款难的看法与建议中,一部分农户表达了希望农村借贷机制完善,政策落实到位,并希望建立更多的惠农政策,得到政府的扶持。还有个别农户针对贷款的抵押问题和利率问题提出应扩大放贷范围,降低放贷门槛。

总之,在农村资金需求方面,我们不能只注意到中小企业的资金需求,同时要考虑到农户的资金需求,一方面在可能的范围内对农户提供方便有效的支持,满足农户生产生活的资金需求;另一方面应该宣传到位,让农户了解相关政策和程序。各相关机构应针对农户的不同数额不同用途的资金需求明确各自的服务对象,形成既有交叉又有竞争的市场机制与体系,更为全面地对农户提供不同层次的金融服务。

3.1.1.3　农户资金借出情况分析

农户既有资金的需求,同时也产生资金的供给,与农户借入资金相对应,资金借出主要呈现下述特点。

1. 农户可借出资金远小于农户需借入资金

据调查数据显示,听说过他人有可借出资金的为 748 户,占调查总数的 63%,资金出借现象在农户中还是普遍存在的。被调查农户有资金可供借出的为 392 户,只占调查总数的 33%。显然,根据此数据,结合前面借款数据情况,农户自身的资金供给小于需求,因此在农户中存在一个较大的资金缺口,这个缺口必然使农村地区迫切需要更加适合农村地区经济发展的金融机构的介入,为农户生产生活提供相应的补充。

2. 农户可借出金额数量偏小

在有闲余资金可借出的 392 户当中,可借出 1 万元以下的累计有 219 户,占到可借出总户数的 56%,可借出资金在 5 万元以下的累计有 364 户,占可借出总户数的 93%(见表 3－7)。

表 3－7　农户可借出金额分布表

金额/元	户数/户	比例/(%)	累计/(%)
5 000 以下	110	28	28
5 000～1 万	109	28	56
1 万～3 万	88	22	78
3 万～5 万	57	15	93
5 万以上	28	7	100
合计	392	100	

由此可见,目前农村地区民间金融供给对农村经济发展发挥了巨大作用。另一侧面也反应出出借资金数量偏小,难以满足农户的更大量的资金需求。

3. 农户资金借出的对象以亲戚朋友为主

上述两个特点决定了农户资金多以亲戚朋友等较为熟悉的人为借出的对象。数据显示，在借出对象选择上，愿意借给亲戚朋友的占 91%，愿意借给朋友介绍的借款人的占 8%，其他的占 1%；在借出对象选择原因上(包含交叉)，居于首位的是信任对方，占到 77%；其次是碍于情面，占到 25%；其他数额小、时间长等也是借出资金考虑的主要因素。而部分选择借给生意伙伴或借给朋友介绍的借款人主要考虑的因素还包括了利息高的因素。

3.1.2　中小企业的金融需求

本次中小企业调查以点带面，总共对廊坊市的 20 家民营企业进行了问卷调查兼座谈，收回有效问卷 17 份，基本覆盖廊坊地区的主要行业。调查的主要内容是企业的基本情况、企业的产销情况和企业资金状况。经过调查，17 家民营企业对贷款的需求均较大。

3.1.2.1　企业的基本情况

有效问卷的 17 家企业主要以加工制造为主，其中 1989 年、1995 年、2003 年成立各 1 家，有创办于 1998 年、1999 年、2000 年、2002 年的各两家，有 3 家是在 2003 年创办的(见表 3－8)，都是合伙经营，合伙人的个数平均为 3 人。注册资本金平均为 3 746.9 万元。企业基本账户的开户行为农村信用合作社的有 11 家，中国农业银行的有 2 家，中国银行的有 1 家，中国工商银行的有 1 家，中国建设银行的有 2 家。企业职工人数平均为 310 人，半数以上为农村户口，这些民营企业为农村闲余劳动力提供了就业岗位，为农村的城镇化建设做出了贡献，带动了农村地区的经济快速发展。

表 3-8　企业成立时间分布表

年份	1989 年	1995 年	1996 年	1998 年	1999 年	2000 年
家数/家	1	1	1	2	2	2
年份	2001 年	2002 年	2003 年	2004 年	2005 年	
家数/家	1	2	3	1	1	

3.1.2.2　企业产销情况分析

据企业经营者反映，被调查的企业目前经营状况良好，食品制造加工业和家具制造业受金融危机冲击不大，产品主要销往国内市场。与钢铁有关的行业由于原材料价格的不稳定，产品价格总体趋势不稳定。出口行业受到的影响最大，17 家企业中有 3 家是以出口为主的企业。

3.1.2.3　企业资金情况

据调查问卷的回答情况显示，在这 17 家企业中，注册时企业全部为自有资金出资的有 11 家，占全部企业的 64.7%，只有 35.3% 的企业在成立之初就得到了银行贷款支持。而运营多年后目前有银行贷款的企业已占 82.4%(见表 3-9)，说明在具备一定经济实力后就相对容易向银行申请到贷款了。

表 3-9　企业成立之初与成长以后的自有资金与借贷资金的情况

	全部为自有资金的家数/家	全部为自有资金的家数的比率/(%)	有银行贷款的家数/家	有银行贷款的家数的比率/(%)
企业成立之初	11	64.7	6	35.3
企业初具规模后	3	17.6	14	82.4

1. 企业存在资金不足问题

在调查的17家企业中，普遍存在资金不足问题，其中71.4%的企业资金不足的原因是由于扩大企业规模需要增资，28.6%的企业是由于市场竞争激烈或买方拖欠导致的短期资金不足。绝大多数企业对当前的经济走势持乐观态度，许多企业家表示要趁当前市场不景气，抓紧时间扩建企业改进生产技术，以待经济好转后更具竞争优势。

2. 企业资金的借入情况

据调查，企业面临资金不足时，首先寻求的外部资金途径是信用合作社和商业银行。这是因为一方面这些企业已具有一定规模，向正规金融部门申请贷款比较容易；另一方面银行和信用合作社的贷款利息较低，企业从银行得到的贷款成本较小。同时由于上半年政府实行扩张性的宏观政策，银行放款条件相对宽松，企业申请贷款相对容易。

当谈及企业是否希望从贷款公司获得资金时，有14.3%的企业非常希望从贷款公司获得贷款，42.8%的企业较希望从贷款公司获得资金支持，有42.8%的企业不愿意从贷款公司获得贷款。愿意从贷款公司获得贷款的公司反映贷款公司放贷灵活便捷，不愿意从贷款公司获得贷款的公司则反映贷款公司利率太高，也有的企业还没接触过贷款公司。

3. 企业资金的借出情况

在所调查的企业中有57.1%的企业有资金可以出借，可借出资金平均为58.75万元。真正借出资金的占这些企业的75%。借款期限都在1年以内，1～3个月的占25%，3～6个月的占25%，6个月至1年的占50%。

企业向外借出资金的对象以生意伙伴为主，其次是朋友介绍的个人或企业，但不管哪种，都是把对方信用作为主要考虑因素。同时在座谈会上企业老板谈到企业间借贷的利息问题，利息普遍高于正规金融机构，月利为1分的主要是关系不错的朋友之间的短期用款，其他大多在2分至3分。

3.1.2.4　企业对金融机构的看法

据调查企业反映，商业银行发放贷款时审批手续太过烦琐，发放贷款速度慢，而且当地银行在放款期限上受上级控制，期限最长的也只有一年期贷款，长期贷款的授信权在上级银行，这就意味着当地企业要一年一还款，一年一审批，这就会出现每年都会有一个时间段银行贷款是出现短期中断的，这样非常影响资金的连续使用，影响企业的长期发展。

3.1.3　农户融资困境的具体表现

3.1.3.1　农户借贷需求强烈，但难以得到满足

随着我国农村经济发展水平的提高、农业现代高科技技术的应用和农产品市场化程度的提高，我国农户借贷需求不断上升。从调查问卷全部样本分析来看，有57.14%的农户曾经向正规和非正规金融机构申请过贷款，而有40.71%的农户从未借贷。

但这一分析数据并不能说明农户自有资金比较充裕，借贷需求很小。据调查得知，在从未借贷的农户中，有超过半数的被调查农户自认为存在借贷困难而从未产生借贷行为，仅有少部分农户能够做到资金自给（见表3-10）。

表3-10　农户贷款意愿

借贷意愿	申请贷款	未申请借款	
		认为借贷困难	资金自给
户数/户	424	207	111
占比/(%)	57.14	27.89	14.97

因此，从对农户问卷调查结果可以看出，具有借贷需求的农户占样本农户的 85.03%，即大多数农户表明如果缺少资金的支持，正常的生活和生产经营活动将受到不同程度的影响。在有资金借贷需求的农户中，65%认为农村普遍存在借贷难问题，形成农户借贷难的心理因素由低到高分别是贷款隐性成本高(请客、送礼、人情)、利息太高、尚有未偿还的贷款、没有抵押和担保。在向银行、农村信用合作社等正规金融机构申请贷款过程中，只有 20.29%的农户成功获得贷款，而其中 78%的农户认为所得到的贷款额度不能够完全满足其生产生活需要。

3.1.3.2　农户从正规金融机构获得贷款比率较低

在问卷调查过程中发现，有借贷经历的农户较少，金额差别较大，且主要通过私人借贷满足。民间借贷不需要抵押品和担保品，手续相对简单，能满足农户借贷资金额度小、分散性的特点，因此，民间借贷依然是满足农户资金借贷需求最主要的渠道。

大部分农户对信用合作社、银行等金融机构的贷款业务不认可，他们认为贷款过程中存在许多阻碍因素。调查问卷中问及农户通常会通过哪种渠道获取所需要的生产及生活资金时，只有 9.53% 的农民选择了正规金融机构，有 90.47%的农民选择从亲朋好友、民间金融机构等非正规渠道融资(见表 3－11)。普通农户对从信用合作社申请贷款所持的消极态度在一定程度上证明，农村正规金融供给极不充分，农村信用合作社作为“农民自己的银行”的合作金融组织也呈现出渐渐疏远农户的趋向。表 3－11 只是从农户主观意愿角度对融资渠道做出的一种解释。从成功贷款获得情况来看，农户从正规金融机构贷款比例只有不到 30%。

表 3-11 农户借款渠道选择

	借入资金渠道	户数/户	所占比例/(%)
正规借贷	中国农业银行等商业银行	25	3.37
	中国农业发展银行	2	0.26
	农村信用合作社	44	5.9
	小计	71	9.53
非正规借贷	亲友	609	82.07
	高利贷	32	4.3
	小额贷款机构	13	1.75
	民间金融组织	17	2.35
	小计	671	90.47
	总计	742	100

调查结果表明，由于民间金融借贷手续简单、违约风险小、交易成本低等优点，超过半数的被调查农户急需资金时，习惯向亲戚朋友借钱；而向银行机构借款时，多以农村信用合作社为主，作为面向农业部门的中国农业银行和政策性银行中国农业发展银行，在农户小额贷款上并没有发挥多大作用；中国邮政储蓄银行更是由于只存不贷的业务，成为农村金融资源的“抽血机”。

3.1.3.3 非正规金融供给规模有限

在借贷资金用途上，主要分为生产性借贷资金和生活性借贷资金两大类，而生产性借贷资金又包括农业生产借贷和非农生产借贷。农户的生产性借贷主要源于正规金融机构，因为正规金融机构发放贷款的门槛较高，有着较为严格的风险管理办法，对借贷用途的审查较为严格。中国农业信贷政策要求农村正规金融机构必须遵循的一个基本原则是偏重于发放生产贷款而几乎不发放消费贷款。按照这一原则,农村信用合作社将其信贷资金主要集中在生产经营活动,基本上不考虑生活性借款。农户只能通过非正规金融渠道获得生活性贷款,即使利率很高也不得不承受。然而,河北省农户非正规融资的主要途径是亲友无息借贷,借贷资源有限,非正规金融的供给不能满足农户日益增长的借贷需求。同时,由于非正规金融存在利率过高、没有合法地位等诸多问题,农户从非正规机构融资存在较大障碍。

3.1.3.4　农户融资隐性成本高

农户融资是需要成本的,融资成本即融资过程中所耗费的交易成本,一般包括利息和其他费用,农户融资成本主要表现为在融资过程中需要支付的利息和隐性成本。农户进行非正规渠道融资时,向"亲朋好友"借款,基本上是无息借款,但是农户普遍反映会产生人情成本;向资金互助会借款,其融资成本基本上以信用合作社利率确定的利息为依据,但互助会在农村融资市场发展不成熟。因此,针对整个非正规金融渠道来说,农户融资成本总体上偏低,但农户需要付出较大的人情成本。从正规金融渠道来看,农户融资费用包括两种:显性成本和隐性成本。显性成本主要指信用合作社贷款利息。调查发现,农户通过信用合作社借入资金时,如果融资成本只包含贷款利息,农户普遍愿意从信用合作社融资。但是信用合作社贷款还存在隐性成本,调查发现,信用合作社通常因为没有社会关系而拒绝缺乏抵押的农户。

3.2　农户融资困境的原因分析

农业生产具有季节性强、周期较长的特征,其对自然较强的依赖性导致农户进行融资的自然风险较大;而农户以家庭为单位的生产经营无法克服小规模、分散化经营所带来的"规模不经济"又导致农户收入的整体水平较低。因此，农业生产面临来自自然环境和市场环境的双重风险。农业投资的高风险、低盈利性和长期性，与商业银行的资金追求安全性、盈利性和流动性的“三性”要求相悖，因此农户难以从正规金融机构获得融资。

3.2.1　农户有效需求不足

微观经济学对有效需求的基本解释是消费者在一定时期内在各种可能的价格水平下愿意而且能够购买的某种商品的数量。根据定义，有效需求必须具备两个基本条件，第一是需要，指人的主观愿望，即他“想要”；第二是必须具有相应的货币支付能力，即他不仅“想要”而且还得“买得起”。对于农村金融的有效需求主要也包括两个方面，一是农户的贷款意愿，二是农户的还款付息能力。

农户有效需求的大小主要是由农户自身禀赋决定的。农户自身禀赋是指农户的家庭特征、农户生产经营类型和农户家庭财产情况等反映农户综合状况的因素。本文通过多元 logistic 模型，对影响农户融资的农户自身因素进行多元回归分析，得出农户自身因素对农户融资是否具有影响及其影响程度，从而为分析农户融资自身有效需求的大小对农户融资的影响提供数据支持。

3.2.1.1　*农户有效需求不足的表现*

1. 农户融资单笔数额小，次数频繁

调查问卷分析得出，从农户获得正规金融贷款的情况来看，单个农户从农村信用合作社等正规金融机构获得贷款的平均金额为 37 000 元，数额较少；从农户获得非正规金融贷款的情况来看，非正规金融在金额上呈现出的这种左偏态的特征说明，小额借贷仍然是农户的主要需求。金额越小，借贷发生的比例越高；金额越大，借贷发生的比例越低。主要是由于以非农业为主的农户已经基本脱离农业生产，农业生产经营规模小、季节性强所带来农户融资单笔数额小、次数频繁的融资特征也随之减弱。而对于以农业生产经营为主的农户而言，其贷款需求仍然以零散的小额贷款为主，这样只会加大正规金融机构的管理成本，并不能带来太大的经济效益，这与正规金融机构追求规模效益是相悖的，因此农户难以从正规金融机构获得融资。

2. 农户缺少抵押担保品

在目前的制度下，农户的房屋和农机具等固定资产并不能作为抵押品，因此对农户获得正规融资并不能产生直接影响。但是农户的固定资产是一种财富的象征，在一定程度上反映了农户的经济水平，在非正规融资过程中，资金需求方会凭借较强经济实力获得更多的贷款机会。而且，非正规融资渠道中，正在进行抵押品创新，因此较高固定资产价值会使农户获得更多的融资机会。

我国农村地区交通条件差、信息传递不便，农户数量庞大、居住高度分散，对农户进行调查的代价是很大的，且信息确定的过程本身又会受到很多不确定因素的影响。因此，银行纷纷采用要求抵押或担保的方式来贷款，不仅可以在债务人不能偿还贷款的情况下保证借贷资金安全，而且可以激励借款人偿还贷款，从而减少机会主义的发生。然而，河北省农村经济发展中面临严重的抵押担保问题。一方面，农村金融担保组织缺位，河北省县域担保组织很少，几乎一片空白；而且在现有的法律法规框架下，土地没有抵押权，虽然已开办农机具、农副产品、商铺、牲畜、林权、草场（荒坡）等的抵押，但是应用范围并不广，农民可抵押品少；另一方面，办理抵押的手续烦琐、收费高、时间长，难以满足农业贷款的信贷资金需求。农户抵押和担保的匮乏，成为直接阻碍正规金融机构向农户提供贷款的一个重要因素。

3. 农户信用水平不高

在样本农户中，农户从正规金融机构借款的还款率为21%，从非正规途径借款的还款率为65%，这主要是因为在农村社会中人们对信誉的看重，但其中能够按期还款的仅占22.95%，超期还款的占77.05%。农户贷款的偿还率较低，导致正规金融机构由于担心贷款得不到偿还而不愿意向农户提供贷款。而农户的贷款偿还率低的原因分为客观和主观两个方面，客观方面主要是指农业生产的高风险低收益的特征，导致农户的偿还能力有限；主观方面主要是指农户的信用水平较低，具有还款能力但是故意拖欠贷款。在农村地区，农户拖欠贷款的情况十分普遍。农户信用水平普遍低下，信用意识淡薄，一些贷款户假借破产等手段逃避银行债权，认为银行的钱是国家的钱，可以不还，使得金融机构的不良贷款大增，管理难度加大，大多数金融机构不愿放贷农村。

4.农户金融知识匮乏

2009年，河北省乡村人口4 148万，虽然近年来全省人口素质有所提高，但农村初中及以下学历人口仍占农村总人口的83.5%，许多农民还是文盲或半文盲，对信息接收或处理能力相对比较弱。农村人口较低的文化素质严重阻碍了发展现代农业和新农村建设的步伐。

首先，农户金融知识匮乏，大多数对金融产品没有任何认识，对保险产品等存在着抗拒心理，对股票、债券等金融工具闻所未闻。对于大多数农民来说理财就是存款，家庭拥有的金融资产仅包括存款和现金形式。

其次，对农村金融机构的贷款政策以及办理贷款的程序、手续缺乏充分的了解，对财务制度、利率变化也缺乏认识，这不利于农户获得农村金融机构的融资服务。农户对农村金融机构的贷款政策缺乏充分的了解，造成农户对正规金融机构缺乏信心，成为制约农户获得农村金融机构贷款的重要因素。在调查问卷中显示，11.5%的农户表示对农村信用合作社贷款条件和程序了解，34.5%的农户表示有一点了解，而54%的农户表示不了解。94%的农户表示没有存款和现金以外的金融资产，而除了存贷款外，最希望正规金融机构提供的服务，54%的农户选择金融政策、知识的宣传，可见农户对金融知识的渴求欲望还是很高的。

3.2.2　农村金融供给存在障碍

3.2.2.1　信息不对称

信息不对称在这里是指金融机构与农户对彼此信息了解的不对称，它导致金融组织工作量增大和经济损失增加，这可能是发生在交易之前的逆向选择，也可能发生在交易之后的道德风险。当农户向金融机构提出借款申请时，为保证资金的安全，金融机构会对农户的经济实力、信用状况、资金的使用情况和投资收益等进行调查，但是与大企业相比，农户管理水平低，没有生产经营记录，增加了银行和农户在融资过程中的信息不对称，导致金融机构获取信息的成本较高。

为了解决信息不对称问题，金融机构一方面通过对借贷者进行信息调查来获得更为充分的信息，从而在各个贷款申请人中间筛选出优质客户，另一方面通过抵押物品的方式将信贷资金保险化，当借贷者不能按时归还贷款时，将抵押品通过变卖的方式变现抵偿债务。但通过直接调查获取信息的方法虽然真实，但是由于我国农村地区交通条件差、信息传递不便，农户数量庞大、居住高度分散，对农户进行调查的代价是很大的，且信息确定的过程本身又会受到很多不确定因素的影响。因此，银行纷纷采用要求抵押或担保的方式来贷款，不仅可以在债务人不能偿还贷款的情况下保证借贷资金安全，而且可以激励借款人偿还贷款，从而减少机会主义的发生。然而，现阶段我国农村还没有建立相应的抵押担保体制。农户缺乏符合条件的抵押物和合格的担保人，耕地的"抵押权、流转权、转租权、股份权"等相应的物权界定模糊，农民耕地作为主要的生产要素不能充分流转，根据担保相关法律的规定，农民的房产不能办理房产证也不能作为抵押品，而且，由于农具、农机、农产品等的价值不易评估且不易变现，基本都不符合正规金融机构对抵押物的要求。而在农户中,只有少部分人由于亲缘关系具有符合正规金融机构条件的担保人,大部分农户被拒之门外。

3.2.2.2 正规金融组织融资渠道单一

目前与农户相联系的金融组织虽然有中国农业银行、中国农业发展银行、农村信用合作社和中国邮政储蓄银行等,但能为农户提供金融服务的金融组织却十分有限。

中国农业银行虽然是以服务于农民为目的成立的金融机构,但其市场化取向的银行商业改革以及资本追求利润最大化的内在要求,决定了中国农业银行会逐步淡出对农业的信贷支持。1998年,中国农业银行开始撤并在农村的经营网点业务,其支农力度也随之减弱,到2005年,农业贷款只占中国农业银行各项贷款余额的10%。

中国农业发展银行是不以盈利为目的的政策性银行,主要负责农副产品收购、农业综合开发和扶贫开发等业务,而不对农户直接贷款,90%以上的贷款是粮、棉、油等国家重要农副产品的收购资金贷款,业务功能退化为单一的粮食银行,在支持“三农”方面存在很大的局限性。而农村邮政储蓄机构只储蓄不提供贷款业务服务。

对于大多数地区农户而言,目前能够向农村提供信贷资金的只剩下农村信用合作社一家金融机构。据资料表明,2009年河北全省农村信用合作社农业贷款余额占全省所有金融机构农业贷款余额的86.25%,农村信用合作社成为农村金融市场上的垄断机构,进而导致农村信用合作社服务退化,这样农村资金供需矛盾将变得更加尖锐。但是,目前农村信用合作社自身也面临诸多问题和困难。第一,信贷资产质量较差,2004年全国农村信用合作社不良资产占比23.1%,而同期国有及股份制商业银行的平均不良资产率仅为13.1%,相当比例的信用合作社已资不抵债,支持“三农”缺乏有效的资金保障。产生这一现象的原因除了有农村信用合作社产权不清晰、经营管理不善等内部原因外，还有国家政策等很多外部原因。第二，农村信用合作社存在地方政府对于支持当地经济发展过程中所形成的呆坏账。农村信用合作社作为连接农民纽带的农村唯一正规金融机构，本应受到政策的保护，却因为自己的尴尬地位而享受不到国家的优惠政策。这样农村信用合作社就要通过自己来消化自身的不良贷款，从而背着沉重历史包袱来承担繁重的、高风险的、低收益的农业经济发展任务，这有失公允。新型农村金融机构尚处于成立初期，资金起点低、管理人员少。因此，我国目前的金融供给主体相对单一，不能满足农户日益增长的多样化资金需求。

3.2.2.3　正规金融机构内部制度和服务的障碍

随着农村经济的发展，农村对金融服务的需求也呈现出多层次、多元化特征，当前农村金融机构内部制度设置和服务中存在的一些突出问题，难以满足农村的金融服务需求。

第一，贷款程序的复杂性和烦琐性。贷款程序的复杂性表现在“环节多、手续繁、收费高、耗时长”等方面，这极大地限制了基层网点信贷业务的开展。以农户向农村信用合作社申请小额信用贷款为例，从农户申请贷款到农村信用合作社审核合格后方可发放贷款，这一过程所耗时间大约为 2～3 个月，如果当地信用合作社办事效率低，或不愿意提供贷款，时间会拖得更长。而农业生产的季节性较强，要求资金的及时性，贷款时间长会延误农业生产。

第二，金融机构创新动力不足，业务品种少，科技含量低。金融机构盈利模式依然停留在传统的信贷产品上，同时利率浮动幅度大、信贷责任追究严厉，使得金融机构宁愿维持原状而不愿冒险创新。河北省农村经济发展程度差异化大，区域性较强，农村信用合作社等金融机构缺乏特色，农村信贷产品期限不匹配问题较为突出，农业贷款不能根据生产经营周期合理确定贷款期限，难以适应农村产业结构调整的需要。河北省农村金融产品差异化较低，创新领域仅限于传统业务。

第三，缺乏激励机制。如农村信用合作社实行贷款终身责任追究制，“谁发放、谁负责收回”与农村信贷微利之间的利益关系导致“多贷多风险，少贷少风险，不贷没风险”，为逃避风险，不惹“麻烦”，出现“多一事不如少一事”的“懒贷”现象。农村信用合作社信贷风险约束机制与激励机制不对称制约了主动性支农贷款投入的增加。信贷人员责、权、利不对称，“惜贷”“怕贷”心理束缚了正规金融部门支持农业的力度，恶化了融资难问题。另外，在显性制度方面，作为支农主体的信用合作社工作人员素质偏低也是导致农村信用合作社功能缺失的一个重要原因，导致农村信贷呈现“粗放式”管理态势。

第四，农村信用合作社“官僚主义”作风严重，市场意识不强，运作模式陈旧。相当一部分信用合作社负责人沿袭计划经济时期农业银行的工作模式，等客上门，官办色彩严重，并且因为对贷款发放缺乏有效的监督和必要的透明度，请客送礼等腐败问题屡见不鲜（宋宏谋，2003）。这些因素直接或间接地提高了农户从正规金融机构借贷的隐性成本。高额的交易费用和复杂的交易程序导致农户借不起、也不想借。

3.2.2.4　非正规金融组织发展不完善

发展中国家的实证分析得出结论，从调整结果可知（见表3－11），正规金融机构对农户金融服务的覆盖面往往不足农户总数的10％，大量的农村金融服务需要农村非正规金融组织来满足。非正规金融活动在我国农户日常生活中也扮演着重要的角色，但是非正规金融存在的诸多问题也成为农户融资难的一个重要原因。

首先，非正规金融组织缺乏法律保护。尽管民间金融在我国古代就早已存在，但新中国成立以来，政府对其民间借贷的态度经历了由禁止、打击到默认而不提倡的过程。即使改革开放以来，民间融资也还是以灰色状态与地下状态生存。虽然目前已引起有关部门的重视，但由于缺乏明确的业务管理部门和相关的法律保障，民间借贷市场还是处于半地下状态。民间金融在农村相当活跃，然而还没有一个面向民间金融组织的准入目录，农村金融过分强调了农村信用合作社的改革，而忽视了对民间金融的规范。由于金融监管当局对一切非正规金融持严厉管制的态度，因此，民间金融仍然处于初级发育阶段，无法进一步扩展规模和经营网络，从而只能为农户及农业产业化组织提供简单的金融服务，无法充分满足农户及农业产业化组织等的融资需求。由此滋生了许多非法活动，诸如非正规金融组织与地方黑恶势力的结合、与赌博等丑恶现象的结合，部分逾期借贷甚至引发了暴力流血事件，严重影响农村的生活和谐及社会稳定。民间金融目前还难以得到法律的保护。民间金融缺少有效监管与缺乏法律规范等问题，也成为制约了农户融资的因素之一。

其次，运行不规范，内部经营管理混乱。多数学者表示，民间金融运行不规范，无固定期限借贷、无借据凭证、无担保或无抵押借贷的比例相当高。农村民间金融往往包括简单履约型和口头约定型两种主要的形式。何广文指出：在取样的借贷行为中，以合同形式表达借贷关系的仅占15%，大部分仅是口头协议或是根本没有协议。民间借款利率的高低，贷款期限的长短要视借贷双方熟悉程度而约定。

再次，民间借贷利率失控，农村非正规信贷市场的高利率现象严重。相对而言，农村非正规放贷者则在交易成本上拥有一定的比较优势。但是非正规金融相对较低的交易成本却与较高的信贷利率形成矛盾。尽管在民间金融借贷中，以亲缘关系形成的无息或低息亲友借贷占据很大比重，但是这种亲缘借贷中存在隐性利息，从另一方面增加了农户的借贷成本。因此，农户在资金需求无法从正规金融渠道得到满足的情况下才会选择熟人借贷，主要是因为“人情成本”的存在。收入水平越高的农户倾向于通过匿名的金融交易来节约人情成本。而且由于这类借贷以相互之间的救济而不以盈利为目的，一般借贷金额较小，不能满足农民的需求，因此当农户具有更多借贷需求时，高利贷就成为一种必然选择。

3.2.2.5　农村资金外流严重，加剧融资难问题

农村资金外流，主要是指农村的资金通过各种渠道流向城市。农业投资的长期性、高风险性和低盈利性，与商业银行追求资金流动性、安全性和盈利性的“三性”要求相悖，再加上缺乏相应的农业贷款补偿机制，农村金融机构对农业贷款的积极性也不高。因此，金融机构将在农村吸收的储蓄贷放给城市地区，导致农村资金外流严重。第一次全国金融工作会议确定了“各国有商业银行收缩县及县以下机构，发展中小金融机构，支持地方经济发展”的基本政策，国有商业银行的分支机构网点大量缩减，造成了大量农村资金严重外流。对于农村金融机构的存贷缺口可以通过存贷比和存贷差来反映。

从河北省农村金融机构整体来看，资金外流一直是困扰河北省经济发展的现实问题。多年的数据分析显示，这是河北省一直存在的问题。金融存贷比高、存贷差大，不仅说明河北省有相对更多的资金闲置或外流，而且也表明河北省农村经济缺乏活力。1999—2009年，河北省农村资金流出总额从852亿元增加到9 237.57亿元，增长了10倍；存贷比也由1.2上升到1.7，上升了50个百分点。

从个别金融机构来看，农村信用合作社作为农村金融的主要供给方，农村资金外流情况也比较严重。就已放权归地方政府管

理的农村信用合作社来说，2009年河北省农村信用合作社人民币存贷比为1.6，同期全国平均水平为1.5，浙江省、江苏省分别为1.2和1.32，河北省近邻山东省、河南省分别为1.21和1.25，可见河北省农村信用合作社存贷比同样是明显偏高。

遍布农村的中国邮政储蓄银行网点通过只存不贷的业务将吸收的存款全部转存中国人民银行，直接流出了农村。虽然中国人民银行将其中部分资金转贷中国农业发展银行和以对农村金融机构再贷款的方式返还给了农村领域，但从总量上看要远远低于农村外流的资金。2008年通过小额信贷发放贷款324亿元，结束了只存不贷的历史，但中国邮政储蓄银行回流农村还是有限的。

3.2.3　农村金融外部环境欠佳

3.2.3.1　缺乏完善的法律法规保护农户融资活动

我国农村法律环境欠佳，目前为止，我国还没有专门为农村金融发展制定专门的法律法规，很多金融活动处于法律的真空地带。

目前，中国人民银行、中国银监会等部门出台与颁布了不少的部门规章与制度文件，在一定程度上弥补了农村金融的法律缺失，为促进适合“三农”发展需要的新型农村金融机构的发展，鼓励各种社会资本参与农村金融机构的支农金融服务，鼓励给农户提供小额贷款业务等方面提供制度保障。然而从严格意义上说，这些部门规章和制度文件不能称之为法律法规。不完善的法律法规环境，不仅会妨碍农村金融机构的可持续发展，也不利于农村金融风险的有效监管，增加了农户融资的风险。

农村的非正规金融组织由于没有纳入国家正式的农村金融体系中，没有专门法律对其进行有效监管，像高利贷、合会等民间金融机构非法为农户提供融资服务，因其本身往往是违法活动和高风险投机甚至是金融欺诈活动，所以存在着极大的融资风险。加上目前农户普遍还存在着对金融知识的不了解和自我风险意识不强，受高利率的影响较强，一旦发生资金链的断裂，农户很容易发生挤兑，极易影响到当地农村的社会稳定，形成农村区域融资风险甚至引发全国范围内农村地区的金融风险。

而新型农村金融机构由于成立时间不长、资金起点低、管理人员少，都还没有形成一套完整的法律体系，也在一定程度上存在管理和资金流动性风险，有可能会给农户融资带来金融风险与不稳定因素。这些农村金融机构的成立与发展或多或少地跟政府有很大关系，即使那些非政府组织成立的小额信贷组织，如果没有法律作为保障，很难保障当地政府不对其进行不必要的干预。如河北省顺平县白云乡广兴蔬菜专业合作社资金互助部以超过了蔬菜专业合作社的营业范围被取缔。由于在法律上没有保障，因资金的逐利性使原来那些被政府制度涉及的为农户等经济弱势群体提供金融服务的农村金融机构的市场定位很容易偏离既定的轨道，出现一些短期行为或出现一些不规范的经营行为，从而积累了大量的风险，甚至可能影响到农村地区的稳定发展。

3.2.3.2　农业保险发展缓慢

1985—2005 年 20 年间，河北省农业保险业务发展缓慢，且呈逐年萎缩的态势。农业保险面临供给和有效需求的双重制约：一方面，农民普遍对农业保险认识不够，参保积极性不高，而且由于收入增长缓慢，虽有一定保险需求但却无力购买；另一方面，由于农业发展的自身特点，农业保险具有高损失率、高赔付率以及管理费用较高的特点，各保险公司不愿涉足农业领域，即使有开设的，险种设置也不尽合理，目前开办的险种只有麦场保险、农用变压器保险和村干部综合保险，尽管一些地方开办了奶牛养殖保险，但农民选择保险品种的余地很小。2009 年河北省农业保费收入额只有 4.7 亿元，占全部保费收入的比例只有 0.97%，农业保险的承保率不足10%。面对各种自然灾害,相当一部分种植养殖农户的生产处于无保障状态。

3.3　化解农户融资困难的对策建议

3.3.1　提升农户有效需求

3.3.1.1　促进农业生产的规模化和产业化

农业生产走向现代化的第一个前提,就是要实现规模化生产,因为只有规模化生产,才能有效地使用机器,只有集约化经营才能降低管理费用,提高农业生产率。只有走农业生产要素股份化的道路,用农业生产要素股份化来实现农民组织化的革命,用产业的规模化克服生产规模小的弊端。可以把农民的土地承包权、集体资产的产权、科技人员的技术、管理人员的管理、投资者的投资以及农民的劳动投入统统股份化,组成新的合作社,解决土地流转难、生产规模小、产权界限不清、利益共同体难以形成的问题。此外,也可以把农业产业化的龙头企业、营销商、外贸及生产质量控制等部门吸收进来,组成农产品种、养、加相融的行会组织,用现代企业制度的理念来经营农业。农业生产的规模化和产业化给农户带来了规模效益,为农户生产经营的顺利进行提供了保障,确保了农户盈利水平的提高。而农户盈利水平的提高,直接提高了农户的还款能力,从而解决了农户贷款偿还率低的问题。

由于传统的农业生产规模小、季节性强,农户借贷资金呈现数额小、次数频繁的特征,导致金融机构放贷成本增加,从而不愿意向农户发放贷款。农业生产规模扩大后,农户对资金的需求量也将随之增大,就解决了这一问题。

3.3.1.2　创新农户抵押和担保机制

首先,创新抵押物。要解决农户抵押物普遍缺乏的问题,不仅要放松土地使用权和房屋不能用作抵押的限制，也要完善相关的法律制度。同时，为了使农户贷款有抵押品，有必要赋予农户长期、完整和独立的土地承包权，允许土地承包权抵押、入股、流转和继承，同时还要从法律上确认农户的房屋、车辆等固定资产所有权，允许农户以这些固定资产进行贷款抵押。

其次，创新担保机制。信贷担保机构是指为借款人提供信贷担保的机构，当借款人无法按规定偿还贷款本息时，信贷担保机构应按约定承担不可撤销责任。农村信用担保机构和信用担保体系的建设，如同在农村正规金融组织和农户之间搭起一座桥梁，既有利于扶持农业生产、推动农村经济发展(解决贷款难的问题)，又有利于农村金融体制的改革与创新(解决难贷款的问题)，同时也在一定程度上遏制了农村非法民间借贷的发展势头。

目前基本模式主要有3种：一是农村政策性担保，二是农村合作互助性担保，三是农村商业性担保。结合贫困地区的经济现状，应选择以政府财政资金为主体建立以乡镇为单位的农业贷款担保公司这种模式，因为这种模式更适合当前河北省农村金融的发展。当然，一个完整的农村信用担保体系应由农村政策性、合作互助性和商业性担保体系共同构成。因此，除了以政策性运作模式的农村政策性担保为主以外，还要辅之以合作互助性担保，这种担保组织能较好地在小范围内满足农村经济主体的信贷需求，较易在农村范围内推广。

3.3.1.3　提高农户信用水平和融资意识

首先，在农户当中，营造出良好的诚信环境，使“信用经济”的观念深入人心，使讲信用成为农户的基本公德。培养农民自觉的信用意识，并逐步在农村建立起较好的信用环境，用诚实守信的美德将人们的道德行为、经济行为、政治行为有机地统一起来，使诚实守信成为真正为大多数农户所认同并遵循的行为准则。

其次，建立起守信的激励机制。让守信的农户得到好处，失信的农户受到惩罚,在农村地区建立起守信的激励机制。比如守信的农户能够比较方便地得到农村金融机构的贷款,享受优惠贷款的利率和补贴等政策。要有效发挥法律和市场对失信行为的双重惩罚机制,让不守信用的农户受到法律和社会的处罚,加大农户不守信用的成本,形成一旦失信就难以生存的威慑,使守信农户能长期生存,而不守信农户将被淘汰出局。

再次,转变农民观念,加大金融知识普及和宣传力度。第一,转变农民轻视金融机构重视人情的观念,使其认识到金融服务的优势和便利。第二,加大金融产品的宣传力度,使农民对金融产品放心,提高风险意识,降低恐惧心理。第三,农民自己也要加强金融基本知识的学习和了解,对存贷款、利率、保险、股票、债券等金融工具有初步的认识。

3.3.2　完善农村金融供给

3.3.2.1　加强农村金融机构的农户信用体系建设

在建立农村信用体系的制度安排下,借贷合约双方尤其是农村金融机构,能够极大地减少信息搜寻成本,提高贷款决策的合理性,增强合约双方的订约意愿,减少合约签订的交易成本,增进经济行为的效率。

以中国人民银行的企业与个人信用信息基础数据库系统为依托,以信用村镇创建工作为载体加快农村信用体系建设。同时,坚决打击恶意逃避金融债务行为,促进农村信用环境的改善和优化、解决信息不对称和降低交易成本。通过建立农村信用体系,农村金融机构和农户双方占有的信息趋于均衡,农户申请贷款时,农户信用信息被农村金融机构充分掌握,后者能依此做出正确的贷款决策,从而有效防范逆向选择行为。贷款发放后,农村金融机构能充分掌握农户贷款使用和贷款风险变化情况,并采取相应的风险防范措施,从而降低了不良贷款形成的可能性,减少了道德风险。

3.3.2.2　发展农村新型金融机构，拓宽农户融资渠道

目前河北省农村金融产业高度集中，为此，必须引进更多的金融市场主体，逐步打破寡头垄断市场格局，建立多元化的农村金融体系。地方政府和金融监管部门应制定相应的扶持政策，放宽农村金融的准入条件，充分利用当前资源配置向农村倾斜的机遇，发展多种形式的新型农村金融机构和地区性的农村金融服务中介。

一是扩大小额贷款公司试点范围。小额贷款公司运作理念和经营机制与一般的金融机构不同，有自己独特的风险防范机制，适合农村个体经济和小规模农业分散经营、资金需求小等特点。河北省应在及时总结霸州、易县小额信贷公司经验的基础上，在具备条件的地区，逐步推进小额贷款公司。

二是从农户入手，发展以农民为主体的农村资金互助社，是统筹深化农村各项改革的核心。因为有了资金互助社这个“变压器”或“接线口”，就能打破融资难的瓶颈，使资金及时流向农村千家万户。在拓宽村镇银行、小额贷款公司等融资渠道上，促进省内工、农、中、建、交五大国有商业银行及其他股份制与新型农村金融机构合作，给予其贷款融资利率优惠。

三是合理调整村镇银行的股权结构，加大金融产品创新力度，引进金融人才，不断增强村镇银行竞争力；完善小额贷款公司的贷款机制，给予其合理定位，在税收政策上以涉农金融机构对待，允许有条件的小额贷款公司转型为村镇银行等。

四是在重视正规金融机构作用的同时，也要重视非正规金融组织的发展，允许有条件的农民专业合作社开展信用合作，办理信贷业务。建立健全适应“三农”特点的多层次、广覆盖、可持续的农村金融服务体系，是增加农村金融产品与服务供给、缓解农民贷款难的内在基础。

河北省各地经济发展水平差异较大，只有建立适合各地需要

的多元化的农村金融体系，才能满足农村地区多元化的金融需求，才能最终解决农户、农村、农业融资难的问题。

3.3.2.3　深化金融机构改革，加强金融产品的服务与创新

农村金融机构要深化内部改革，努力提高自身的创新能力和服务质量。立足当前我国“三农”发展的阶段性特点，指导和督促农村金融机构在积极推广传统优势业务的同时，大力推进金融产品与服务创新，及时掌握不同类型农户融资需求的动态变化，开发与设计合适的、多元化的、多层次的金融产品和信贷工具，以满足农户的不同融资需求。要因地制宜地开发不同形式的贷款方式，创新金融产品与服务。例如在唐山、石家庄等经济较为发达非农占比较大的地区为县域中小企业融资开辟“绿色通道”，从利率、抵押等方面提供便利和优惠。衡水、张家口、承德等经济欠发达的地区在继续大力推广农户小额信用贷款、农户联保贷款等服务基础上，试办“农村经纪人贷款”“打工创业贷款”“劳务输出小额贷款”等新品种。同时采取各种有效措施简化农户贷款手续，按照农业生产周期合理确定贷款期限，努力满足农户生产资金的需要，为农户提供更方便的、更全面的融资服务。

与其他贷款相比，农户贷款数额小、面广、分散，农村金融机构获得与更新贷款管理相关信息比较难，管理与催收农户贷款难度相对较大，农户家庭收入目前又难以成为其获取农村金融机构贷款的保证，致使农村金融机构贷款风险较大，不愿意给农户提供贷款，农户融资困难。农村金融机构要创新管理手段，利用日新月异的计算机网络技术和农村征信体系，对农户的资信情况有更及时、更真切与更系统的了解，不断提高对农户贷款的风险监测与管理水平。强化农户贷款的风险管理，完善农户信用贷款，充分挖掘有效信息来创造新的金融产品与服务。利用现代金融创新技术，不仅要减少农村金融机构向农户发放借款的风险，也降低为农户提

供农村金融服务的成本，同时实现农户资金需求满足率的提高，从而有利于解决农户融资困境，实现农民收入持续的提高。

3.3.2.4 正确引导非正规金融组织发展

首先，促进民间金融合法化。政府对农村民间金融活动要予以规范和监督，在有效保护农村合法的借贷活动的同时，打击高利贷活动和其他扰乱正常金融秩序的地下金融活动，给民间金融一个合理的生存空间，维护正常的金融秩序。根据民间融资和农户融资需求的特点，要明确界定民间融资的范围，规范融资的程序，明确其融资期限等，为民间借贷融资构筑一个合法活动平台。对有益无害的民间金融活动，要制定法律框架，加强对民间投资的引导，开放民间资金进入的领域，为农户融资创造良好的外部环境。

其次，规范民间金融的组织形式。党的十六大提出"放宽国内民间资本的市场准入领域"，国务院在 2010 年 5 月 13 日公布《关于鼓励和引导民间投资健康发展的若干意见》中明确提出"允许民间资本兴办金融机构"进一步拓宽民间投资的领域和范围。《关于鼓励和引导民间投资健康发展的若干意见》主要提出以下三方面的政策措施：首先是放宽农村金融机构的准入政策。鼓励民间资本发起或参与设立农村资金互助社、村镇银行、贷款公司等金融机构，支持民间资本以入股方式参与城市信用合作社、农村信用合作社的改制工作和商业银行的增资扩股。其次，降低民间资本投资农村金融服务机构的风险与成本。对农村资金互助社、村镇银行、贷款公司、小额贷款公司等农村金融机构的涉农业务应实行财政补贴政策，可以降低民间资本投资农村金融服务机构的风险与成本。

在河北省推进金融机构改革过程中，特别是作为当前金融改革热点的农村信用合作社，要注意越来越多地吸收、利用民间资本要素。例如，借鉴江苏、浙江等省组建农村商业银行和农村合作银行的经验，积极吸收民营企业资本和自然人资本，积极探索和加快推进河北省农村信用合作社股权改造和经营机制转换。河北省应积极创造条件，提前谋划，尽快加入这一改革行列。将民间资本纳入农村金融改革，一是可以为农村金融机构增加资本金，二是可以为民间剩余资金找到有效的资本运营出路，三是有助于激活农村信用合作社运营机制。

3.3.3　优化农村金融外部环境

3.3.3.1　加强金融法制建设

在法制建设不健全的情况下，如果农户没有提供担保抵押，农村金融机构根本不会贷款给任何农户，而良好的法制环境同时也可以促使农户及时履约还款，进而提高农村金融机构的放款意愿。完善的法律法规，不仅可以促进农村金融机构的可持续发展，也有利于对农村金融风险的有效控制，农户从金融组织那里获得融资服务还比较容易。目前，虽然有《中国人民银行法》《中华人民共和国商业银行法》等法律，但针对农户融资的法律缺失。作为农村社会的最大经济群体，为了实现农户顺利融资，国家应尽快制定农户融资法，保障农户融资的行为与权益。

其次，设立完整的关于农村信用合作社、新型金融机构、小额信贷组织、民间金融组织等法律体系，为这些农村金融机构设立一种稳定的制度性保障。可以参照国际通行的做法和美国、日本等国的经验，对我国农村信用合作社、新型金融机构、小额信贷组织、民间金融组织立法目标实行"一种银行制定一种法"的形式，以保护农村金融机构或民间资本给农户贷款的合法权益，明确国家对农村金融机构开办农户业务给予补贴或政策支持。

最后，完善配套的相关法律。比如，补充《中华人民共和国物权法》中农户贷款抵押物范畴，建议将农作物、土地承包权、林权、仓单、地上作物收获权、存栏牲畜等抵押物纳入法律范围。同时，还要尽快制定农业保险方面专门的法律法规，比如出台适合我国农业保险发展的农业保险法，不仅可以保障农业保险的顺利发展，还可以为农户投资损失给予适当的赔偿，可以解决农户融资中投资的风险，对农户投资农业生产可以起到“稳定器”的作用，保障了农户的利益，促进了农业的发展。

3.3.3.2 建立农业保险体系

首先，加快农业保险的试点，国务院《关于保险业改革发展的若干意见》明确提出发展农业保险，河北省应抓紧落实，鼓励和支持有条件的地方因地制宜地采取政府自办、与公司联办或委托公司代办等形式，灵活有效地开展农业保险试点，逐步建立农业保险发展的长效机制。探索建立政策性农业保险公司，鼓励现有商业保险公司开办农村和农业保险业务，引进经营农业保险的外资或合资保险公司，形成多种形式、多条渠道的农业保险体系。

其次，开发农村保险市场，发展农村保险机构。政府应加大农业保险补贴，在风险大、成本高的农业保险领域建立风险补偿机制。河北省制定下发了《河北省种植业保险保费财政补贴管理办法》和《河北省养殖业保险保费财政补贴管理办法》，决定自2008年起在全省范围内开展农业保险保费财政补贴试点工作。为涉农商业保险机构开辟“绿色通道”，提供税收、保费补贴等政策优惠，建立政策性保险和商业保险相结合的模式；河北省应尝试建立政府补贴、农户自缴、保险公司承担保费的农业保险模式。

3.3.3.3 加强政府对农村金融的支持力度

政府应加大对农村金融的支持力度，一方面对农村金融组织补贴或者财政支持，具体政策如政策性金融中的利息损失由财政提供支持；对涉农贷款提供贷款贴息或担保费用；为中国农业银行等其他商业银行加设县域网点开辟“绿色通道”；减轻小额贷款公司等的税收优惠。另一方面，政府还应转变观念，认识到农村金融在促进农村经济发展中的重要作用。此外，积极引导邮政储蓄机构与农村信用合作社按照商业化原则办理大额协议存款，促使农村资金回流；同时搞好旺季现金调拨和供应。最大限度地保证春耕备耕的信贷需求，大力促进"三农"经济的发展，很好地发挥"窗口"指导作用。通过对农村金融的政策性支持，引导正规金融机构的贷款向农村转移，从而解决农村资金外流问题。

第4章　河北省农村金融供给状况分析

4.1　农村正规金融供给存在金融抑制

从前文的分析可见，正规金融明显存在抑制，对农村经济发展的金融支持远远不够。微观角度看，正规金融在农村金融环境中，从成本和收益两个方面来讲，相比非正规金融，存在着明显的劣势。成本上由于信息不对称引起的逆向选择问题导致了高昂的信息成本，相对应的，道德风险又导致了收益和高成本不匹配。因此，正规金融的农村信贷积极性很难被调动起来，存在金融抑制现象。

4.1.1　正规金融的交易成本

对于正规金融的信贷业务而言，交易成本主要体现在三方面：一是签订贷款合约前对有关贷款者财务状况、经营状况和偿债能力等信息进行调查的事前调查成本；二是贷款合约签订之后，对贷款者经营活动进行监督的监督成本；三是合约过程中和合约到期后保证贷款者按合约规定偿还本息，以及贷款者违约后通过法律或其他途径来促使贷款者履行合约的合约执行成本。

信息的调查成本也就是信息成本。信息成本首先包括人与物质世界打交道时的成本，在借贷交易中表现为贷款人需要获得相关诸如关于物质世界、自然环境、气候条件等信息的支出；其次，信息成本还包括借贷交易发生前获取潜在借款人信息的支出，包括潜在借款人的财务经营状况、企业生产行为、产品质量、土地产出率、技术先进程度、业主个人品行等的信息，以及对这些信息进行处理所花费的成本。Berger 和 Udell 将银行基于不同种类信息而开发的贷款技术分为 4 种：财务报表型贷款（基于财务信息）、抵押担保型贷款（基于抵押品数量和质量）、信用评分技术（基于客户信用记录）和关系型贷款（基于借款者相关信息的积累）。前 3 种技术所涉及的信息是易于量化和传递的"硬信息"，而关系型贷款所涉及的信息是难以量化和传递的"软信息"。很显然，正规金融中介（尤其是大中型银行）在收集和处理公开信息上具有优势，而非正规金融交易涉及的信息则大多属于软信息范畴。

正规金融对于信息处理的特点决定了其在农村经济环境下的信息成本劣势。正规金融已经形成了一套完善的制度和方法，采用标准化的合约格式，减少了讨价还价的成本；采用专业化、标准化和流水线式作业，减少了管理和人工费用，使小额零售业务转变成批量式、批发式的大额业务，从而有效地降低了单位交易成本。然而，正规金融的这种规模效应对于农村和中小乡镇并不完全适用。中国农村社会的组织化程度落后于整个社会的发展进程。以血缘、地缘和亲缘为核心的自然关系仍占很大的比重。农村社会的相对封闭，同质人际关系群体的特征适应于非正式组织和非正规制度的存在。由于农户和中小企业的分散性，信息搜集成本较高；同时，由于生产经营状况和技术条件较差，极易受各种外在因素的随机冲击，因而信息的甄别相当困难；再加上相关中介机构发展不足，信息化水平较低，因此信息不充分问题相当严重。综合以上信息角度来看，由于正规金融的信息处理机制与农村经济特点不相适应，决定了它的规模和技术优势难以发挥出来，通过规模化降低成本也较为困难。

监督成本。信息成本高主要是贷款发放前，正规金融面临信息不对称造成的逆向选择问题，而监督成本则是贷款发放后所面临的信息不对称造成的道德风险问题。如果信贷市场是完全信息市场，银行能够根据企业的信用记录判断企业是否诚实守信，政府也能够根据记录做出手续简便的担保，那么银行收集交易信息的成本和监督成本都是很低的。但是，我国目前的信用体系还没有建立起来，企业也没有第三方的信用记录。在企业提出贷款申请后，银行很难判断企业是否会履行契约，不确定性很大。我国目前信用体系不完善也给许多民营、中小企业逃债赖账创造了条件。民营企业普遍缺乏诚信，而诚信度决定了监督成本与违约风险的大小。信用体系的缺失和民营企业的诚信问题决定了监督成本也同样不低。

执行成本。我国的市场经济法制建设不完善，司法效率比较低，在银行贷款给企业后，如果企业拒绝履行契约，银行要是选择追究违约责任，不仅有可能无法取回本金，而且还有可能要承担昂贵的起诉费用。司法效率的低下决定了银行制裁违约行为的成本很高。具体来讲，如果惩罚的成本高于获得利益，那么银行将放弃法律的武器；如果诉诸法律的收益高于其付出的成本，那么银行会采取法律诉讼对违约者实施惩罚。针对不同类型的借款者，银行在运用法律手段的时候有不同的博弈结果。具体分析如下。

假设：银行提起诉讼的成本费用为 f，要向借款者追偿的本金为 m，当 $f>m$ 时的博弈见表 4－1。

表 4－1　$f>m$ 时博弈

	银行提起诉讼	银行放弃诉讼
有能力偿还但想赖账的借贷者	$(m-f)<0$	0
没有偿还能力的借贷者	$-f$	0

由此可见在这种情况下，银行不论对哪种类型的违约者提起诉讼，他获得的纯经济收益都是负值。从经济理论的角度看，短期内对于银行而言，如果付诸法律的成本高于其因此获得的收益的

话，不论是哪种类型的违约者，银行最优的选择是放弃法律诉讼。而放弃法律手段的长期后果是大量积累坏账呆账，纵容借款人的违约行为，从而更加降低了偿还率。因此，在这种情况下正规金融机构在农村市场上就出现了两难的矛盾困境。

当 $f<m$ 时的博弈见表4-2。

表4-2　$f<m$ 时博弈

	银行提起诉讼	银行放弃诉讼
有能力偿还但想赖账的借贷者	$(m-f)>0$	$-m$
没有偿还能力的借贷者	$-f$	0

由此可见，在这种情况下，银行对不同的违约者可以采取不同的措施，从而达到其收益的最优化。对于有偿还能力但想赖账的借款者最优选择是要用法律的手段予以惩罚，有可能追回经济损失。对于没有偿还能力的借款者，银行提起诉讼的结果只能是得到负的经济收益，因此银行的最优选择是放弃法律诉讼而采取其他的措施。可见，四种情况只有一种银行从理论上可采取诉讼的手段收回贷款，但具体执行是否顺利，还取决于司法效率等众多因素。

综上，信息的不对称决定了正规金融在向农户以及民营企业贷款前，面临着高昂的信息收集成本，即逆向选择问题。而贷款之后，信用体系的缺乏，法律成本的高昂又使正规金融的监督执行成本过高，即道德风险问题。农村经济的环境和正规金融的特点导致了两者之间的信息不对称，造成了正规金融面向农村贷款时，面临着与其正常交易所不匹配的高成本。因此，正规金融出于成本的考虑，更偏向于向符合其成本优势的大中型企业贷款，而忽视了农户及中小企业。

4.1.2　正规金融的收益

正规金融出于成本的考虑，减少了对农村地区的信贷支持。1970 年，Akerlof 在其关于“柠檬市场”的经典论文中，以旧货市场为出发点，提出了以分析市场机制不完备为核心的逆向选择理论。Akerlof 将逆向选择问题应用于分析贷款市场时注意到，在一些发展中国家，位于中心城市的大银行由于无法充分地了解当地借款者的信息，面临逆向选择问题，容易吸引一些违约可能性更大的借款者。而一些当地的放高利贷者通过对贷款者信息的充分了解，可以很好地解决这个问题，甚至可以依靠这种信息上的优势索要较高的利率。从这一现象上，Akerlof 比较早地注意到了由于信息不对称所导致的这种信贷活动的困境。

Stiglitz 和 Weiss 在其关于信贷配给问题研究文章中更加深入地揭示了信贷活动的这种内在问题，证明了在均衡状态下，由于逆向选择和道德风险，信贷市场仍会出现信贷配给现象。由银行操纵的利率会通过以下两种途径之一影响银行所有放款项目的风险程度：一是影响潜在借款者的风险程度（逆向选择），即那些愿意支付高利率的借款人具有较高的风险程度。他们愿意支付更高的利率是因为察觉到他们能够还款的可能性较低。因此，当利率上升时，借款者的平均风险程度上升，这可能降低银行的收益。二是影响借款者的行动（激励效应），利率上升会降低项目成功时的收益，利率越高，借款者越倾向于投资于那些低成功率但是成功时报酬较高的项目。

正是由于这些原因，银行期望回报的增加要慢于利率的上升。如图 4－1 所示，当利率上升超过某一值时，银行的期望收益会下降。

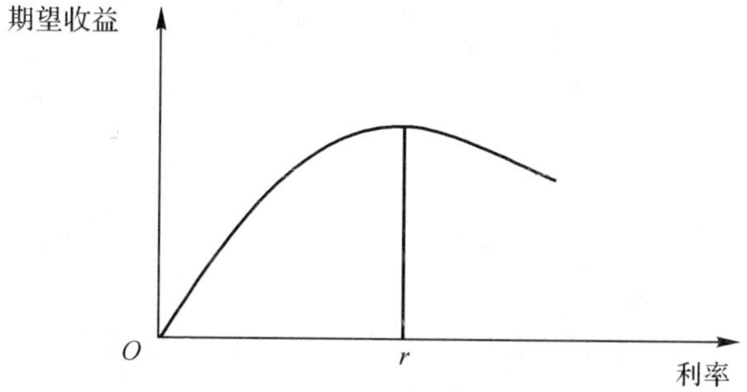

图 4－1　银行的期望收益与贷款利率

借款的需求与供给数量由利率决定。在使收益最大的利率水平上，显然资金的需求超过了供给。传统的观点认为，这时候那些借款要求未得到满足的借款者愿意支付更高的利率，如此会使利率上升，直到需求等于供给。但是事实却是，尽管在此利率处需求不等于供给，它却是均衡的利率水平，银行不愿意放款给那些愿意支付更高利率的借款人，因为那样会使银行承受更大的风险，从而使他的期望收益降低。这样，不存在任何动力使供给和需求相等，因而就出现了信贷配给。Stiglitz 和 Weiss 将这种配给分为两类，在第一类中，有许多相同的借款者；在第二类中，一部分得到了借款，另一部分却没有得到借款。那些被拒之门外的借款者，即使愿意出比市场水平更高的利率，仍然得不到借款。

这样，在正规金融部门的信贷活动中，不完备信息下的逆向选择和道德风险所导致的信贷配给，成为正规金融信贷活动所面临的内在困境。在这一困境之下，无法完全出清的信贷市场显然是缺乏效率的，并且无法使更广泛的群体获得信贷支持。可见，信息不对称是正规金融成本过高的原因，也导致了其期望的收益与资金供需平衡时产生的利率的不一致。基于期望收益最大化的考虑，正规金融机构在农村地区的信贷必然出现缺口，资金的供给小于实际资金的需求，这也为非正规金融在农村经济中的发展留出了空间。

4.2　农村非正规金融供给现状

非正规金融是英文“informal finance”一词的中文译称，对应于正规金融。国际上通用的定义认为非正规金融是与正规金融相对的一个概念，系指金融体系中没有受到国家信用控制和中央银行管制的部分，它包括非正式的金融中介（如货币经纪人、货币贷款人、私人储蓄协会等）和非正式的金融市场（如场外市场、平行市场、地下市场、被分割的市场等）。在我国，非正规金融在组织形式上呈现出复杂多样性，非正规金融从农户之间的借贷到民营金融机构是一个发展过程，如图 4－2 所示。

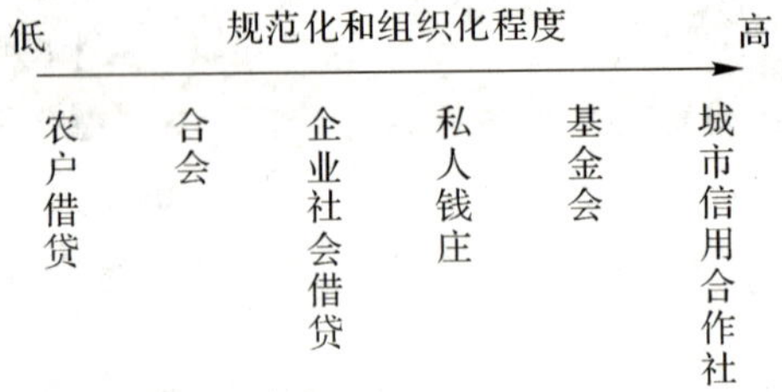

图 4－2　非正规金融发展续谱

在续谱的右方是组织化和规范化程度较高的民间金融机构，在续谱的左方是尚未形成组织的民间借贷活动，从左到右，组织化程度和制度化程度不断提高，从低到高形成了一个发展序列。

4.2.1　河北省非正规金融贷款的概况

鉴于非正规金融的供给从正面很难进行调查统计，本书从农村金融的需求主体、农户和乡镇企业的资金需求入手，分析了河北省非正规金融的供给状况。关于农户的金融需求，本书主要参考了《汇丰-清华经管学院中国农村金融发展研究报告》中的调研数据。根据河北省的调查报告可知河北省农村地区农户的借贷活动是非常普遍的，其中调查的所有行政村都存在大量借贷行为。调查显示，在 614 个农户样本中，过去一年里有 260 户曾有借入行为，除去 45 户既有借入又有借出者，共有 337 户有过借贷行为，超过样本总数的一半，表 4-3 给出的是样本农户目前自认为可以得到借贷资金的渠道(同一农户可能有多种渠道)。

表 4-3　样本农户目前自认为可以得到借贷资金的渠道

	银行	信用合作社	乡政府	亲戚邻里	其他
户数/户	15	88	2	287	16
占样本比例/(%)	2.4	14.3	0.3	46.7	2.6

通过表 4-3 可以看出，在调研样本中有将近 70%的农户有借贷需求，而其中在这些发生借贷行为的样本中，只有不到三分之一的农户通过正规金融机构筹资到了资金，其余的绝大部分通过非正规金融渠道解决资金问题。

课题组根据问卷得到的农户目前的借贷资金数量及其所能接受的最高年利率，做出的简单回归曲线粗略推算出，如果年利率为 5%，河北省农户目前潜在贷款需求量大约为 2 500 亿元左右，利率每上升 1%，贷款需求量下降 150 亿元左右。

乡镇企业金融需求调查分析。河北省乡镇企业的金融需求主要指融资需求，在调查中，超过 90%的企业表示有贷款需求，只有极少数企业资金充裕而不需要外部的资金支持。对资金的需求主要是流动资金需求和固定资产投资需求。调查结果显示，只有 8%的企业能够从金融机构获得固定资产贷款，大部分企业只能获得流动资金贷款或短期融资支持。

由于国有商业银行对乡镇企业授信的门槛之一是注册资本超

过2 000万元，中小企业基本不可能从国有商业银行获得贷款。中小企业的资金缺口只能通过农村信用合作社的贷款和企业间的相互拆借来解决。具体统计的贷款供需比为3∶10，大量的企业无法得到充分的资金支持。不少企业在资金不足的情况下，经营者往往以个人身份向其他企业借贷或求助于其他民间金融。几乎所有中小民营企业获得的贷款利率都高于四大国有商业银行的商业贷款利率，一般为基准贷款利率的1.5到2倍左右。

由报告可知，在总体调查样本中有90%缺乏资金的中小企业，其中只有23%可从商业银行获得贷款，剩余的求助于农村信用合作社时仍然面临着3∶10的供需缺口，可见剩余的企业中有70%亦无法从农村信用合作社获得资金的支持。通过计算，有将近48%的乡镇企业无法通过正规金融获得有效的支持，只能借助于非正规金融。

综上，在河北省农村，有将近三分之二农户的资金需求来源于正规金融以外的渠道，有将近一半的乡镇企业资金需求需要求助于正规金融以外的方式。而从资金来源看，农户的借贷多属于非正规金融范畴内的民间借贷，企业的资金来源则较为广泛，既有企业间拆借，也有来自其他专职放贷机构的资金，相比农户活动在更大的非正规金融范围之内。可见，在正规金融覆盖不到的地方，非正规金融成为正规金融的有力补充。

4.2.2　非正规金融呈现出的特征

随着河北省农村经济的发展，非正规金融也呈现出了一些新的变化。非正规金融的参与范围、方式、规模以及制度都出现了较大发展，主要有下述几方面。

(1)农户参与范围由小向大发展。以前只是少数急需钱用的农民来借贷，并且借钱的目的是为了短期的流通，而现在则由生活所需扩大到生产领域。

(2)由业余放贷向专门化发展。以前的高利贷和正常非正规金融常常混在一起,都是乡亲邻居或亲朋好友之间有了资金上的急用而互相救急,都是顺便为之,很少有人专门来做。但是近年来,放贷已成为部分人员青睐的选择。一些富裕农民逐步从单纯的借款活动中分离出来,非法吸收存款,高利率发放贷款,办起了“个人钱庄”,专门从事此项活动。

(3)由个人行为向集团化方向发展。因为非正规金融市场本身具有高风险性和违法性,为了增进资金安全性,不少个人联手协作,调节资金流动,共同放贷,共同收贷,由此前的零星个人放贷转变为现在的集团化发展。

(4)借贷主体由单一向多元发展。以前借贷只是农户与农户间的私人行为,现在在许多地区乡镇政府与村集体也参与其中。在乡镇政府负债中,非正规金融占了很大比例。

(5)手段从低级变为高级,规避法律意识明显增强。现在的非正规金融市场,手续日益完备,放贷时预先扣除利息,或者把利息算入借款数,一般不写合同,不提利息,只打一张借据,说明还贷日期。当借款人无力还清时,贷款人拿借条以民间正当借款纠纷的形式到法院起诉,通过法院的判决向借款人追要借款。

由上可见,现在农村的非正规金融已不单纯是农户间的个人私事,而且是涉及财政、金融、行政、法律、基层政府等多方面的一个极错综复杂的经济现象。

4.2.3　可贷资金模型对于非正规金融有效性的解释

可贷资金供求模型与非正规金融市场均衡。在金融当局实行利率管制的情形下,人们流入正规金融机构的储蓄数量虽然与其所计划和预期的数量基本相同,但是投资者预期借入的货币资金数量却远远大于正规金融机构所能提供的数量。在这种情况下,不管正规金融机构采用哪种分配资金的方式,都无法满足所有的可贷资金需求。当投资的边际收益高于借入资金的边际成本时，那些被正规金融机构拒绝贷款的资金需求者就会试图提高借款利率，以争取必要的可贷资金。但是由于存在利率管制，正规金融机构利率无法提高，这些资金需求者就不得不到非正规金融市场寻求资金支持。随着这种情形的逐渐普遍，非正规金融市场的重要性不断提高。

首先，考虑正规金融市场。在图 4-3 的可贷资金供求模型中，横坐标是可贷资金数量，纵坐标是利率，DD' 是可贷资金需求曲线，代表投资需求函数；SS' 为可贷资金供给曲线，均衡利率是 r_e，均衡可贷资金数量为 OE。当实行利率管制时，资金供给为 OA，而资金需求为 OF，显然存在一个巨大的资金缺口。换言之，在金融压抑的情况下，正规金融机构所能融通的资金数量只有 OA，比均衡状态减少了 AE。

其次，考虑非正规金融市场。企业在利润最大化动机的驱动之下，根据投资的边际收益率来决定其所愿意支付的最高利率，因此，只有边际投资收益高于 AK 的投资才能从非正规金融市场获得资金，这样，外溢到非正规金融资金需求量为 AF。但实际的情况是，在边际投资收益大于 AK 的投资需求中，有一些也是可以得到正规金融支持的，那么，外溢到非正规金融市场的资金需求量就会小于 OA；同样，在边际投资收益小于 AK 的投资需求中，也只有部分可以获得正规金融机构贷款，那么，外溢到非正规金融市场的资金需求量就会比 AF 少。因此，如果以 A 点作为非正规金融市场借贷数量的原点，在 A 点的非正规金融数量为 0，沿 AK 向上延伸的射线代表非正规金融市场的利率，是非正规金融市场的纵坐标。这样正规金融机构与非正规金融市场的资金供求状况就可以显示在同一图形上。

图 4-3 表明，非正规金融市场资金需求曲线 JQ 斜率会比原先的需求曲线 DD' 陡峭一些。当非正规金融市场的利率等于 r_1

时，JQ 将与最初的资金需求曲线 DD' 在 Q 点重合。

再来看资金供给曲线状况。由居民部门流入正规金融机构的储蓄所形成的资金供给曲线为 SS'，当货币当局设定正规金融机构存款利率为 r_1 时，流入正规金融机构的可贷资金数量为 OA。在均衡利率以下的范围内，SGP 可用来表示利率与正规金融机构可贷资金供应量之间呈递增关系。从储蓄的观点来看，由于正规金融机构受到政府的监督与管理，特别是国有银行，有政府的信誉作抵押，因而基本可将存款看成无风险资产。但在非正规金融市场上，则有或多或少的借贷风险存在。这是因为，非正规金融市场一般不存在享有信誉的中介机构来帮助放款人分散化解风险，而且在多数强制实施利率管制的发展中国家中，非正规金融市场的借贷合约通常得不到法律的许可和保护，这会提高合约执行成本。因此，当可贷资金由正规金融部门外溢到非正规金融市场时，居民部门就会要求一定的风险补偿(risk premium)，这意味着非正规金融市场的资金供给曲线应当位于正规金融市场资金供给曲线的上方，二者之间的差距即放款人所要求的风险补偿。在其他条件不变的情况下，非正规金融市场风险越高，资金供给者所要求的风险补偿就会越高。为分析简便起见，我们假定放款人要求的风险补偿为一常数，即图 4 - 3 中的 GH。但需要说明的是，由于边际风险规避程度一般随着所负担的风险量的增加而提高，因此，在非正规借贷市场上，放款人所要求的风险补偿通常随着放款数量的增加而递增。也就是说，风险补偿是内生性的，非正规金融市场资金供给曲线的斜率应大于正规市场的资金供给线。为简化分析，我们将风险补偿视为外生变量，是一个常数，并不随贷款数量增加而提高。这样，非正规金融市场资金供给线的斜率就和正规市场的资金供给线斜率相同。在一般情况下，非正规金融市场利率提高将引致更多的储蓄流入这个市场中来。

图 4 - 3 中的资金供给曲线 HS' 与非正规市场利率呈递增的

函数关系。HS' 与非正规金融市场资金需求曲线 JQ 相交于 M 点，确定了非正规市场的均衡利率 r_c 和均衡借贷数量 AC。显然，非正规市场的均衡利率 r_c 高于正规市场的官定利率 r_1，但是非正规金融市场的存在却使社会总体所能融通的资金数量由 OA 增加到了 OC，从这个角度讲，非正规金融市场有利于全社会的资本形成和经济增长。

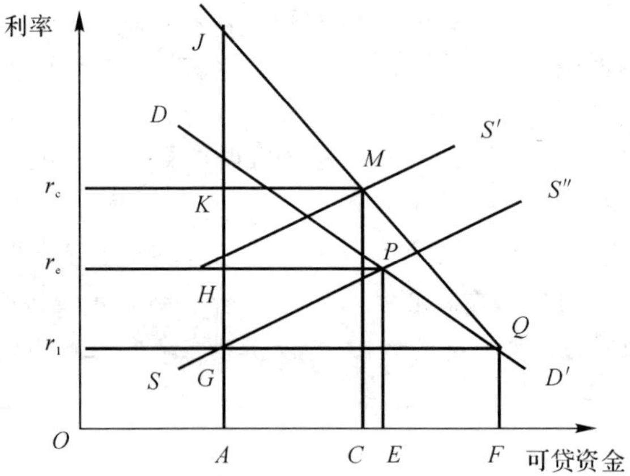

图 4－3　非正规金融市场资金供求均衡

4.2.4　非正规金融相对于正规金融的成本优势

对比正规金融过高的交易成本，非正规金融较好地解决了农村信贷中的信息不对称问题，具有相对较低的交易成本优势。由上一章可知非正规金融交易涉及的信息大多属于软信息范畴，这使得它对于民营经济、中小企业有天然的契合性。每种形式的非正规金融都有自己特定的获取信息的方式和实施机制，并且都具有一个共同的特征：依靠资金供求双方的人缘、地缘关系获取关于借方的信息特征，在很大程度上克服了信贷市场上的信息不对称难题。通过对正规金融成本的分析，我们知道不管是信息成本还是监督以及执行成本，都是与信息不对称所造成的逆向选择和道德风险有着直接的关联。非正规金融具有正规金融无法比拟的信息优势，因此，它在农村信贷中的交易成本比正规金融具有优势，相对比较低，具体有下述几点。

信息成本。正规金融市场中高昂的信息成本问题来源于贷款者无法方便而全面地了解借款者的信用情况。而在非正规金融组织中，这种情况得到了很好的处理。原因主要是非正规金融组织一般是同一个地区内的成员所组成，可以有效地利用长期交往获得的经验积累，而省去在正规金融组织中调查这些信息所要支付的费用。

非正规金融组织所提供的这种机制可以用"信誉"的概念来说明。Diamond 于 1991 年在一个信贷关系模型中引入了"信誉"(reputation)的概念，良好的还款记录可以使借款者在接待市场上获得更好的信誉，从而使融资的渠道更加多样化：信誉较高的借款者可以更容易获得银行的贷款，信誉更高的借款者甚至可以直接在票据市场上融资。这样，对于那些信誉比较低的借款者，由于没有获得银行贷款的机会，也就不可能建立良好的信用记录，从而总是停留在比较低的信誉水平，成为信贷配给的对象。以"信誉"这个概念为出发点，和更广泛的信贷市场的借款者相比，在一个较小的区域内的成员应该更容易获得同伴的信任。首先，发生借贷行为的主体共同居住在一个较小的区域内，放贷者对借款人充分地了解，即可以建立起信用机制。其次，借款人注重自身的信誉，信誉在民间借贷中成为重要的担保品，这源于"好借好还，再借不难"的多次博弈机制，以及由于村落内信息的相对公开所产生的对违约者一次博弈惩罚。可以看出正是以上信息机制下非正规金融组织的几个特点，使它解决了逆向选择问题，具有了信息成本的优势。

监督成本。正规金融较高的监督成本源于信贷市场上的道德风险问题，而非正规金融则很好地解决了这个问题。非正规金融组织中的解决道德风险问题的重要机制是所谓的"同伴监督"。这里的"同伴"可能来自同一个宗族、同一种职业、同一年龄或者同一宗教团体。关于农村中非正规金融的研究显示，大多数金融互助组织的成员都有比较紧密的社会关系，从而使成员之间的相互了解程度要远远大于商业银行和客户之间的程度。在对借款人借款的事后监督等方面，具有更大的优势。在贷款的使用过程中，比较紧密的社会关系使紧密的监督成为可能。同伴监督可以使个人不从事风险性大的项目，解决了道德风险问题。

Besley 和 Loury，Stiglitz 利用一个简单的模型，对这个问题做了出说明。假设个人有效用函数 $u(x)$，从事安全的项目和风险的项目的预期效用分别是 $p_s u(R_s - r)$ 和 $p_r u(R_r - r)$，如果所有的人都从事安全项目，银行的利率将是 $r = p/p_s$；同样，如果所有的人都从事风险项目，银行的利率将是 $r = p/p_r$。

如果银行认为所有的人都从事安全项目，于是将利率定在 $r = p/p_s$，那么个人就会有从事风险性项目的激励，因为从事安全项目的期望收益是 $E(U_{ss}) = p_s u(R_s - p/p_s)$，而从事风险项目的期望收益是：$E(U_{sr}) = p_r u(R_r - p/p_s)$。并且，$E(U_{ss}) < E(U_{sr})$。

而在同质的团体贷款中，这个问题可以解决。

首先，两个人的团体只可能同时从事安全的或者风险的项目，这是一个博弈的结果。

从事安全的项目的期望收益是

$$p_s^2 u(R_s - r^*) + p_s(1 - p_s)u(R_s - r^* - c^*)$$

从事风险的项目的期望收益是

$$p_r^2 u(R_r - r^*) + p_r(1 - p_r)u(R_r - r^* - c^*)$$

Stiglitz 指出只要将联合的偿付责任 c^* 设定的足够高，就可以使团体只从事安全项目。

这个结果说明，在非正规金融贷款模式下，在同一个团体中同伴之间的监督可以使借款者不从事风险性较大的项目，使贷款机构避免了由于道德风险所造成的损失。

执行成本。正规金融对于违约主要依靠法律手段，法律工具的实施关键在于实施的成本和收益的比较，而且法律制度对契约双方所起的震慑作用的大小在于双方所具备的法律思想意识的多少。事实证明，我国目前的农村并不存在这样的前提，而且农村纠纷的解决也很少走法律途径。因此，在非正规的金融市场上，对违约者的惩罚不像是正规的金融机构那样主要借助于外部的力量——法律，而是借助于自身的力量直接对违约者实施惩罚，如暴力手段、舆论压力以及道德谴责等。

两个市场上的不同惩罚机制产生了两种不同的效果。首先，从实施惩罚的成本来考察，非正规金融市场上的实施成本远低于正规金融机构，因而，非正规金融交易中，惩罚实施的可能性远大于正规金融市场。正规金融机构所依赖的惩罚和约束的措施需要付出很高的成本，进行银行机构的信息化建设需要大量的资金投入，对违约者提起法律诉讼也要支付一定的成本，与违约者讨价还价仍然需要费用。相比而言，非正规金融的惩罚和约束几乎不需要什么成本，对于欠债不还的人，债主只需叫几个宗族弟子或朋友上门强取其财务以抵债。其次，非正规金融市场上的暴力性的硬惩罚和道德的软惩罚，与正规金融机构的法律性的硬惩罚和信用等软惩罚相比，前者的惩罚力度也远大于后者。在正规的金融市场上，即便是银行在法庭上胜诉，对于有偿还能力的借款人，银行也只是花费时间、精力、资金追回本金；对于无偿还能力的借贷人，银行也无可奈何。但是，在非正规金融市场上则不同，以物抵债的传统思想和习俗使农村债权人可以自己选择追债的方式，借款人如果失去农机具等劳动工具，将直接影响到他们的生产活动，这种打击是毁灭性的。

因此，在对失信和违约的惩罚和约束上，非正规金融市场比正规金融市场有更大的可能性实现和更强的力度实施。即执行成本具有相对优势。

4.2.5 农村非正规金融的局限性

非正规金融的存在与它的信息方面优势是分不开的,而这种信息甄别机制首先是利用人缘和地缘作为纽带的,在这些信息机制的制约下,非正规金融活动只能在一个较小的范围内才有效率,这就导致了非正规金融在规模和范围上的劣势。非正规金融的借贷款活动只能针对少数的对象展开,许多非正规金融组织通常有自己相对固定的客户,这造成非正规金融市场的高度割裂。非正规金融的信息优势与其活动的范围之间存在此消彼长的关系,如果金融活动范围扩大,信息优势将会减弱,势必要求非正规金融组织具有更规范的管理手段和运行机制,同时还需要有更多的高素质管理者和员工,这就意味着更高的成本。

非正规金融在活动范围和规模上的劣势导致了一系列的问题。首先,范围和规模的狭小使得小范围内的经济主体面临的风险无法通过多样化进行有效分散,导致了较高的关联风险。其次,非正规金融活动范围狭小,因此资金的转移只能在小范围内实现,不利于资金在更广阔的空间进行有效配置,造成了效率的损失。

同时,一些非正规金融机构的内部经营管理缺乏规范,没有建立严格规范的内部控制制度,存在财务管理混乱、缺乏有效的审计审核监管体制、人员素质低下等问题。另外非正规金融在政府法律法规上处于不利地位。因为我国对金融方面有着比较严格的管制,所以一些非正规金融活动实际上是受到政府限制甚至禁止的。而且由于非正规金融活动没有取得法律上的认可,因而也就没有得到政府部门的有效监督和指导,成为政府监管的“盲区”,这可能引发一些不法投资人的投机行为。

4.3　增加农村金融供给的途径与对策

河北省农村金融的供给之所以对经济增长支持有限，是与农村的金融环境和存在的金融机构特点所决定的。如何改变现状，让金融为经济发展做出更大的贡献，有待于借助正规金融与非正规金融各自比较优势，引导它们更好地发展，互利互补才是可行的途径。

4.3.1　正规金融与非正规金融的有效结合

正规金融在资金和管理上的规模优势，非正规金融在农村小范围信息上的优势，决定了两者存在结合形成优势互补的可能性。现在对两者结合策略、机制以及效果进行具体分析。

通过相关文献可以看到，学者们就正规金融与非正规金融结合提出了许多建议。Seibel 提出了促进两者结合的 4 种战略，见表 4－4。

表 4－4　合适的制度调整战略

战　略	条　件	例　子
使正规金融适应农村非正规部门环境（自上而下）	存在有效的正规金融	尼泊尔农业发展银行，泰国农业和农业合作银行，印度尼西亚人民银行，菲律宾北部 Mindanao 发展银行
促进非正规金融的发展（自下而上）	存在有效的非正规金融	印度尼西亚 Maha Bogha Marga (MBM)银行及非政府组织银行，信用合作社

续表

战　略	条　件	例　子
将正规金融与非正规金融连接起来	所有金融机构都有效	亚太地区农业信贷协会（APRACA）的成员国
创造新的微观金融机构（创新）	缺少有效的金融机构	格莱明银行，越南农业银行，老挝农业促进银行（APB），尼日利亚社区银行

当然这些条件并不是绝对的，有时这些战略互相结合在一起。《世界发展报告（1989）》指出，正规和非正规金融的结合是金融体系发展的一个有前途的战略。事实证明非正规金融能够向农户、农业和中小企业提供持续的融资服务。将非正规金融和正规金融连接的措施能够促进这些服务并创造出一种竞争的环境。

正规金融和非正规金融的结合是指非正规金融从正规金融取得贷款，然后将其贷给农村借贷者。正规金融和非正规金融的结合不但能够有效降低交易成本，而且能够促进非正规金融的发展与提升，以及正规金融向下的制度适应。借鉴国外经验，正规金融与非正规金融的结合，主要通过 3 种方式：①正规金融与专职放贷者的连接；②正规金融与捆绑信贷的连接；③正规金融与小组金融的连接。

第一种方式通过正规金融将低价的信贷资金提供给专职放贷者，既可以降低其直接面对中小农户的信息不对称程度，又使其获得充裕的资金可以实现资金的规模效益，并且专职放贷者间的竞争可以降低贷款利率水平。通过这种连接，可以增加贫困农户信贷资金的可获得性，降低融资成本。一个典型的例子来自斯里兰卡。1988 年 10 月两大国有银行开始实行 Praja Naya Niyamaka

(PNN)计划,使正规金融与非正规金融连接起来。具体措施是两大国有银行向资信良好的专职放贷者发放抵押贷款,年利率为18%,要求他们放贷利率在年利率 30%内,银行对 PNN 计划提供指导,但不介入具体的经营活动。

第二种方式是正规金融与捆绑信贷的连接。捆绑信贷,或称互联性交易,是指信贷与商品交易的互联,这在发展中国家非常普遍。通过这种互联,可以增加借款人获得贷款的数量和降低交易成本。在菲律宾稻米种植地区,稻米是通过稻米商、领取佣金的代理人、稻米加工商、批发商和零售商等销售。这些销售商往往是非正规放贷者。他们从正规金融获得信贷资金,然后向稻米生产者即农户提供信贷,当稻米成熟时农户将稻米出售给这些销售商,同时还贷。Umali 发现稻米加工商 80%的资金来自于正规金融。

第三种方式是正规金融与小组金融的连接。小组金融包括合会、小额信贷等。一个例子是 1989 年的印度尼西亚,13 家银行在12 个非政府组织的帮助下,向 420 个互助组织(SHG)提供贷款,然后由他们向组织内成员贷款。到 1990 年 3 月,7 家私人银行和11 家政府银行分支机构向互助组织提供了 229 笔小组贷款,使3 500 个成员得到融资。

以上 3 种方式共同的特点就是,通过正规金融与非正规金融结合,很好地把正规金融与农村借贷联系了起来,并且较好地解决了两者之间信息不对称的问题。非正规金融此时作为两者的中介,不但起到了连接作用,而且也能够利用正规金融的资金与监督机制很好地提升自己。

4.3.2　正规金融与非正规金融结合的具体构建

通过前面的分析不难看出,正规金融与非正规金融提供农村金融供给时存在着一定的互补基础。而且从理论上来讲,非正规金融与正规金融结合后,作为正规金融与农村借贷者之间的中介,能够有效降低信息成本和节约代理成本，促进农村金融的供给。正是在这种背景下，提出正规金融与非正规金融的结合显得合乎时宜。两者结合就是利用正规金融与非正规金融各自的优点，加大对农村资金需求的满足。以正规金融提供更多的低息贷款给非正规金融为主要形式，利用非正规金融的信息优势进行信贷扩张。

为了更好地分析两者结合实施的条件，在此建立一个行为模型。为方便计算，假设非正规金融的放贷资金全部来自于民间，自有资本为零，且其放贷的信息管理成本为零；放贷机构有数量 L 的资金可用于放贷，设非正规机构从民间资金剩余者那里融资的利率是 r_1，放贷收取的平均利率为 r_2，则非正规金融机构的成本 $c_1 = (1+r_1)L$，收益 $R_1 = L(1+r_2)$。因而不结合时的利润 π_1 为

$$\pi_1 = L(1+r_2) - (1+r_1)L \tag{4-1}$$

结合之后的情况：由于资金全部来自于正规金融机构的低息贷款，设利率为 r_3，则成本 $c_2 = (1+r_3)L$，收益 $R_2 = (1+r_2)L$，利润 $\pi_2 = (1+r_2)L - (1+r_3)L$，因此要使非正规金融机构参与结合，只要 $\pi_2 > \pi_1$。将 π_1，π_2 代入 $\pi_2 > \pi_1$，得

$$r_1 > r_3 \tag{4-2}$$

即正规机构贷给非正规机构的资金利率必须低于非正规机构直接从民间融资的利率。

再来看正规金融机构的行为分析，假设正规机构在结合之前贷款的信息搜寻成本是 $c_1(L)$，设在结合之前，正规机构可以获得一个机会利率，即不向农业贷款而可获得的利率 v_1，向农业贷款的利率 v_2，则其利润为

$$\pi_1 = L(1+v_2) - L(1+v_1) - c_1(L)$$

结合之后：设正规机构将全部资金 L 贷给非正规机构，利率是 v_3，正规机构贷款的信息管理成本减少到 $c_2(L)$，则其利率 $\pi_2 = L(1+v_3) - L(1+v_1) - c_2(L)$。因此要使正规机构主动结合，只要 $\pi_2 - \pi_1 > 0$。将 π_1，π_2 代入 $\pi_2 - \pi_1 > 0$，得

$$L(1+v_2)-L(1+v_3)<c_1(L)-c_2(L) \qquad (4-3)$$

即正规机构结合的前提是向非正规机构发放低息贷款的收益损失必须小于实施结合而带来的贷款信息搜寻成本的减少，在这种条件下正规机构的福利将得到改善。

实际上，式(4－2)正是发挥了正规金融机构的低成本融资优势；而式(4－3)则是充分利用非正规金融的信息优势。因此式(4－2)、式(4－3)得到满足是可行的。因而实行两者结合变得既有意义又切实可行。但新的机制也会带来新的问题，如非正规金融与正规金融存在激励不一致的问题，非正规金融机构会为了追求利润将大量的贷款贷给一些经营高风险的借贷者，而这与正规金融机构的目标不一致。因而，在实施结合之后，问题便演变为如何有效地监督非正规金融机构的行为，使其纳入正规金融的可控范围之内。就此本文提出如下思路。

由正规金融机构向非正规金融机构发放一定的贷款权限(不直接提供资金)，见图 4－4 中①，再由非正规金融机构根据农户的申请将权限分配给具体的农户，同时出具非正规金融机构签发的贷款单(标明贷款谈判所确认的金额、利率、贷款期限等款项)，见图 4－4 中②。然后，再由农户到当地正规金融机构凭贷款单支取现金，是为贷款过程，见图 4－4 中③。还款时，由农户直接将资金还给正规金融机构——银行，银行开出现金收据，见图 4－4 中④，农户再持有现金收据到非正规金融机构核销贷款，见图 4－4 中⑤。另一方面，银行根据农户还款情况，将非正规金融机构所应得利润定期(一定账务期，通常为一年)进行清算，是为利润分配过程，见图 4－4 中⑥。

上述思路的核心在于如何处理正规金融与非正规金融之间的信息不对称。笔者认为可从以下几点着手：首先，对非正规金融机构的利润划拨实行分期支付，在利润中规定一个比例的留存资金作为其风险准备金，期末视还贷率来结算期内的利润。其次，非正规金融机构获得一定的贷款权限时，须提供与之相应的抵押或风险准备金，且贷款权限的发放数量直接与此挂钩。最后，利用正规金融机构的垄断供给优势，对不同经营状况的非正规机构的情况实行贷款价格歧视，还贷率好的机构可以以更低的利率获得更多的贷款权限。

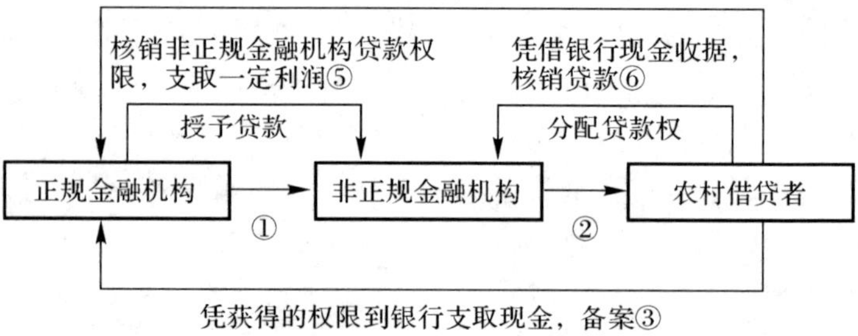

图 4－4　正规金融与非正规金融结合流程

正规金融与非正规金融结合实质上是发挥二者各自的优势，使二者的互补关系在正规金融主动与非正规金融的对接之中转变为一种“强强联合”，使正规金融机构将大量用于与众多分散的农户进行信贷交易的成本节省下来，专注于与少量的、可控的非正规金融机构的交易。但是必须要澄清的是正规金融与非正规金融的连接不是简单地将二者捆绑在一起，不是机构的联合而是机制的联合。这就要求正规金融寻求合作对象时，不仅仅是那些既有的钱庄、农村大户等，也包括已经建立或可迅速建立的能发挥农村组织信息优势的那些经济组织。此外，上述的连接设想是正规金融机构主导，但不能借助管制部门的行政力量强制执行，而要在经济手段的作用下，在利润的诱导下使具备信息优势的非正规金融组织自愿参与和正规金融的连接。另外，在让出一部分利润给非正规金融机构之后，正规金融机构所换来的信息搜寻成本的减少是否超过对非正规金融的信息搜寻成本是正规金融持续发放支农贷款的关键。即使二者之差为负，由于农业的外部性，正规金融有理由寻求政府的补贴。

4.3.3　大型商业银行增加农村金融供给的途径

现代商业银行以安全性、流动性、盈利性为经营原则，以利润最大化为目标。而农村市场所面对的是分散的小规模农户和大量的农村微小企业，他们的金融需求特点为数额小、期限短、风险大等。基于以上特点，大型商业银行极度缺乏有关农村客户的特点及活动的私人信息，无法承担信息搜集的成本。因此，由于信息不对称，就会产生道德风险和逆向选择的问题。随着国有银行的股份制改革的进行，由于农村基层网点效益差，不足弥补支出，不能满足商业银行的利润最大化的目标，而纷纷撤销大量农村的机构网点。可以看出，现代商业银行在农村以传统的经营模式来运行是不成功的。但并不是农村金融市场不需要大型商业银行，相反，农村金融市场存在巨大的资金供给缺口，需要大量的资金供给。由于农村金融交易成本高、缺乏抵押品、风险大，必须采取不同于传统的经营方式。因此大型商业银行只有改变常规的运作模式，创新金融产品和服务才能适应农村金融的需求特点。本书以市场化选择、商业化运营为基础探讨大型商业银行进入农村，增加农村金融供给的途径。

4.3.3.1　准确定位，服务高端的农村金融需求

在农村从事农业信贷业务，首先要拥有足够多的营业网点，有着对农户和农业企业直接的接触和了解，能够对贷出的资金进行监督和管理。其次，大型商业银行很难了解农村生产中所面临的各类自然风险、社会风险和市场风险。农户的贷款规模微小，使得信贷成本过高。这种高成本与高风险并存的农业信贷业务，对于追求利润最大化的商业性金融机构来说是不可取的。但是，随着我国农村经济的发展，在我国农村涌现出一批农业产业化的龙头

企业和规模较大的乡镇企业，成为当地经济发展的主导力量，这些企业存在着大量的流动资金和长期投资的资金需求及汇兑、结算等中介金融服务需求。由于其资金实力较强、规模较大，贷款风险相对较小。但对于这些企业的金融需求，地方性的小型金融机构无法有效地满足，为大型的商业银行留下了市场空间。

农村金融需求呈现层次性：纯农户的生活性融资需求、农户的副业经营的资金需求、微小企业的生产性资金需求、农业产业化龙头企业和规模较大乡镇企业的扩张性融资需求。金融供给也应是多元化的金融体系：民间金融、政策性金融机构、小额信贷机构和现代大型商业银行。大型商业银行营销网络完整、资金实力雄厚、金融产品齐全，应该在集中性、大额性的金融市场上发挥信息收集、管理和监督上的规模化优势，实现交易成本最小化。因此，现代商业银行直接进入农村市场应该定位于农村的高端商业性金融市场，以农村产业化龙头企业以及农村工商企业为切入点，加大对新农村建设的支持力度。首先，构建银行与农村龙头企业密切的银企关系，积极培育融资主体，主动地向龙头企业提供金融服务，切实根据农村地区企业的特点，从信贷业务品种到抵押担保方式进行创新，满足农村企业金融需求。应该多样化信贷产品，简化贷款手续，灵活掌握农村企业的抵押担保方式，为企业提供优质的服务。既可以有效解决企业融资困难，也为大型商业银行进入农村市场提供了有效途径。另外，积极参与新农村建设。由于当前我国农村城镇化建设刚刚起步，财政支持资金缺口巨大。随着商业化运作模式的推广，很多县级经营性公司负责城镇基础建设的融资和管理，这些公司可以成为商业银行的贷款主体，向农村基础设施建设提供资金供给，重点支持市场化运作的经营性市政工程项目，如供水、供电、道路交通等农村基础设施建设。这类项目可以产生稳定的收益作为还款的来源。

首家外资村镇银行在湖北随州曾都成立。汇丰银行对四川省、湖北省内陆地区进行考察，最终确定在湖北随州曾都开设首家汇丰村镇银行，因为曾都有外向型的农村经济，又有农产品加工、食品加工、小型机械生产企业等。随州曾都汇丰村镇银行，其服务对象主要针对出口型企业，提供融资服务。

4.3.3.2　农业信贷业务外包，实现双赢

2005 年，中国人民银行正式在 5 省区试点“只贷不存”的小额贷款公司。几年来，这种小额贷款公司以灵活的经营方式，贴近农民的服务赢得了生存空间。以四川仪陇惠民贷款有限责任公司为例，该公司注册资本 50 万元，不吸纳存款，只为“三农”提供贷款服务，主要贷给农户和农民自己的小企业。在贷款发放实际操作中，惠民贷款公司不需要农民进行贷款抵押，但履行严格的贷款程序，在农民获得贷款之前，该公司业务员要到农户做详细调查，并结合农户的实际情况，对其信用等级做出评估。最后，根据再评估情况发放贷款。

相对于大型商业银行，地方的小额信贷机构，如小额信贷公司对当地农业经济的特质、产业特点和居民的文化习俗更为了解，能够在源头上筛选申贷项目和个人情况，从而很大程度上控制了不良贷款的来源，降低了贷款风险。但这种小额信贷机构随着业务的不断增加，资金瓶颈问题凸显，制约了发展规模。而大型商业银行资金雄厚，但直接经营农业信贷业务成本高。商业银行与当地小额信贷机构合作，将其自身的农业信贷业务外包给当地的小额信贷机构。小额信贷机构负责向零散客户提供贷款，由他们审批和管理信贷项目，监督资金的去向和使用状况。商业银行与当地的小额信贷公司按比例分担风险、分享收益，并向小额信贷机构支付预定的服务费用。合作双方发挥各自的优势，这种模式既减少了商业银行在农村建设网点和收集信息以及管理的成本，也解决了小额信贷机构融资难的问题。另外，小额信贷机构“只存不贷”的制度约束，促使其与商业银行进行长期的融资合作。

印度花旗银行和工作妇女论坛(WWF)信贷项目(印度)始于2004年。印度花旗银行和WWF建立了贷款代理的合作关系,由WWF发起对创业者的小额信贷服务。印度花旗银行投资和承担了所有的信贷风险。印度花旗银行向WWF偿付预定的服务费用。至今,花旗银行支付了约19 000笔平均额度为75美元、平均期限为10个月的贷款。

4.3.3.3　参股农村银行,延伸农村银行的产品和服务

随着农村金融改革的推进,政府按照投资主体多元化的原则,鼓励国内外各类社会资本进入农村金融市场建立农村合作银行、村镇银行、贷款子公司等新型农村金融机构。截至2005年年底,全国已有25个省(区、市)的省级联社,北京、上海农村商业银行、天津农村合作银行等机构相继成立,另外,全国共组建农村合作银行60家,农村商业银行12家。近两年,各种形式的村镇银行在我国各地相继成立。这些银行定位于服务"三农",立足于农村,根据农村的实际需求推出了服务于"三农"的金融产品,有利于缓解农村金融供给缺口。但这些村镇银行最大的劣势在于地域性限制和资金不足,业务发展受到先天的局限。随着农村经济和乡镇企业的发展,农民与外界的经济往来越来越广泛,全国甚至世界范围内的汇兑、结算、信用卡业务的需求日益增加。另外,农民收入的提高也增加了其财富积累的能力和理财的需求,未来中国的理财市场将逐渐从城市向农村扩散,提供合适的理财产品,可以增加农民的财产性收入,也可以提高金融机构的中间业务收入。

但这些金融需求由于农村银行的规模和地域限制很难满足,相对于农业贷款,此类业务及产品的风险低、收益稳定。与农村地区的其他类型的金融机构相比,现代商业银行拥有雄厚的资金、先进的支付结算系统,可借此推进结算工具创新,满足农村经济发展给人们带来的金融需求。大型商业银行凭借完整的营销渠道、现代化的电子网络参股农村银行,合作办理银行卡、理财产品等业

务，推广代销基金、金融咨询、农产品期货等多元化金融产品，进一步提高金融产品的层次。大型商业银行的介入不仅提高了农村银行的电子化程度，丰富了金融产品，而且依托商业银行的营业网络延伸了农村银行的服务范围。经营的金融品种由单一的借贷扩展到理财、汇兑、结算、信用卡等，服务范围由一个乡镇延伸到全国甚至是世界范围。对商业银行来说最大限度地利用网络资源，巨大的农村金融市场也给多种金融产品带来销路。

2008 年 1 月，交通银行以 3.8 亿元现金战略入股常熟农村商业银行，入股后交通银行将占常熟农村商业银行 10% 的股份，成为其第一大股东。交通银行入股常熟农村商业银行，是在广大县域地区和农村地区加大金融拓展和技术输出的一项重要举措。交通银行的战略入股，不仅将给农村金融带来了资本金，更将带来产品、技术和管理。通过业务和战略上的合作，交通银行将向农村地区提供更丰富、更能满足客户需求的金融产品；常熟农村商业银行也将利用交通银行的网络、渠道、信誉向客户提供更有效、更便捷的服务，从而使双方的业务能最大程度优势互补，满足农村地区的金融服务需求，实现农村经济与银行的双发展。

第5章　河北省农村小额贷款公司分析

农村小额贷款公司是一种新型农村金融组织，是贯彻党的十七大精神，落实中央一号文件精神，降低农村金融进入门槛，引入民间资本，建立完善多层次农村现代金融体系，加强农村金融服务的一个大胆创新。2005年10月，中国人民银行开始在山西、四川、贵州、内蒙古、陕西五省(区)各选择一个县进行小额贷款公司试点，目前已经扩展到全国大多数省份试点，河北省已成为建立小额贷款公司数量最多的省份之一。

河北省为了全面贯彻落实党的十七届三中全会精神，建立现代农村金融制度，正确引导民间融资，按照2008年5月中国人民银行、银监会联合下发的《关于小额货款公司试点的指导意见》的规定，省政府2008年10月28日出台了《关于小额贷款公司试点工作的实施意见》，进一步规范小额贷款公司试点工作。河北省现辖11个地级市，36个市辖区、22个县级市、108个县、6个自治县。截至2010年3月初，河北省经政府批准成立的小额贷款公司已经发展到151家，全部注册资金近90亿元，成为一个迅速成长壮大的行业。2010年2月25日，河北省小额贷款协会成立，该协会是由在河北省批准设立、具有独立法人资格的小额贷款公司和其他从事小额贷款业务的组织机构以及相关领域从业人员、专家学者自愿结成的小额贷款行业自律组织，标志着河北省农村小额贷款公司已发展到一定程度。

但是由于农村小额贷款公司建立的时间较短，规模有限，大多数省份尚在摸索试点，全面系统的专题研究工作尚未见有报道。作为新生事物，农村小额贷款公司在经营发展过程中出现了风险控制、贷款管理技术、后续资金及规章制度等一系列亟待解决的问题。

5.1　相关理论及评述

5.1.1　国内外商业化小额信贷的理论综述

根据国际上小额信贷的一般含义，小额信贷（microfinance）是在一定区域内，在特殊的制度安排下，按特定的目标向贫困人口直接提供贷款资金及综合技术服务的一种特殊的信贷方式。它是指专门向中低收入阶层提供小额度的持续的信贷服务活动。

商业化小额信贷已经成为国际小额信贷发展的新趋势。国外学者对此主要从两方面进行了比较充分的研究：一是非正规小额信贷转变为正规金融机构开展小额信贷业务的条件以及如何开展业务；二是原有小额信贷的非政府组织（NGO）如何实现商业化，怎样转变为正规金融组织。

对于前者的研究主要包括 Liza Valenzuela 的研究，他对发展中国家 1990 年以来的 53 家降低贷款规模进入小额信贷市场的正规金融机构经营小额信贷的相关经验进行了总结，认为在进入小额信贷领域方面正规金融机构存在许多优势，如大量的广泛的分支网络以利于对市场快速的渗透，在支付业务及提供存款服务方面的经验等。他还认为，小额信贷市场存在盈利空间，由于在大多数发展中国家存在着大量的低收入人群，这对于民间资金进入小额信贷市场来说也具有很大吸引力。另一个较典型的研究是来自 16 个国家的 17 个正规金融机构，于 1996 年 11 月，在美国就“商业银行（正规金融机构）开展小额信贷的问题”进行专门研讨。研究了正规金融机构从事小额信贷业务面临的障碍及具有的优势等相关问题，并总结了与会金融机构在开展小额信贷方面的相关经验。

对于后者，Nimal A. Fernando 的研究认为，在小额信贷领域，为了确保机构的可持续发展非政府组织转变为正规金融机构，通过扩展业务获得盈利。Victoria White 和 Anita Campion 系统地分析了非政府组织的转变问题，通过对非洲、拉美及亚洲地区已经或正在转变的非政府组织的考察，研究了非政府组织转变的动机以及转变过程中面临的主要问题。Jeffrey Poyo 和 Robin Young 探讨了有关拉美国家小额信贷业务商业化问题。在小额信贷的商业化问题上走在了世界的前列的是拉美国家，在那里许多实施小额信贷的非政府组织早已成为了正规金融机构。他们的研究认为，这种转变主要是基于小额信贷可持续发展的考虑。由于非政府组织无法开展存款和其他的金融服务，并不是真正的金融机构，利用捐助和资助资金开展业务受到较多的限制，因此越来越多的非政府组织开始寻求转变为正规金融机构以扩大业务规模获得盈利。

国内关于小额信贷的研究，更多地出现在 2001 年底中国人民银行颁布了《农村信用社农户小额信用贷款管理指导意见》之后。陈浪南、谢清河在分析中国小额信贷实践中存在的内部机制与外部环境的诸多矛盾和问题后，认为小额信贷本身就应当被理解为一种市场经济行为，中国小额信贷组织的性质应该界定为金融中介机构，政府应为小额信贷的发展提供良好的政策环境。吴国宝认为，由于在合理规章和政策环境方面正规金融机构在争取小额信贷发展上具有优势，它们（主要指农村信用合作社）很可能在中国小额信贷的未来发展中越来越重要。何广文的研究认为，农村的正规金融机构开展小额信贷存在较大的优势，主要表现：与信用评级制度结合，有利于农户信用观念、金融文化的培育；资金实力更加雄厚；贷款的直接成本和间接成本均较低等。张迎春分析了农户小额信贷与扶贫小额信贷的不同，认为作为一项金融活动，农村信用合作社小额信用贷款是其实行贷款营销的现实选择。但其持续性经营还需要有相应的支农配套服务。汤敏认为，农村信用合作社小额信用贷款的发展首先是要让参与小额信贷的金融机构盈利，这是这些金融机构愿意扩大并能持续提供小额信贷的根本保证。同时要防止政府部门对小额信贷的过度干预。杜晓山的研究认为以贫困或中低收入群体为特定目标客户并提供适合特定目标阶层客户的金融产品服务，是小额信贷区别于正规金融机构的常规金融服务以及传统扶贫项目的本质特征。而这类为特定目标客户提供特殊金融产品服务的项目或机构，追求自身财务独立和持续性目标，也构成它与一般政府或捐助机构长期补贴的发展项目和传统扶贫项目的本质差异。因此可以看出要有效地推行小额信贷，自身财务的独立以及可持续性是小额信贷健康、持续发展的关键所在。何广文的研究认为，农户小额信用贷款模式，一定程度上解决了金融机构与农户贷款博弈中长期存在的信息不对称和小额信贷的高成本问题，使得农户贷款难和金融机构放贷难问题得到了缓解。同时，该模式还根据常规贷款记录决定后续贷款的累增额度，形成了动态激励机制，有利于农户建立主动还款意识，实现了农户贷款的较高回收率，制度绩效明显。

5.1.2 设立农村小额贷款公司的理论基础

农村小额贷款公司的建立体现了博弈论在金融机构设计方面的应用，对于我国农村金融体系来说，农村小额贷款公司的出现改善了农村金融的供给环境，达到了纳什均衡。

5.1.2.1 博弈分析

1.纳什均衡概述

博弈论是研究当决策主体的行为发生直接的相互作用时，人们如何进行决策及这种决策的均衡问题，是研究理性决策者间的冲突与合作的理论。在博弈论分析中，一定场合中每个对弈者决定采取何种行动时都会有策略、有目的地行事，他考虑其决策行为对他人可能的影响，以及其他人的行为对他的影响，通过选择最佳行动计划，从而寻求收益或效用最大化。因为现实中人们的利益冲突和一致是很普遍的事情，所以博弈论存在于生活之中。

完全信息静态博弈：纳什均衡是一种策略组合，对于每一位参与者来说，给定对手目前的策略，自己的策略就是最优的策略。本书将借用囚徒困境和价格战的对抗博弈来说明纳什均衡。

囚徒困境：一个富翁在家中被杀，财物被盗。有两名嫌疑犯，甲和乙，从这两个人的住处搜出了富翁的财物，但两人均否认自己杀了富翁，只是路过，发现富翁被杀，顺手拿了点财物。警方将两人隔离，分别审讯，并提出了条件：你们的盗窃罪已经成立，会判3年；如果你们中的一方坦白，那么只叛1年，而另一方则会判10年；如果你们都选择坦白，那么均会被判8年。那么甲乙两人就会有两种选择：坦白或抵赖。想要坦白并只被判1年的一方必须要保证另一方是抵赖的。情况见表5-1。

表5-1　囚徒之间的博弈

		囚徒甲	
		坦白	抵赖
囚徒乙	坦白	—8,—8	—1,—10
	抵赖	—10,—1	—3,—3

最后的结果是两个人都选择坦白，坐了8年牢，只有当他们都选择合作或者舍己利人的策略时，他们坐牢的时间才能最短。

价格战的对抗博弈：双寡头市场中存在甲和乙两个企业，每个企业都在考虑是采用正常价格还是抬高价格形成垄断并且尽力获得垄断利润，见表5-2。

表 5－2　厂商之间的博弈

		甲企业的价格	
		高价格	正常价格
乙企业的价格	高价格	100 元,200 元	－20 元,150 元
	正常价格	150 元,－30 元	10 元,10 元

由表 5－2 可知,当两个企业都实行高价格时,得到的垄断利润的总和是 300 元,而当双方都实行正常价格时则都获得 10 元。那么在无合谋的情况下,双方会按正常价格出售,达到纳什均衡。

纳什均衡的意义在于它是关于博弈结局一致性的预测,若所有的局中人预测一个特定的纳什均衡将会出现,那么这种均衡就会出现,预测之间没有矛盾,不会因为局中人认为不符合自己的利益要求而失败。只有纳什均衡才能够使每个局中人认可这种结局,并且他们也知道其他人也会认可这种结局。

正如亚当·斯密在《国富论》一书中阐述看不见的手的理论时所说:追逐个人利益的结果,是他经常增进社会效益,其效果比他真正想要增进社会效益要好。即使每个人是非合作的,其经济后果从社会角度看也是有效率的。

2. 农村正规金融机构的博弈分析

在贷款存在风险的前提下,建立农村小额贷款公司是否是最优的选择,是否能优化农村非正规金融的资源配置,是否能满足农户的资金需求,我们将借助纳什均衡来进行分析。

“小额贷款公司是农村小额信贷的一种形式,是在原先基础上的创新。小额贷款公司是由自然人、企业法人与其他社会组织投资设立,不吸收公众存款,经营小额贷款业务的有限责任公司或股份有限公司。小额贷款公司发放贷款,坚持‘小额、分散’的原则,小额贷款公司面向农户和微型企业提供信贷服务,着力扩大客户数量和服务覆盖面。”

在农村正规金融机构博弈的模型中，中国参与这些农村小额信贷业务的金融机构，就是农村信用合作社、农村银行、农村发展银行。那么这三者之间存在着博弈，简称任意两家银行为银行一和银行二。第一，由于资本的逐利性，银行更愿意把资金贷给那些有盈利能力的企业、项目和个人。第二，因为农产品的特点、农业保险的不健全，给农户放贷的风险更高。第三，银行本身实行小额信贷的成本较高，不容易管理，风险比较大。因此，如果银行把资金转移到城市中去进行借贷或者贷给当地有盈利能力的大企业比贷给农户和农村中小企业来的赚钱，假设，银行实行小额信贷的效用为−1，而不实行的效用则为1，见表5－3。

表5－3　农村正规金融机构间的博弈

		银行一	
		实行	不实行
银行二	实行	−1，−1	−1，1
	不实行	1，−1	1，1

从表5－3中可以看出，银行会不约而同地选择不实行农村小额信贷的形式，以达到自身利益最大化的目的。在这时，金融机构博弈的结果是实现了纳什均衡。

3. 中央银行的博弈分析

既然农村正规金融机构不愿意实施面对农户和中小企业的小额贷款，那么中央银行在考虑是否在独立于农村正规金融机构之外成立一个农村小额贷款公司组织，成立这样的一个机构后是否有利于缓解农村资金短缺的压力。于是，就存在了另一个博弈，在这个博弈的分析中，参与者是中央银行和民间放款者。如果不建立农村小额贷款公司，那么农村的民间借贷会继续在没有法律规范的条件发展下去，不利于维护农村的金融秩序，不利于解决“三农”问题，更会影响到国家的宏观经济政策的实施效果，对于中央银行来说是副效应；对于农村放款者来说，民间借贷确实暂时解决了他们的资金盈利的问题，不过从长远来看，民间借贷中的高利贷、不正规的操作方式带来的纠纷和流血事件，不利于农民的生活、创造财富，更不是一种稳定、长期的资金投资形式。假设，中央银行建立农村小额贷款公司得到的效用为 1，不建立的效用为 —1，同样，放贷者愿意把钱投入农村小额贷款公司的效用为 1，不愿意的效用为—1，那么见表 5 - 4。

表 5 - 4　中央银行与民间放贷者之间的博弈

		中央银行	
		建立	不建立
放贷者	建立	1,1	1,—1
	不建立	—1,1	—1,—1

从表 5 - 4 可以看出，中央银行建立农村小额贷款公司、农村中的资金所有者愿意将钱进行投资，那么会达到民间资金资源的优化配置，达到纳什均衡。因此，在农村中是有必要建立小额贷款公司的，它将独立于农村正规金融机构之外，能够有效地解决农户的资金需求，使农村中的非正规金融合法化，有法律的保护，能更好地为农村金融服务，发展农村小额信贷业务。

5.1.2.2　新兴古典经济学分析

由新兴古典经济学理论得出结论，农村小额贷款公司的建立有利于农村产业分工协作与专业化，对于我国农村金融体系来说，农村小额贷款公司的出现又是农村金融体系分工协作与专业化的体现。

1. 专业化与分工理论的概述

亚当·斯密在《国富论》一书中举了制造大头针的例子：一个没有受过大头针制造专门训练的工人，同时也并不熟练大头针的机械操作，即使再努力，一天也难造出一枚大头针，而且肯定不会制造出 20 枚，但将制造大头针的过程细分成许多工种，而这些不同的工种交由不同的人操作，那么经过努力，平均下来，每个人每天可以制造 4 800 枚大头针，这就是分工。经过分工，工人的产量会提高，同时也会使专门从事那一种工作的人水平不断提高，也就是专业化水平不断提高，可以使他们终身从事这一职业。不仅手工工场内的分工能促进劳动生产率的提高和财富的增长，各个行业间的分工同样具有这种效应。

杨小凯在《经济学原理》一书中以数学的方法证明了这一理论的正确性：为了描述专业化的好处，使用生产函数来定义专业化经济的概念。假定一个人可以从事两种生产活动生产 X 和 Y，将此人投入 I 种产品生产活动的劳动份额称为他生产 i 的专业化水平，用 Li 表示。则此人的生产函数可假定为：$X_p=X+X_s=L_x^a$，同理 $Y_p=Y+Y_s=L_y^a$。其中 X_p，Y_p 分别为两种产品的产量，X 为自给量，X_s，Y_s 为售卖量，$a>1$ 为专业经济程度参数，且 $L_x+L_y=1$。对上两式求一阶、二阶导，得 $aL_x^{a-1}>0$，$a(a-2)L_x^{a-2}>0$；$aL_y^{a-1}>0$；$a(a-2)L_y^{a-2}>0$。可知专业化水平 a 越高，边际劳动生产率会越大。

亚当·斯密认为国民财富的源泉在于提高劳动生产率，而分工与专业化可以形成内生比较优势，大大提高劳动生产率。内生比较优势是由于选择不同的专业方向的决策造成事后生产率的差别。杨小凯则认为如果所有人都是天生相同的，则没有外生比较优势，但天生相同的人却可以因后天选择不同的专业而获取内生比较优势。因为社会分工和专业化可以：①节约劳动转换时间；②发明新的生产工具；③通过“干中学”，提高劳动熟练技能。

2. 交易费用阻碍分工与专业化

(1)农村产业存在初级的分工与专业化。西方发达国家虽然国情不同,但大多十分重视农业的专业化水平,例如美国的农业比较重视机械化,农业专业化程度非常高,形成了知名的大面积的生产带,如小麦带、棉花带、玉米带等。美国金融行业的分工也十分明显,仅于人们买房贷款这项业务就有专门的金融机构负责办理。

假如中国农民通过农村金融的支持能够促进分工与专业化的发展,那么,随着分工的不断深入,得到不断提高的专业化水平,将使农民找到可以盈利的产业。事实上在现阶段的中国农村是存在着一定的分工与专业化的,例如,河北省永清县是著名的无公害蔬菜种植区,那里的土质很适合种植黄瓜,每年也会有许多人专门去收购黄瓜。那里的农民有的就是倒卖黄瓜发家致富。这样,各尽其责,人人都有利可图。这些都是分工与专业化的表现。

部分农村地区出现了专业化与分工的原因:第一,自利行为促使农户在市场中寻找盈利点,发现市场中有需求的专业,并专门从事该生产活动,卖出自己的产品使自己变得富有。正是人们的自利行为导致分工的出现,从而专业化水平不断提高。第二,市场是有需求的,正如美国学者阿·杨格所概括的“斯密定理”——“分工受市场范围的限制”,其具体含义是,只有当对某一产品或服务的需求随市场范围的扩大而增长到一定程度时,从事专业化的生产者才能实际出现和存在,市场范围的不断扩展是分工发展的必要条件。若在一些地区的农村产业上出现了分工,但为农村产业服务的金融业的分工却不十分明显,不能给予农村产业很好的金融支持,那么农村产业的分工也无法深入。

(2)交易费用阻碍了分工与专业化在农村地区的深入发展。导致分工与专业化在农村中难以深入的主要原因是交易费用。杨小凯在《经济学原理》一书中说道,分工的进一步发展需要分工的各专业部门很好地协调,将交易费用降到最低。如果交易费用大于分工带来的好处，人们将停止分工，转向自给自足。

交易费用在经济学中的应用十分广泛，最早是由科斯来解释交易费用出现并存在的原因的。阻碍分工与专业化在农村中深入发展的交易费用包括很多，比如农村地区的教育缺陷，我国绝大多数农民素质不高；政府缺乏对农业技术的开发与研究，缺少对农业知识的推广和普及的重视；另外，政府的一些管制行为也限制了农村分工与专业化的发展；等等。但是，笔者认为主要还是我国农村金融业没有明确的分工。我国农村产业的发展缺乏足够的金融支持，农村金融机构覆盖面小，没有专门从事开展面向农户小额信贷业务的机构，对于寻求到可以盈利产业的农户来说，资金的不足无疑遏制了产业的继续发展，成为农村产业化分工与专业化深入的瓶颈。

3.建立农村小额贷款公司促进农村金融机构的专业化与分工

由于制度安排、交易成本、信息成本等的存在，一国的经济和金融发展过程中往往会出现信贷市场失灵。信贷市场失灵的结果是低收入阶层和微小企业很难获得或无法获得正规金融机构的信贷服务。罗纳德·麦金农著名的“金融抑制论”认为，发展中国家的市场不完善，特别是金融市场的割裂，使大部分小企业和农户在正规金融市场上处于边缘地位，只能通过内部融资——较长时期的自身积累——才能进行跳跃式的投资发展。低收入阶层和微小企业由于资金需求数额小、风险大、信誉差且无法提供担保、贷款监测困难、收贷难、管理和交易费用高等问题，正规金融机构一般不愿意或很少为这些群体提供信贷服务。

对于我国农村金融体系来说，农村小额贷款公司的出现是农村金融体系分工与专业化的体现。我国农村现有的金融机构博弈的结果是没有银行愿意从事农户小额信贷的业务，那么就成立一个专门的金融机构来开展面向广大农户的小额信贷业务。这种分工就十分明确了，大大减少了农户向正规金融机构贷款过程中和农村民间借贷产生的交易费用。有了这个分工的开始，专业化水平将会不断加强，小额贷款公司会发展得越来越好。

农村小额贷款公司的服务对象是小企业和“三农”，有着低、小、散的特点，注重的是客户还款来源以及可控的风险，未涉及存款等业务。银行不敢做的业务，农村小额贷款公司做了，是对银行金融机构的有力补充。农村小额贷款公司是介于正规金融机构与民间借贷资本之间的一种尝试，属于“类金融机构”，打破了金融机构统揽信贷的原有格局，有助于进一步推进金融创新的步伐。

2008年5月8日，银监会和中国人民银行发布的《关于小额贷款公司试点的指导意见》的出台，为银行业金融机构资金进入农村小额贷款公司提供了政策指引。今后，农村小额贷款公司可以根据自己的实际情况，选择向银行业金融机构批发贷款，以满足小额贷款资金的需要；银行业金融机构也可以向经营业绩好的农村小额贷款公司直接批发贷款，而不必借助其他的平台进行。这无论是对农村小额贷款公司，还是对银行业金融机构，都是一个不错的选择，对农村小额贷款公司来说，不仅解决了筹资的难题，而且又不会影响公司的控股权；对银行业金融机构来说，农村小额贷款公司有着不错的发展前景，将部分资金贷给农村小额贷款公司能够获得良好的回报。这也正体现了农村金融机构的专业化和分工合作。

农村小额贷款公司促使农村金融的深入发展，更好地支持了农村产业的发展，为需要资金的农户提供及时的小额贷款，降低了农村产业发展过程中由于金融支持不足而产生的交易费用，促进了我国农村产业的分工与专业化；同时，随着农村产业分工与专业化的深入，农民实现了致富的目标，小额信贷发展过程中的信用问题将会得到改善，农村小额信贷也会实施得越来越顺利。

5.1.2.3　农村金融理论分析

在20世纪80年代以前，在农村金融理论中占主导地位的是农村金融系统论(rural financial systems paradigm)和农业信贷补贴论(subsidized credit paradigm)。前者认为低息政策抑制了金融的发展,妨碍了人们向金融机构存款,因此,反对政策性金融扭曲市场,强调利率的市场化和动员储蓄在农村金融发展中的意义。后者主张的是从农村外部注入低息的政策性资金,并通过建立非盈利性的专门金融机构来进行资金分配。

自20世纪80年代末以来,人们认识到培育有效率的金融市场,仍需要一些非市场的、社会性的要素去支持它。Stiglitz的不完全竞争市场论就是其中一个。该理论以发展中国家的金融市场是不完全竞争市场这一判断为出发点,强调有必要采用诸如政府适当介入金融市场以及借款人的组织化等非市场要素,以利于金融市场的培育。

针对发展中国家金融市场的不完全竞争性,及正规金融机构所存在的信贷配给问题,1970年,Akerlof在关于"柠檬市场"的那篇经典论文中,提出以分析市场机制不完善为核心的逆向选择理论。他从旧车市场出发,分析了由于买主和卖主对旧车质量信息的非对称性分布,会导致低质量车将高质量车逐出市场的逆向选择现象。随后Akerlof将其用于分析借贷市场,同样发现存在逆向选择的问题,即位于中心城市的大银行可能最终会容易选择违约可能性比较大的借款者。而非正规的金融,如高利贷、小额信贷则可利用其对贷款者信息的充分了解,能很好地解决这个问题。透过这一现象,Akerlof较早地注意到了由于信息不对称导致的这种信贷活动困境。

1981年Stiglitz和Weiss在有关信贷配给问题的一篇重要文章中证明了由于道德风险和逆向选择的存在,即便在均衡状态下,信贷市场也会出现信贷配给现象。所谓的信贷配给,是指在无差别的借款者中,一部分人得到了贷款,而另一部分人即使愿意支付更高的利率也得不到贷款;而且,无论贷款多么充足,也总有一些人在任何利率水平下都无法得到贷款。

这些理论为小额信贷组织在许多低收入的发展中国家的建立提供了可靠依据。目前小额贷款组织在许多国家都得到了迅速的发展并获得成功，如孟加拉国、玻利维亚和印度尼西亚等国。这些小额信贷的基本操作模式是通过吸收小额信贷农户的自愿性储蓄，推行面向农户的小额信贷。但是这种发展模式与外部资金支持并不矛盾，外部资金可以在启动期投入，而经过一段时间后撤出，小额信贷组织将在吸收农户自愿储蓄下独立运作。

A. Braverman 和 M. Huppi 指出在过去的 30 年当中，许多发展中国家的政府都大量地介入农村金融市场，他们的这种介入是基于相信可供信贷的短缺制约了农业经济的增长和发展，并阻碍了农户们联合起来发展市场经济。分析政府干预农村金融市场的利与弊，Kellee S. Tsai 以中国和印度为例，他认为目前一些发展中国家尝试性地去限制和禁止非正式金融机构的发展是不明智的，也不能收到良好的效果，应当保持这些非正式金融机构的存在，原因如下：①正式机构的信贷供给能力有限；②政府完全执行所制定的政策的能力有限；③政治和经济在农村金融市场相互脱离；④大多数金融计划在制度上存在漏洞。他建议，与其排挤限制，不如适当注入一部分政府和企业的资金，鼓励非正式金融机构大力发展，使其成为正式金融机构的有益补充。孟加拉乡村银行模式已经变成了当今世界降低贫困最好的方式，Morduch J. 提出乡村银行证明了类似的通过向穷困的农户提供贷款来减轻贫困的机构无法仅仅依靠个人商业投资普遍建立起来，它的成功部分是因为资助和补贴的存在。

农村小额贷款公司应运而生，顺应了经济社会发展的要求。农村金融服务薄弱，是一个长期困扰发展中国家的难题。小额信贷则是解决难题的一把钥匙。近年来，随着中国改革的不断深入，农村经济社会发展对金融的需求愈加迫切。受资信条件等方面的制约，一些小企业和农户不得不靠民间借贷的方式来解决发展资金需求。在这种背景下，一些由民间资本发起专营小额贷款业务的农村小额贷款公司受到广大小企业和个体创业者的青睐，也得到了国家管理层的认可。

5.2 河北省农村小额贷款公司的运行机制

5.2.1 农村小额贷款公司发展现状

5.2.1.1 发展现状

2007年7月，按照河北省领导指示，河北省金融办会同中国人民银行石家庄中心支行、河北省中小企业局、河北省工商局就开展农村小额贷款公司工作进行了调研，认真研究了河北省开展小额贷款的易县、霸州、三河3种模式，以四部门名义制定了《关于开展小额贷款组织试点工作的意见》，省政府办公厅予以转发（冀政办函[2007]46号），全面启动了小额贷款公司试点工作。从运行3年多来的情况看，河北省农村小额贷款公司试点工作进展顺利，取得了较好的效果：一是发展较快，二是贷款手续简便。农村小额贷款公司主要发放短期流动资金贷款，经营灵活，手续简便，在一定程度上弥补了正规金融机构的不足，成为向"三农"和小企业提供贷款支持的有效载体。

推进政府基金扶持，民间资本参股，由各区县政府牵头组建农村小额贷款公司，是打破银行融资桎梏的有效手段。以河北省廊坊市为例，2008年上半年，金融机构新增贷款增速居全省第二，高于全省平均增长率6个百分点，新增贷款总量位居河北省第三，新增存贷比达到64.5%。这与其辖内的44家小额贷款公司的贡献是分不开的。44家农村小额贷款公司的总注册资本达19.15亿元，贷款余额6.94亿元，对中小企业、农户和个人累计发放贷款

4 055 笔，累计发放贷款 42.8 亿元，本息到期收回率均达到 100%。

截至 2009 年 4 月底，河北省注册成立农村小额贷款公司 132 家，注册资金合计 72.7 亿元，累计发放贷款 151 亿元。截至 2010 年 3 月初，河北省经政府批准成立的农村小额贷款公司已经发展到 151 家，全部注册资金近 90 亿元，成为一个迅速成长壮大的行业。特别是对原来已成立的农村小额贷款公司进行了重新规范审批，已有 136 家公司完成规范整合达标，完善了股权结构和法人治理结构，壮大了资本实力，健全了各项管理制度，试点工作正在有序开展。

2010 年 2 月 25 日，河北省小额贷款协会成立，该协会是由在河北省批准设立、具有独立法人资格的小额贷款公司和其他从事小额贷款业务的组织机构以及相关领域从业人员、专家学者自愿结成的小额贷款行业自律组织。通过行业自律规范提高农村小额贷款公司的监管，在当前具有可行性，河北省小额贷款协会将为促进河北省农村小额贷款公司发展发挥巨大作用。

5.2.1.2　经营模式

(1)霸州“万利通”模式。河北省霸州市万利通小额贷款有限公司于 2006 年 8 月开业，以个人独立出资 5 000 万元，经霸州市工商局批准，实行“只贷不存”，一般贷款执行月利率 1.5%，但是对贷款期限小于 10 天的客户，执行 1.8%的利率。据客户反映，因其贷款手续办理快捷，有利于企业即时抓住商机，1.8%的利率也可以接受。在廊坊，类似模式的还有银邦、琨博两家小额贷款公司。

(2)三河“兴达”模式。三河市兴达小额贷款有限公司设在河北省三河市，注册资本金为 1 亿元，于 2007 年 3 月 10 日正式开业。其主要支持对象为兴达集团的中小客户。兴达集团是当地的龙头企业，下辖房地产、建筑、服务业等十余个子公司，其日常业务往来的中小客户约200多个。这些中小企业与兴达集团有多年的业务往来,其资信状况、资金实力兴达集团都比较熟悉,因此,为这些企业融资时,可以做到方便快捷。类似模式在廊坊还有汇欣、华泰两家小额贷款公司。

(3)廊坊三河"中安信业"小额贷款公司模式。深圳市中安信业集团公司(以下简称中安信业)是深圳市第一家面向个人、私(民)营小企业主提供小额贷款服务的金融服务公司。只要按规定交纳一定费用,便可获得贷款支持。虽然融资成本比银行抵押贷款高,但其快捷、方便,手续简单的方式很受市场欢迎。2007年3月,中安信业在廊坊三河市设立分公司,开展小额贷款业务。中安信业主要是针对上班族的"薪"贷业务,贷款不需抵押,额度跟个人固定工资收入有关,最低1 000元,最高10万元,只要在职工作6个月以上的人便可申请,最长可贷18个月。申请时,个人需提供身份证明即户口本或身份证、工作证明(名片或工作证或劳动合同)和住址证明,同时提供缴纳3个月以上的水电费、电话费、网费、燃气费、物业管理费等清单中的一种,以及近6个月以上的银行代发工资清单。

5.2.2　农村小额贷款公司运行机制

5.2.2.1　运行机制和特点

(1)服务群体的弱势性及贷款额度的微小性。农村中小企业和农户是经济发展中的弱势群体,其融资难一直是不争的事实。作为农业大省的河北省,基于这一点,其管理部门将农村小额贷款公司界定为在县域范围内为农户和农村中小企业提供金融服务的"产权明晰、自主经营、自担风险、自我发展"的小额贷款公司,并规定涉农贷款占总贷款余额的最小比例。河北省政府2008年10月28日出台了《关于小额贷款公司试点工作的实施意见》,该意见强调小额贷款公司以服务"三农"和小企业为宗旨,在法律法规规定的范围内开展业务，自主经营，自负盈亏，自我约束，自担风险。试点工作坚持有序推进、规范运作、防范风险、严格监管的原则，正确引导民间融资，合理配置金融资源，在取得经验的基础上逐步扩大试点，为促进全省经济社会发展提供多层次金融服务。农村小额贷款公司注册资本全部为实收货币资本，由出资人或发起人一次足额缴纳。有限责任公司注册资本不得低于 5 000 万元，股份有限公司注册资本不得低于 8 000 万元。主投资人持有股份不得超过注册资本总额的 20%，其他单个股东及其关联股东不超过 10%。

由于农村小额贷款公司面对的中小企业和农户分布比较分散，经营活动中面临的经营风险和市场风险都较大，因此，需要特别注意防范风险。贷款活动过程中，贷款集中度不能太高。从制度设计方面考虑，就要控制单笔贷款的规模。河北省规定小额贷款公司单笔贷款规模不得超过全部资金总额的 5%，以注册资本 5 000 万元为例，单笔贷款最大规模为 250 万元。

(2)贷款利率的灵活性。按照规定，河北省农村小额贷款公司的贷款利率上限为人民银行规定的基准利率的 4 倍，下限不得低于基准利率的 0.9 倍。除利息外，农村小额贷款公司也可对其提供的其他金融服务收取相关费用，比如存折费、贷款申请费、销售终端机交易费，等等；对其他与金融服务相关的非金融服务，比如商业培训和资产租赁引起的各种服务等，农村小额贷款公司也可以收取一定的费用。这样，既能够使农村小额贷款公司区别于民间高利贷，又使其类似但又不完全等同于农村正规金融机构。由此，可以将农村小额贷款公司视为农村正规的准金融机构。

河北省农村小额贷款公司执行的贷款利率，一般高于农村信用合作社对中小企业和农户的贷款利率，但是低于民间借贷利率，也明显地低于典当行收取的利率。农村小额贷款公司年利率最高不能超过基准利率的 4 倍(如个人贷款年息普遍维持在 27.6%～

33.6％之间，企业贷款根据抵押物要求15％～25％不等），如承德市农村小额贷款公司利率为5％～21％，平均利率为12.8％；县域利率水平较高，平均利率12.9％～21％；农村信用合作社贷款利率控制在人民银行基准利率的2.3倍以内；民间借贷年利率一般为20％～40％；某典当行按月收取的费用（典当价值的百分比）中，其中机动车典当费用月费率为4.7％，半月费率为2.8％，折合年利率为56.4％，其中房产典当月费用为3.2％，折合成年利率为38.4％。

（3）资金来源渠道的有限性和确定性。根据河北省的规定，首先，农村小额贷款公司的发起人为3～5个自然人和法人（包括境外自然人、法人机构），作为小额贷款小组投标合伙人，资金来源为发起人的自有资金。其次，农村小额贷款公司运营正常后，经发起人同意，作为非发起人的法人或自然人可投资入股，并且，为了防止农村小额贷款公司吸收公众存款，还明确规定只能向一个债权人负债，或把来自一个委托人的转贷资金及自然人或法人的委托资金作为后续资金。这样，农村小额贷款公司的资金来源渠道就具有了较明显的确定性和有限性。

5.2.2.2　制度创新

河北省农村小额贷款公司的产生，符合中央政府金融改革一直遵循的商业化、市场化和机构多元化发展的要求，也符合2004—2006年的3个中央一号文件中关于农村金融改革和发展的要求，同时，也带来了河北省农村金融业在多方面的创新。

（1）河北省农村小额贷款公司的设立是农村金融市场发展的创断。近几年，随着金融体制改革的不断深入，国有商业银行为了降低经营成本、提高规模效益，大规模撤并县域范围内的分支机构，特别是撤并经济发展落后乡镇的分支机构，导致这些地区正规金融供给不足，没有法律地位的民间金融形式日益活跃，为了改善这种局面，放松市场管制、培育多元化农村金融市场主体、为民间资本寻找合法出路的呼声日益高涨。而河北省农村小额贷款公司的试点，毋庸质疑是河北省农村金融市场真正开放的开端。农村小额贷款公司的试点，实际上是民间资本的阳光化。

(2)河北省农村小额贷款公司的设立是对正规金融的创新。民间资本阳光化最重要的意义，就在于打破了农村金融领域的垄断供给，引入了竞争机制，但是如果要形成一个与政府多年呵护、有全套金融业务的农村信用合作社充分竞争的格局，河北省农村小额贷款公司还需要一个相当长的发展过程。同时，河北省农村小额贷款公司完全由私人资本构成，贷款决策、操作机制、资金效益和农村信用合作社完全不同，所有权与收益权统一，公司化和市场化运作是其最大特点，对农村信用合作社将形成一定的竞争压力，有利于正规金融机构改善金融服务质量和内部经营机制。另外，其对传统意义上的民间融资行为也将形成冲击，因为市场空间变小了；对高利贷行为更将是一种打击，因为市场供给增多了。

(3)河北省农村小额贷款公司的设立是对农村金融组织制度与农村金融市场的创新。在河北省农村金融领域内，就所有制而言，正规金融机构主要有股份制(农村合作银行、农村商业银行——名义上的股份合作制，农村信用合作社——名义上的合作制)、国有(中国农业发展银行、中国农业银行)两种类型构成，非正规金融组织主要由以社区资金互助合作社、私人产权为基础的互助性质的社区发展基金构成。河北省农村小额贷款公司是纯粹私营性正规准金融组织，是介于非正规金融组织和正规金融机构之间的中间体，即一种新的农村金融组织。

(4)河北省农村小额贷款公司的设立是对传统非政府小额信贷的创新。非政府小额信贷活动比较重视农户的参与和农户自我发展能力的培养，还注重社区公共资产的创造，贴近农户，制度优势非常明显。毋庸讳言，同时它也具有天生的制度缺陷，即产权不清、以项目方式推进，没有可以持续发展的组织，如河北省易县小额信贷模式。

河北省农村小额贷款公司的发展，除具有非政府小额贷款活动的制度优势外，资金数额不构成发展上的约束，无论资金数额大小都能生存，更多地利用本地知识（local knowledge）地缘优势来发展小额信贷本土化，并且具有清晰的产权关系，这是对非政府小额信贷运作中的产权安排上的重要改进，而且投资人自担风险、自负盈亏，从机构建设来看，更加具有可持续发展的基础。同时，农村小额贷款公司发展到一定规模后，如果符合金融市场准入条件，可能获得监管部门的金融业务许可。这是非政府小额信贷活动所不具备的发展通道。

5.2.2.3　与县域经济发达程度的关系

通过对河北省农村小额贷款公司所在县域进行分析，发现其发展和该地经济发达程度、经济总量，还有中小企业发展程度以及区域金融生态环境都有关系，相对而言，经济发达地区，还有金融生态环境比较好的大城市，小额贷款公司发展程度低一些。特别是在中小企业融资方面，依赖正规金融比较多，正规金融覆盖率比较高，小额贷款公司个数就比较少或者没有，对正规金融填补空白的机会就少。而经济欠发达地区小额贷款公司发展空间也相对较小。农村小额贷款公司比较多的县域是那些民营经济发展比较好的县市，如廊坊市，这些地方民间借贷额比较高，基本以企业融资为主，利率也较高。

各个县市之间农村小额贷款公司发展不平衡，以河北省廊坊市为例，廊坊市在河北省的北部，近邻北京天津两地，中小企业发展较快，截至 2010 年 3 月，廊坊市已注册小额贷款公司 35 家，具体分布见表 5 - 5。

表 5-5　廊坊市小额贷款公司分布表

县/区	名称
霸州市	霸州市万利通小额贷款有限公司
	霸州市磊鑫小额贷款有限公司
	霸州市东升小额贷款有限公司
	霸州市鑫利小额贷款有限公司
	霸州市盛源小额贷款有限公司
三河市	三河市友联小额贷款有限公司
	三河市琨博小额贷款有限公司
	三河市润成小额贷款有限公司
	三河市汇欣小额贷款有限公司
大城县	大城县鼎元小额贷款有限公司
	大城县汇隆小额贷款有限公司
	大城县天诚小额贷款有限公司
	大城县燕青小额贷款有限公司
香河县	香河县华泰小额贷款有限公司
	香河县高氏小额贷款有限公司
大厂	大厂回族自治县汇金小额贷款有限公司
	大厂回族自治县同安小额贷款有限公司
永清县	永清县益田小额贷款有限公司
	永清县鼎兴小额贷款有限公司
	永清县恒丰小额贷款有限公司
	永清县银丰小额贷款有限公司

续表

县/区	名称
广阳区	廊坊市广阳区德鸿小额贷款有限公司
	廊坊市广阳区新朝阳小额贷款有限公司
	廊坊市广阳区金健小额贷款有限公司
	廊坊市广阳区华融小额贷款有限公司
	廊坊市广阳区东信小额贷款有限公司
安次区	廊坊市安次区利峰小额贷款有限公司
	廊坊市安次区安泰小额贷款有限公司
经济开发区	廊坊经济开发区中邦小额贷款有限公司
	廊坊经济开发区汇成小额贷款有限公司
	廊坊经济技术开发区名家小额贷款有限公司
	廊坊经济开发区鑫隆盛小额贷款有限公司
	廊坊经济开发区银利达小额贷款有限公司
	廊坊经济开发区中财小额贷款有限公司
固安县	固安县鑫桥小额贷款公司

廊坊市辖区划分为3个区(广阳区、安次区、经济开发区),两个县级市(霸州市、三河市),6个县(永清县、固安县、文安县、大城县、大厂回族自治区、香河县)。初步形成的霸州钢木家具、文安胶合板、三河建材、香河木制家具、大城保温材料、香河钣金加工等6个年产值50亿元左右的产业集群,2008年以来保持着强劲的发展势头。其中霸州钢木家具,全行业拥有企业1 967家,从业人员3.17万人,2007年累计完成营业收入214亿元,实现增加值53.98亿元,上缴税金6.07亿元,被评为首批“河北省区域特色产业基

地”和“全国金属玻璃家具生产基地”。文安左各庄胶合板，以文安县左各庄镇为辐射中心，发展到文安全县和霸州市东部。全行业拥有企业 2 099 家，相关三产企业 720 家，从业人员 5.27 万人。2007 年完成营业收入 97.1 亿元，增加值 26.6 亿元，上缴税金 1.13 亿元。香河木制家具，聚集企业 3 589 家，从业人员 63 996 人，2007 年完成营业收入 78.7 亿元，增加值 19.6 亿元，上缴税金 5 879 万元。

由以上数据看来，农村小额贷款公司集中设立是符合现实需要的，然而，在小额贷款公司设立方面有许多问题有待研究，例如，如上所述，霸州市当地经济的发展促进小额贷款公司不断发展，但是文安县虽然经济发展也很快，但至今没有一家小额贷款公司。这与当地的正规金融机构覆盖面和中小企业的经营观念也有一定关系，2009 年文安县农村信用合作社的存贷比为 75.85%，贷款总量占县域各金融机构的 84.42%。国有、地方金融机构与民间融资互为补充，农村小额贷款公司是当地正规金融的有效补充，填补空白的金融组织，如果当地正规金融已经做得很到位了，也就没有必要强行设立小额贷款公司；而有的企业家就持有“有多少钱办多大事”的保守经营理念，对农村小额贷款公司补充作用还持观望态度，对此需要更多的学者进行深入的探讨。

5.3　河北省农村小额贷款公司的优势及成功案例分析

目前，河北省农村小额贷款公司成为了河北省农村经济发展的重要金融创新点。它不仅仅改善了河北省农村经济内源融资的主导格局，而且改变了原来农村金融体系的产权结构，对于河北省农村经济的发展和稳定起到了不可替代的作用。也正是由于河北省农村金融的重要性和复杂性，引起了社会各界的普遍关注，许多专家学者针对此问题进行了深入的研究。

从河北省农村小额贷款公司的特点来看，其业务范围与地方经济关联性强、具有明显的地域性、服务对象和金融需求复杂性、贷款额度以中小规模为主、经营目标追求的单一性等。正是这些显著的特点决定河北省农村小额贷款公司与正规金融机构相比具有十分突出的制度优势。

5.3.1 河北省农村小额贷款公司的优势分析

5.3.1.1 产权优势

河北省农村小额贷款公司是“企业法人，享有法人财产权，拥有独立的法人财产，以全部财产对其债务承担民事责任。其股东依法享有资产收益、参与重大决策和选择管理者等权利，以认缴的出资额或认购的股份为限对公司承担责任”。河北省农村小额贷款公司在法律、法规规定的范围之内开展业务，自主经营、自负盈亏、自我约束、自担风险，其合法经营活动不受任何单位和个人的干涉，受法律保护。

可以说，河北省农村小额贷款公司的产权是建立在资金贷出者私有产权的基础上的，是没有任何行政介入的纯经济权利。河北省农村小额贷款公司的产权界定十分清晰，主要由参加农村小额贷款公司的个体私有财产来进行放贷，所获得的收益自然也归私有产权的所有者。同理，资金借出后的风险也由其来承担。在私有产权的基础之上，农村小额贷款公司的借贷双方的交易都是被允许的，政府强制力量的支持在这里是无效的。更多的时候，私有产权的有效性取决于农村地区公众认可的社会规则、通行的伦理道德规范等非正式制度的存在产生的约束力。

5.3.1.2 内生性优势

从农村金融发展的历史看，农村民间金融早于农村正规金融而存在，农村民间金融与农村正规金融有着十分密切的历史渊源。

如果从历史发展角度看，农村金融自诞生之日起，就是以农村民间金融的形式存在和发展的。并且，大多数金融创新及金融活动也都是早于正规金融形式进行的。换句话说，农村民间金融是农村正规金融的原始或初级形态，后者可看成是前者经正式制度固化以后的产物。虽然河北省农村小额贷款公司是由政府批准设立的，但它是一种新型农村金融机构创新形式，从农村小额贷款公司的特点来看，农村小额贷款公司是农村民间金融的一种形式，为民间资本创造了机会。

河北省农村小额贷款公司具有以上制度优势。农村小额贷款公司受到当地农户和中小企业的欢迎，其优势就在于资金需求者和资金供给者之间相互了解，信息对称度高，贷款手续简便，抵押担保的形式多样，贷款的期限灵活，交易成本低，具有内生性。在满足农业生产小额贷款和微小企业流动资金需求上，农村信用合作社和银行都无法与之相比。农村小额贷款公司应充分认识、发挥自己的这些优势，在业务经营方面采用更为灵活的方式，在保证自己收益的同时，在农村经济中发挥其他金融机构不可替代的积极作用。

5.3.1.3　信息优势

众所周知，金融交易存在的问题之一是信息不对称，为有效缓解信息不对称引发的金融风险，一方面强调财务报表等同于传递“硬信息”的搜集；另一方面，采用抵押、担保等方式。然而，这些成熟的做法在农村金融市场上并不能很好地应用，农户或农村中小企业等尽管有借贷的需求，但往往既缺乏财务报表，即缺少“硬信息”，又大多缺少合格的抵押品，也难以获取其他渠道提供的担保。之所以正规金融机构的贷款技术和农村中小企业或农户融资不相容，原因有两个：一是如果商业银行面临无抵押品的贷款和有抵押品的贷款，它一定倾向于选择后者。二是贷款技术非常重视历史数据，即商业银行的内部评级。但农村中小企业往往没有能力提供完备的历史数据，从而很难得到好的信用评级，这是一个现实的难题。

对缺乏可抵押物的问题而言，与正规金融机构相比，河北省农村小额贷款公司的放贷人员对抵押物的要求要灵活得多，甚至仅因为相互熟识或短时间的实地考察就进行借贷。在缺乏抵押物或不要求抵押物的条件下，农村小额贷款公司借贷双方处于一个共同的关系网内，借贷风险也就更容易控制。

对于信息不对称问题而言，因为河北省农村小额贷款公司的放贷人员往往和借贷人生活在同一个地域，并存在除信贷联系之外的许多其他联系，如信息、生产、贸易甚至亲情等，他们拥有较任何商业银行多得多、好得多的信息。如在河北省霸州市，贷款需求者急需购进 30 吨铝锭，但是差 100 万元流动资金，这在任何一家正规金融机构都无法当天实现借贷，但是当地的霸州万利通小额贷款公司了解情况后，当即给予 100 万元信贷支持。

可以说，河北省农村小额贷款公司的运行依靠信息获取方式的创新，即主要依赖农村中小企业或农户等借贷者的“软信息”。河北省农村小额贷款公司在逐步发展过程中基本具备了获取并处理“软信息”的能力，这也就保证了其金融交易的持续进行。事实上，各种形式的农村民间金融都有独特的信息获取方式和合约实施机制，而且都有一个共同的特点：基于血缘、亲缘、人缘和地缘关系上的社会关系或商业关系获取农户或农村中小企业等的信息，形成农村民间金融解决信息不对称问题进而具备信息优势的特有方式，河北省农村小额贷款公司这种新型农村金融创新机构也不例外。也就是说，河北省农村小额贷款公司具有获得这种“软信息”的优势，然而农村正规金融机构在处理“软信息”方面往往处于劣势地位。因此，这些“软信息”在农村社会经济中已成为一种可持续利用的重要资源，是在长期共同生活中建立起来的，这就保证了农村小额贷款公司能够在一定的县域、人际范围内运行，并大大降低借贷风险。

5.3.1.4　交易成本优势

任何一种农村金融机制的运行都必须考虑成本问题。通常来说，金融活动中的交易成本的高低受信息完备程度的影响较大，解决信息不对称问题是降低交易成本的关键。

与河北省农村正规金融机构相比，河北省农村小额贷款公司的运作成本比较低。这是因为河北省农村小额贷款公司适应农村社会经济发展的现实情况以及农户、农村中小企业等主体的具体情况。对特质性成本与风险而言，在风险管理能力上农村地区小额贷款公司的放贷人可能没有优势，但是，在降低成本方面却有许多方法。例如，针对农户居住分散带来的管理成本方面，由于地缘优势，交通较便利，信息获取方式也更灵活。同时，他们除放贷外，往往还有生产或贸易上的联系，可经常互通信息。

河北省农村小额贷款公司为中小企业服务有信息优势。由民营企业组建的农村小额贷款公司不但有合理的产权结构、组织结构和治理结构，最关键的是农村小额贷款公司和中小企业之间的借贷关系本身就是资金在企业内部相互流动与组合，其缓解了资金供求矛盾。因为适应中小企业发展的小额贷款公司内生于这些企业自身，它类似于内源性融资，可以极大地降低中小企业融资成本，提高中小金融机构运转的效率。Banerjee 等的“长期互动”假说(long term interaction hypothesis)认为，中小金融机构一般是地方性的金融机构，专门为地方中小企业提供服务。通过长期合作关系，中小金融机构对地方中小企业经营状况了解程度逐渐增加。这有助于解决存在于中小金融机构与中小企业间的信息不对称问题。农村小额贷款公司地缘性很强，对个人信用以及私人关系网络的依赖使得它们对所服务的中小企业经营状况及背景信息较为熟悉，从而信用调查成本相对降低。发放贷款后，中小企业发生道德风险的可能性不大，农村小额贷款公司可以降低监督成本。

农村小额贷款公司的委托代理问题较少，因而出现风险规避问题要比大型金融机构少得多。农村小额贷款公司股东与其经营者之间存在密切关系，监督成本会很低，公司出现不良行为的可能性也会降低。

河北省农村小额贷款公司的封闭性、地域性使得其与资金需求主体之间的信息披露较为充分，获得“软信息”较容易，大大降低了信息不对称所产生的道德风险与逆向选择。显然，一般农村小额贷款公司的老板和信贷员都是当地人，农村小额贷款公司的金融活动主要发生在熟人间、同一或相近的村镇内，信息的传递不仅便利而且具有社会纽带的作用。

运营成本也是一项重要成本。河北省农村小额贷款公司的运营与正规金融机构相比，省去了严格的贷款审查制度、资信调查程序、烦琐的贷款手续、岗位众多的职工工资、金融交易引发的相关费用、金融基础设施、监管费用等。同时，对于商业银行来说，农户的贷款金额小、贷款频次较高，根本无法实现规模经济效益，但对于农村小额贷款公司来讲，却仍然有获利的空间。

总之，农村小额贷款公司贴近农户、农村中小企业，具有金融交易低成本的优势，进而在农村金融市场竞争中具备了比较优势。

5.3.2　农村小额贷款公司的成功案例分析

5.3.2.1　成功案例分析

1. 霸州市盛源小额贷款公司

廊坊霸州市盛源小额贷款公司成立于 2008 年 6 月，由 1 个企业法人和 8 个自然人共同出资，注册总资本为 6 000 万元，服务面向霸州市的全体农户、个体工商户、小企业。公司自 2008 年 10 月开业到 2009 年 4 月，发放贷款 160 笔，累计金额达 1.4 亿元人民币，可用资金在 6 个月内周转了 2.3 次。

企业营销具有下述特点。

（1）诚信为先。通过征信系统查询和调查企业经营者日常为人处事的信用程度，确定贷款的发放形式和贷款额度。

（2）方便快捷。一般的贷款业务当日可以办结，特殊大户的贷款业务保证 3 个工作日之内办结。

（3）手续简单。小额贷款公司面对的客户群体大都是因不具备专业银行要求的贷款条件，被拒之门槛之外的客户。针对这一现状，公司采取以人为本、信誉第一的原则，以贷款人的实际经济实力和信誉来确定贷款的发放，简化和变通贷款的抵押、担保流于形式的繁杂手续。

（4）破解中小企业融资难题。广大农村中小企业之所以在银行贷款难，主要是其所拥有的企业资产有价值而无证件，无法按银行要求办理抵押评估手续。霸州盛源小额贷款公司采取企业、村街、土地所、贷款公司对企业不动产（集体产权土地、厂房、私宅、房基地、承包地、租用地等）进行合理评估，然后几方签订财产所有权或使用权的抵押贷款产权监管协议，解决企业贷款无证抵押难题。

（5）银企共赢。解决了企业融资难题，确保了企业生产正常运转，达到共赢的目的。

公司的贷款产品有以下种类。

（1）信用贷款，即完全凭借借款人良好的信用记录而发放的贷款。

（2）保证贷款，即凭第三人承诺当贷款人不能按约定期限偿还贷款时，按约定承担连带保证责任为前提而发放的保证贷款。包括在职职工或国家公务人员以薪金为保证而发放的薪保贷款；在本地区有一定知名度、信誉高，近 3 年连续盈利的 3 个及 3 个以上企业办理的联保贷款；在本地区的龙头企业为本行业内新建的小型企业办理的大带小帮扶贷款。

（3）抵押贷款，即以借款人或第三人可办理合法抵押的动产、不动产而发放的抵押贷款。

(4)质押贷款,即以借款人或第三人提供的有价单证作为抵押物而发放的质押贷款。

(5)票据贴现贷款,即以现金方式购买借款人所持有的未到期银行承兑汇票权利而发放的票据贴现贷款。

2. 霸州万利通小额贷款有限公司

霸州万利通小额贷款有限公司成立于2006年,是河北省成立的第一家小额贷款公司,由两个自然人股东出资5 000万元成立,2008年6月又追加资本金6 000万元,目前注册资金为1.1亿元人民币。从2006年8月28日开业至今,公司经营正常,运转良好,表现出旺盛的发展势头。截至2008年6月末,累计向498户中小企业农户和个人发放贷款941笔,金额12.69亿元,贷款本息到期收回率达到100%。

改革开放以来,霸州市经济快速发展,国有企业重组整合改制强劲,民营企业不断发展壮大。目前,霸州市有一万多家个体私营企业,对霸州市财政贡献率高达90%以上,但是其在发展过程中对大量临时性资金的需求长期难以得到及时、有效的满足,多是依靠民间借贷维持生产,据调查,2005年霸州市中小企业贷款率大约为21.3%,而当年民间借贷总额达5亿元左右,占贷款总额的11%。在霸州的一万多家个体私营企业中,有一定规模的有4 000多家,这些企业经营时遇到的最大难题就是短期应急流动资金获得的"瓶颈"问题。据调查,霸州每年的临时应急资金缺口约十亿元,企业从银行申请贷款,一般一笔贷款从申请到贷款发放都要1～3个月时间,而市场瞬息万变,等待这样的银行贷款往往令企业错失商机,面对巨大的市场缺口,"万利通"成为正规金融机构的有益补充。万利通小额贷款公司定位于满足中小企业和农户的救急型临时短期贷款,以"短、平、快"的方式适应市场的需要,以"特种"金融产品成为正规金融市场的补充。

由于企业定位准确,开业以来已接待客户一万余人次,面对正规金融机构办理贷款手续烦琐、审批时间长、效率低下的情况，公司理事会经过认真研究，制定出一套灵活、稳妥、方便、快捷的贷款操作流程。公司业务经营的突出特点是短、快、活。①短：所发放贷款期限短，公司只发放短期流动资金贷款，一般不超过 3 个月；②快：手续简单，贷款速度快，从考察到发放一般只需 3 天，最快的十几分钟；③活：贷款方式灵活，“万利通”以客户实际情况为出发点，可以担保，可以抵（质）押，根据不同的情况采取不同的贷款方式。其中，担保贷款只要贷款人能找到与其实力相当的或资产大于其规模的担保人，通过地缘和人缘优势，了解到客户确实具有很高的诚信度，就可马上办理贷款手续，对办理质押贷款的客户，客户所提供的资料与资信档案相符，不需要调查，随到随办，立即发放贷款。

一般情况下，中小企业的资金短缺状况周期短，要的急，只用十几天，数额不大，这种情况不可能马上得到金融部门的贷款支持，“万利通”金融产品正是适应了这一市场需求，很受当地中小企业欢迎，真正起到了“四两拨千斤”的助力作用，同时也实现了双赢。万利通小额贷款公司开业两年来，以 5 000 万元资本金累计循环发放贷款 12.69 亿元，其中，2008 年 1～6 月份，累计发放贷款 4.56 亿元，据测算，两年来“万利通”支持企业增加值达十多亿元，产生直接经济效益 5 000 余万元。同时，在支持地方经济发展的同时，“万利通”自身也取得了良好的经济效益。

从河北省农村小额贷款公司试点情况来看，经济效益和社会效益都比较明显。一是农村小额贷款公司盈利可观，二是对民间融资也起到了一定的规范和引导作用，三是取得了良好的社会效益。正规渠道支农资金不足且手续烦琐、门槛高，而民间借贷长期存在并呈逐年扩大态势。农村小额贷款公司虽利率与正规金融机构相比较高，但较民间借贷而言，其利率还是低的，因贷款人急用钱时首先考虑资金的可获得性，特别是个体工商户和中小企业，其发展初期或是出现暂时资金短缺时，略高的利率相对时间成本而言其更注重后者，农村小额贷款公司成为其融资首选。

5.3.2.2 存在的问题

1.潜在的金融风险不容忽视

河北省农村小额贷款公司属“草根银行”，其信贷支持的对象主要是贷款难、资信水平低的农村中小企业，农村小额贷款公司的信贷资金风险隐患非常严重。一是贷款者需要超过20%甚至更高的收益率才能承受如此之高的贷款利率。毋庸质疑，高回报的行业与高风险同行，一旦经济状况持续走低，当这些中小企业难以保证高回报率时，农村小额贷款公司的风险就随之而来。二是农村小额贷款公司的股东在其经营其他企业过程中出现风险，可能会引起农村小额贷款公司的流动性风险。

2.资本金来源的可持续性

根据目前的政策规定，农村小额贷款公司资本金来源为“股东缴纳的资本金、捐赠资金，以及来自不超过两个银行业金融机构的融入资金，且从银行业金融机构获得融入资金的余额不得超过资本净额的50%”。农村小额贷款公司凭借着简便的审批手续，弥补了大型商业银行和信用合作社面对短期资金急需者不能及时给予贷款的缺点，为资金暂时周转困难的公司提供服务。截至2010年3月，河北省农村小额贷款公司全部注册资金近90亿元，已经发展到150多家，成为河北省民间金融的一大亮点。但是，农村小额贷款公司在为微小企业解决资金难状况发挥作用的同时，也面临着自身后续资本金不足的问题。

3.农村小额贷款公司监管问题尚待进一步明确

一是制度设计有待调整。地方金融工作办公室既是农村小额贷款公司的监管部门，同时要受地方政府的领导，是一个政府部门。因此，地方政府部门监管农村小额贷款公司，是一个本身就存在内在利益冲突的设计。二是监管的专业性不强。目前，农村小额贷款公司被视为一般企业法人，但是其所经营的业务又属于金融范畴，除发放信用或担保贷款外可经营资产租赁、信用担保、中间业务等业务，开展较强的专业性业务，金融工作办公室作为地方政府协调金融的职能部门，难以胜任监管金融业务的专业性任务。三是监管力量不足。河北省金融工作办公室和各市金融工作办公室都属于新设机构，最大的问题是人员不足，有些地市金融工作办公室的负责人是其他部门的兼职人员。以廊坊市为例，负责审批和监管全市农村小额贷款公司的廊坊市金融工作办公室地方金融处只有 3 人，审批工作尚且繁重，更难以顾及监管工作。

农村小额贷款公司是一个高风险的行业，全面覆盖风险的提法是有一定道理的，但要靠公司高额的盈利来落实。可目前，贷款利率受到限制，信贷资金不能逐渐增加，纳税上得不到照顾，一旦出现风险，只能减少相应的资本金，这样的前景是不容乐观的。

5.4　河北省农村小额贷款公司可持续发展的建议

5.4.1　构建应遵循的基本原则

5.4.1.1　坚持稳健性原则

从发放贷款方面来看，河北省农村小额贷款公司是小型的商业银行，需要自主经营、自负盈亏、自担风险。而相关机构和部门要加强内控和外部监管，做好对风险的防范，要科学设置业务流程和管理流程，精简设置职能部门，提高效率，降低成本，实现其高效、安全、稳健运作。

5.4.1.2　坚持差异化原则

河北省农村小额贷款公司定位于农村的中小企业、微小企业。农户和农村中小企业的信贷个性化很强，且具有额度小、数量多、面积广的特点。大银行出于规模效益的考虑，仅能提供少量的标准化的无差异信贷产品，而农村小额贷款公司熟悉当地农户和农村中小企业，凭借自身的优势针对农户和农村中小企业的具体要求为其设计个性化的金融产品。河北省农村小额贷款公司要通过建立农村社区农户和农村中小企业信用评估体系，充分体现个性化金融服务特色，彻底打破服务与其他银行和信用合作社同质化，促进差异化服务水平。

5.4.2　农村小额贷款公司加强自身建设

5.4.2.1　探索多种经营模式，明确市场定位

河北省农村小额贷款公司的经营范围为所在的县域内，在河北省内地方经济情况各有不同，各有特色，产业环境各异。就目前来看，内生性的农村小额贷款公司经营模式灵活，真正做到了因地制宜，促进了当地经济发展。农村小额贷款公司按照试点工作的要求，服务对象定位于农村中小企业和农户。

5.4.2.2　提高社会公信度，塑造良好形象

塑造良好的形象关键是要使河北省农村小额贷款公司与民间的高利贷组织区分开来，提高专业服务水平、改善日常营业环境。一是树形象要凭借支持农村中小企业经济的定位，逐渐形成双赢乃至多赢的格局，取得广大客户的信任与支持，塑造良好的公共形象。二是与我国正规金融机构相区别，将办公地点扩展到厂区和田间。农村小额贷款公司要以自己的实际行动让客户切身体会到农村小额贷款公司和客户的利益是绑在一起的，增大客户的信任感。三是以优质服务树形象。让员工树立优质服务的观念是决定农村小额贷款公司形象和经营成败的大事。四是高度重视企业文化建设，坚持以人为本。从长远利益出发，农村小额贷款公司必须重视和强化企业文化、队伍建设，不断提高企业员工的服务质量、整体素质及经营管理水平。尤其要进一步严防道德风险和操作风险，加强员工职业道德教育，塑造良好的精神风貌。还要大力加强

对外形象宣传，不断提升农村小额贷款公司的公众形象。

5.4.2.3　提高技术水平，加强人才培养

人才是经营成败的关键，是企业的灵魂，农村小额贷款公司要加大人才培养的力度。首先，要培养本土化人才，当地人才对本地农村中小企业和农户十分熟悉，具备地缘和人缘优势。但更要加强业务技能的培训，使其充分具备科学的金融管理知识，为农村小额贷款公司的可持续发展打下良好的基础。其次，要注重引进人才，农村小额贷款公司要引进掌握先进管理技术的信贷业务高级人才，增强人才实力。金融业务的开拓与创新，信贷技术水平的提升，根本点、出发点都在于相关人才的选聘、培训和正确使用。要培养出具备良好的专业技能、诚信的职业操守、高度责任感、下得基层的员工。

5.4.3　政府发挥促进作用

政府部门的职责是激活农村小额贷款公司服务，而不是直接性地干预其运作。政府的职责更多的是创造环境，引导农村小额贷款公司的发展按照自身的规律健康进行，而不是强制地规定农村小额贷款公司将贷款投到哪个方向，投多少量。农村小额贷款公司的构建不仅需要完善自身条件，同时也需要有良好的外部环境来支撑，农村金融的改革是一个复杂的系统工程。

5.4.3.1　应当进一步明确农村小额贷款公司的监管主体，加强对农村小额贷款公司的监管

在银监会和中国人民银行联合下发的指导意见中，虽明确指出由“省级政府明确一个部门管理”，但就目前情况看，河北省农村小额贷款公司还没有形成一套规范的监管体系，地市级、县级更是没有明确。

目前看来最可行的监管方式是，以行业自律组织监管为主，银监会的当地分支机构提供技术支持协助监管。农村小额贷款公司

目前尚属“草根金融”之范畴，因而其协会不同于正规金融机构的行业协会，也不同于传统的、官办的学会和协会，属于新兴行业的一个协会，尚没有定规可循，只能摸索前行，是一种新生事物。小额贷款公司行业协会有自律、维权、组织、协调、服务、监管六大职能。为引导河北省农村小额贷款公司健康发展，河北省小额贷款协会于 2010 年 3 月 25 日在石家庄成立，如何更好地为农村小额贷款公司服务是协会逐渐探索的问题。而当地监管办的职责要更全面一些，比如对农村小额贷款公司进行管理和监督检查、定期和不定期检查对风险做处置安排等。同时，农村小额贷款公司也要接受社会监督，不得以任何形式非法集资，是只贷不存的机构。

5.4.3.2 转变政府职能，加大政策扶持力度

实践证明，在缺乏竞争的市场之上，由政府办金融容易出现农村金融机构效率低的情况，其经营机制不完善，无法形成自担风险、自主经营的独立经济实体。造成的恶果是缺乏适应市场的能力，缺少加强风险控制的手段和动力，还会引起内部人控制或行政干预。同时，还不利于借款人还款意识的强化。这些是构成不良贷款的隐患。因此，构建农村小额贷款公司，政府首先要减少干预，转变职能，促使政企分开。其次政府要完善政策、法律环境。今后新设农村金融机构的主要发展方向是商业化、市场化。不过，在市场化初期，还应充分发挥地方政府行政作用，在减免税费、简化贷款抵押登记手续、风险补偿、以土地等资产置换不良资产及再贷款等方面给予农村小额贷款公司一定的政策优惠，并将通过实际试点寻求行之有效的财政和金融政策，鼓励农村小额贷款公司支持新农村建设。

5.4.3.3 大力发展涉农保险，分散农村小额贷款公司的贷款风险

农村小额贷款公司定位于服务农村的中小企业，必然与农业有着千丝万缕的联系。众所周知，农业生产受自然环境、气候及灾害

的影响较大。要推行多种农业保险,转移和分散自然风险和市场风险,从而降低小额贷款公司贷款给农户进行农业生产的信贷风险。

5.4.3.4 尽快制定覆盖农村小额贷款公司的配套法律法规

督促《农村小额贷款公司法》早日出台,使农村小额贷款公司的发展有法可依、有章可循,合法合规经营,保障其健康发展。

5.4.4 构建可持续资金需要多方共同努力

没有持续性的资金来源成为河北省小额贷款公司发展的瓶颈,随着贷款规模的扩大,加上农业类的小额贷款流转周期长,如果没有大量的后续资金注入,这种“只贷不存”的模式就难以真正成为可持续盈利的商业模式。可考虑采取以下方法扩大资金来源:一是增资扩股;二是从银行融资(这是小额贷款公司的主要资金来源);三是票据贴现(由于小额贷款公司没有再贴现的资格,票据无法出手,目前这一方法还在讨论中);四是委托贷款。

要想不断发展壮大农村小额贷款公司,还应解决好以下问题。

(1)利率方面,适当推行市场化,给予小额贷款公司较为宽松的市场竞争自由度,一般贷款利率控制在国家同期基准利率的4倍以下,对特殊高利润行业的贷款利率经请示市金融工作办公室批准可适当提高利率档次。

(2)开户行对小额贷款公司的结算和现金的支付要与其他企业区别开来,应按同业往来对待。

(3)为了提高小额贷款公司智能系统工具手段,加强风险管理,应尽快加入人民银行的征信系统。

(4)财政上应落实为小额贷款公司注入风险补偿金的政策。

(5)公司要发展,人才是关键,光靠金融系统退下来的人员和一些低学历的员工是发展不好一个行业的,要想吸收高学历的专业知识人才,政府在人事上要出台一系列相关政策,形成人才的可持续发展。

第 6 章　河北省农村小额保险发展状况分析

6.1　河北省农村小额保险发展现状

6.1.1　我国农村小额保险的发展历程

由于二元经济结构和自然因素的影响，中国的贫困人口主要集中在农村地区，他们的收入水平和消费水平普遍较低。在我国保险业务发展的过程中，保险公司除了针对中高收入阶层销售一些传统保险产品外，也为农村居民提供一些保额较小、保费低廉的意外险、简易人身险、农业保险等，这些保险实质上都属于农村小额保险。因此本书将农村小额保险发展历程分为下述 3 个阶段。

6.1.1.1　我国农村小额保险的萌芽期（1982—1996 年）

我国农村小额保险业务的萌芽，可以追溯到 1982 年。中国人民保险公司于 1982 年 4 月正式进入农村市场，其提供的农业保险、家庭财产保险、简易人身险等产品均可看作农村小额保险产品。

在这个阶段，财政部给予农业保险一些优惠政策（如减免工商税），但发展并不理想。由于农业保险风险较大，赔付率较高，农民支付能力有限等原因，在经营过程中需要国家不断进行补贴，但是在当时的情况下，农业保险完全由保险公司独立经营，其积极性受到严重影响。这个时期，农业保险的赔付率有 7 年超过 100%，因此在经历了起步阶段的发展后，农业保险的保费收入开始下降，业务逐步萎缩，如图 6－1 所示。

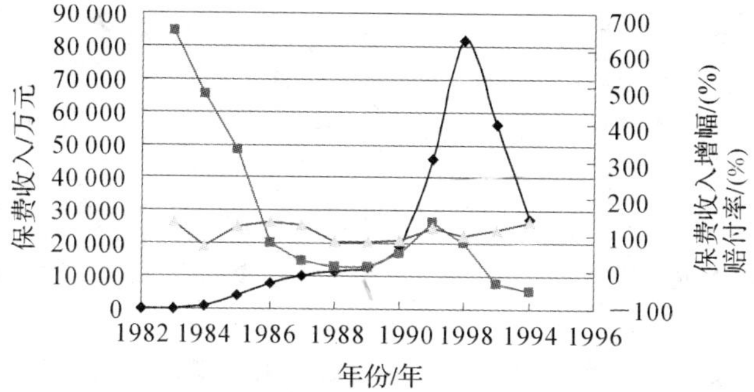

图 6-1　1982—1994 年中国人民保险公司农业保险业务经营情况

—◆—保费收入；—■—保费收入增幅；——赔付率

数据来源：《中国保险年鉴》(1981—1996)

人身保险险种主要有简易人身险、学生平安保险、个人养老金、子女教育婚嫁金等，以及政府为推进计划生育政策委托人保公司代办的计划生育的一系列险种。但是由于农村地区保险意识不高，业务服务和宣传跟不上，以及一些政策上的原因，人身保险业务也遭遇了发展瓶颈。在这期间，实行合作医疗的行政村，由 1980 年的 90%猛降至 1985 年的 5%，农村居民中参加农村医疗保障制度的仅占 9.6%，而自费医疗占到 81%。1989 年的统计表明，继续坚持合作医疗的行政村仅占全国的 4.8%，自费医疗制度再次成为农村主导地位的医疗制度。

新疆生产建设兵团保险公司在 1986 年开始办理农业保险业务，在 1993 年开始办理简易人身保险，但都是针对系统内部。除此之外，萌芽时期农村小额保险经营的唯一主体是中国人民保险公司。

6.1.1.2　我国农村小额保险的停滞期(1996—2003 年)

1996 年以后，我国保险市场的经营主体得到了发展和完善，新华人寿、泰康人寿等新型股份制保险公司相继成立，中国人民保险公司、太平洋保险公司、平安保险公司、新疆生产建设兵团保险公司等也相继完成了分业经营，到2003年年底，财产保险和人寿保险经营主体分别达到了25家和31家[①]。但是在这个时期，各家保险公司普遍缺乏对农村市场的专门分析和研究，缺乏清晰的农村市场战略，比如有的保险公司把针对高收入人群开发的投连险拿到农村地区销售，遇到了很多困难。因此很多保险公司为了追逐利润，转而开拓城市保险市场，农村小额保险业务处于停滞阶段。

1996—2003年，农业保险业务也出现了停滞不前的局面，这是因为中国人民保险公司改制后停办了一些长期亏损的险种，从1996到2003年，中国人民保险公司的农业保险业务量，从最高的7亿多元下降为2.28亿元[②]。

6.1.1.3 我国农村小额保险快速发展期(2003年至今)

自2004年开始，中央先后5次下发指导农业农村工作的一号文件。中央一系列政策的出台，有力地促进了农业发展和农民增收，同时为农村小额保险的发展提供了良好的政策环境。

2004年，中央明确提出加快建立政策性农业保险制度，并启动农业保险试点。2005年，全国农业险保费收入达到7.29亿元，同比增长84.26%，首次扭转了1994年以来农业保险逐年萎缩的局面[③]。2007年和2008年，国家财政分别列支21.5亿元和60.5亿元的预算额度来健全农业保险保费补贴制度，补贴力度越来越大。截至2008年11月底，农业保险实现保费收入105.4亿元，同比增长112%。其中种植业保险共承保农作物及林木5.1亿亩，参保农户6 700万户次，能繁母猪保险共承保4 300万头，参保农户12 00万户次。种植业和养殖业保险赔款42.2亿元，受益农户

---

① 吴定富.中国保险业发展改革报告(1979—2003)，中国经济出版社，2004.

② 《中国保险年鉴》(2004)。

③ 新华网，《农业险试点成效显著，三补贴积极落实》，2007年1月21日。

1 032 万户次[①]。2006 年，农房保险的试点工作在福建、浙江两省开展，渔船保险、渔公责任保险等小额财产保险产品也在福建省出现。

在人身保险方面，各大保险公司纷纷将目光重新瞄准农村市场，积极开拓农村市场，开发了能够满足农民保险需求和支付能力的小额信贷保险、农村计划生育保险、外出务工农民小额保险等多种险种。2007 年，保险公司参与新型农村合作医疗试点工作，为 7.3 亿农民提供了医疗保障。

2008 年 6 月 23 日，保监会正式下发《农村小额人身保险试点方案》，确定自 6 月下旬开始，在山西等 9 个省(区)的县以下地区，首批开展农村小额保险试点，2009 年又将试点范围扩大到 19 个省(区)。由于政府的高度重视、监管部门的大力推动，保险公司积极性提高、农民需求增长，农村小额保险业务进入快速发展时期。

6.1.2　我国农村小额保险产品体系

目前我国农村市场上的小额保险产品包括小额财产保险(包括农业保险)、小额人身保险、小额信贷保险以及其他小额保险，见表 6-1。

6.1.2.1　农村小额财产保险

我国农村小额财产保险主要包括农业保险和家庭财产保险两大类。我国农业保险大部分为政策性险种，中央政府的财政补贴为农业保险的发展起到了推动作用。据统计，95%以上的农业保险都得到了各级政府的支持，参保险种涉及种植业、养殖业、林业等多个领域，保险责任基本涵盖了各地区主要农业风险。小额家庭财产主要包括房屋、室内财产以及农机设备等。我国农村小额

① 吴定富在全国保险工作会议上的讲话，《深入贯彻落实科学发展观，防范风险，调整结构，促进保险业平稳健康发展》，中国保监会网站，2008 年 12 月 27 日。

财产保险主要是农房保险和农业机械保险。

6.1.2.2 农村小额人身保险

目前，我国农村小额人身保险包括小额人寿保险、小额健康保险和小额意外伤害保险。作为全国第二批农村小额保险试点省，河北省于 2009 年 7 月启动农村小额人身保险以来，获得了较快发展。目前，河北省已经确定了 50 个县(市)开展农村小额试点。和我国其他地区一样，中国人寿保险公司承揽了河北省大部分农村小额保险，目前中国人寿保险公司在河北省开设的主要险种有农村小额意外伤害保险、小额贷款借款人意外伤害保险、附加农村小额意外费用补偿医疗保险等险种。2010 年中国人寿河北省分公司承保的农村小额保险投保人数超过 80 万人，保险收入9 257.21 万元，理赔 1 000 多件，理赔金额 900 多万元。

6.1.2.3 小额信贷保险与小额责任保险

小额信贷保险主要保障贷款人因疾病、死亡等原因无法偿还贷款导致的金融机构的损失，目前我国小额信贷保险产品主要是意外伤害信贷保险，承保借款人因意外伤害无法还贷的损失。2007 年河北省农村信用合作社代理的借款人人身意外伤害保险的笔数为 30 多万笔，保险金额 126 亿元，保费收入 4 000 多万元，手续费 900 多万元，理赔 200 多笔，赔偿金额约 449 万元，理赔率约为 11%。2008 年河北省农村信用合作社代理的借款人人身意外伤害保险 39 万笔，保险金额约 269 亿元，保费收入约 9 000 万元，手续费收入 1 900 多万元，占整个保险代理手续费的 62.3%，发展势头较快。

表 6-1　我国农村小额保险产品体系

类别	险种	保障范围	举例
小额人身保险	小额健康保险	因疾病、健康等因素支出的检查、住院、手术等医疗费用	新型农村合作医疗保险，外出务工农民医疗保险，农村计划生育保险等
	小额意外伤害保险	因意外伤害所致的伤残、死亡保险金，医疗费用的支出，丧失劳动能力造成的收入损失等	安全保小额意外伤害保险（太平洋人寿），泰康无忧卡（泰康人寿），小额团体意外伤害保险（中国人寿）等
	小额养老保险	被保险人定期或死亡保障，生存保险金的给付等	国寿简易人身两全保险，小额定期寿险，小额团体定期寿险等
	农业保险	因自然灾害等因素造成的农作物损失、家禽家畜损失等	农作物保险，能繁母猪保险等
	小额家庭财产保险	因自然灾害或意外事故等造成的农房、农机设备等家庭财产损失等	浙江、福建等省的农房保险、渔船保险，青岛、徐州等地开展的农机保险等
小额信贷保险		因疾病、残疾或死亡而无法还贷所致的信用机构的损失	安贷宝小额意外伤害保险（太平洋人寿），借贷宝意外伤害保险（新华人寿）
小额责任保险		由于疏忽、过失等行为造成他人损失的责任风险	福建省的渔公责任保险

6.1.3 农村小额保险的供给模式

在我国农村小额保险市场中，参与经营的主体包括政府、保险公司、农村金融机构以及其他机构，在其经营和探索中，初步形成了“商业化运作”“政策支持下的商业运作”两种模式。

6.1.3.1 商业化运作模式

目前，我国农村90%以上的人身保险业务是由保险公司以商业化模式运作的，政府不参与保险公司的任何运作。保险公司主要通过自己构建销售网络、与农村金融机构和中介组织合作等方式提供保险产品和服务，见表6-2，以提供小额意外伤害保险、小额寿险为主，在理赔和服务上能够较好地保持独立性。

表6-2 商业化运作模式概览

销售渠道	县级支公司、农村营销服务部和驻村服务员三级网络销售
	以设在县城的营业机构为展业单位，由业务员下乡为农民提供保险产品和协助服务
	通过中介组织向农民提供保险产品和服务
保险产品	以小额意外伤害保险、小额寿险产品为主
理赔及服务	利用营销服务部和电话服务中心、短信、网络、信函以及营销服务部的客服人员、驻村服务人员的现场服务

6.1.3.2 政策支持下的半商业化模式

除了商业模式外，在我国农村小额保险业务中，农业保险、新型农村合作医疗等一些与民生关系密切的业务，包括被征地农民养老保险、进城务工农民保险、计划生育系列保险等，见表6-3。在这种模式下，保险公司负责设计保险产品、理赔服务、参与保险基金的管理等，政府则会利用公信力组织农民投保，并在一定情况下给予一定的补贴。

表 6-3　政府支持的半商业化模式下的农村小额保险实践

险种	保障范围	保险公司职责	政府职责
新型农村合作医疗保险	保障农民的基本医疗需求	负责农保基金的运作，以基金总额为限承担补偿责任	负责农保基金的征缴，为农户提供补贴；卫生行政部门进行监督与管理
被征地农民养老保险	为被征地农民提供养老保障	负责提供产品、资金管理和保险金给付	负责制定政策，确定参保对象，对农户进行补贴，对保险公司进行招标
计划生育系列保险	农村计划生育手术保险、独生子女综合保险等十余种险种	负责险种设计、资金管理，承担赔偿和给付责任	负责协调和推动工作，并为投保人提供适当补助
进城务工农民保险	为农民工提供工伤、医疗、意外伤害、养老等保障	负责提供产品、资金管理和保险金的发放和理赔	负责制定保险方案，征缴保费，统一向保险公司投保

此外，在农业保险的经营中，还存在一些相互制和合作制的保险组织，如阳光相互农业保险公司，其经营模式是一种相互制模式，主要特点是在特定行业的特定人群之间进行风险分担。

6.2　河北省农村小额保险供给存在的问题

6.2.1　农村小额保险供给不足

虽然农村小额保险在各方支持下发展迅速，但是农村小额保险覆盖率还明显低于城市水平，农村市场的投保率还比较低，农村小额保险存在供给不足的现象。

表 6-4 为河北省保监局公布的城乡保险密度指标，可以看出在 2009 年年末，河北省城乡保险密度分别为 792.97 元/人和 246.89 元/人，农村人均保费还不及城镇的 1/3，并且农村保险密度的增速也明显落后于城区，且差距有继续扩大的趋势。

表 6-4　2009 年年末河北省城乡保险密度比较

河北省	保费密度	2008 年同比增速	2007 年同比增速
城区	792.97 元/人	29.55%	15.37%
农村	246.89 元/人	16.32%	12.69%

数据来源：中国保监会网站。

从城乡保费收入比较来看(见表 6-5)，在 2008 年年末，河北省农村地区的保费收入仅占总保费收入的 27.57%。

表 6-5　2008 年年末河北省城乡保费收入比较

河北省	保费收入	占总保费的比例	2007 年同比增速
城区	307.2 亿元	72.43%	30.29%
农村	116.9 亿元	27.57%	16.99%

数据来源：中国保监会网站。

以上分析从一定程度上反映出，河北省农村保险市场开发不足，农村保险市场投保率整体偏低，适合农民保险需求的保险产品相对缺乏，即农村小额保险供给相对不足。

造成农村小额保险供给不足的原因主要有下述三方面。

6.2.1.1　高成本是农村小额保险供给不足的根源

现在通过对成本不同的两个险种的对比分析，说明成本过高是农村小额保险供给不足的根源。

如图 6-2 所示，有两个成本投入不同的保险产品险种 1 和险种 2，险种 1 代表成本投入较高的农村小额保险产品，险种 2 代表传统的商业保险产品。假定供给主体的生产能力为 Q_0、保险价格或费率 P 均相同，二者唯一的区别是险种 1 具有较高的不变成本和可变成本。险种 1 和险种 2 分别在供给量为 Q_1 和 Q_2 时达到盈亏平衡，很明显 $Q_1 > Q_2$。对于险种 2，保险公司的经营更加灵活，因为较小的产量 Q_2 就能使公司达到盈亏平衡。而对于险种 1，其供给量必须要达到 Q_1 规模时才能盈利，当险种 1 的产量在 Q_2 时，成本还无法收回。因此当险种 1 的供给量达不到一定规模时，此类保险公司可能由于投入成本太高、销售量太小而无法盈利，处于亏损状态。

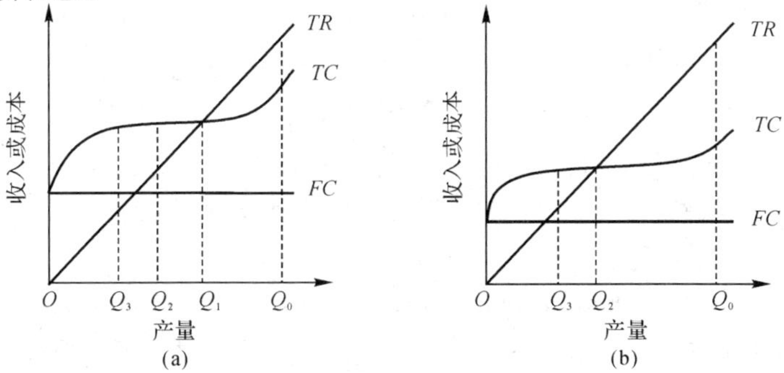

图 6-2　成本不同的两个险种的比较

(a) 险种 1；(b) 险种 2

也就是说，险种1在短期内对市场变动的反映不如险种2灵敏，如果销售量突然减少，对于险种2来说，及时减少或停止供给，不会带来较大的损失。而如果险种1面临类似情况，由于前期投资太大，不可能及时退出市场，只有当继续经营下去的亏损大过固定成本和变动成本之和时才能退出（如销售量为Q_3时），否则即使一定程度的亏损也要继续向市场提供产品以期回收一部分固定成本。

作为商业化保险公司，能否以较小的成本取得较大的盈利是首要考虑的因素，但是农村小额保险的高成本导致保险公司没有达到足够规模时难以获得盈利，并且抵御市场变动的能力较弱，很容易陷入亏损状态。因此本书将农村小额保险较高的固定成本和可变成本的投入，视作供给短缺的根源。

6.2.1.2　农村小额保险供给存在正外部性

农村小额保险供给的正外部性是指农村小额保险供给者的供给行为提高了社会的福利水平，本身却没有得到相应报酬的现象，即其得到的收益小于社会收益，而付出的成本却大于社会成本。

在农村小额保险发展初期，那些进行前期开发的机构，其投入不仅能给自己带来收益，同时也给整个保险行业乃至整个社会带来了收益。因为先进入农村市场的保险公司，需要在市场调研、保险产品研发和费率厘定、保险宣传等方面投入大量成本，而保险公司一旦经营成功，其他保险公司模仿的成本是很低的。同时，农民风险保障水平的提高也使整个社会从中获得收益，而在这个过程中，代表社会利益的政府几乎没有付出任何代价。

如图6-3所示，农村小额保险供给者的边际成本曲线为MC，边际收益曲线为MR，整个社会的边际成本曲线为MCs，边际收益曲线为MRs。由于该供给者的前期投入，整个社会供给农村小额保险的边际成本下降，边际收益增加，因此MCs位于MC的下方，MRs位于MR的上方。

该供给者根据 $MC=MR$ 的利润最大化原则，将供给量定为 Q_1，对应价格为 P_1。而对于整个社会来说，最合适的供给量应该是社会边际成本曲线与社会边际收益的交点所对应的产量 Q_2，对应价格为 P_2。

对于一个商业化经营的保险公司，任何高于 Q_1 的供给量都是不经济的。但是对于社会来说，任何低于 Q_2 的供给量都存在着供给不足和社会福利的净损失。换句话说，保险机构和社会分别按照各自利益最大化的原则确定农村小额保险的最佳均衡量 Q_1 和 Q_2，结果是供给主体的最佳供给量 Q_1 小于社会最佳规模 Q_2，农村小额保险"供给不足"的现象出现。

由以上分析可知，由于存在正外部性，供给者面临着高于社会成本的资金投入，致使其所能提供的农村小额保险产品不能满足社会的需求，因此，本书将供给正外部性视为导致小额保险供给不足的主要原因。

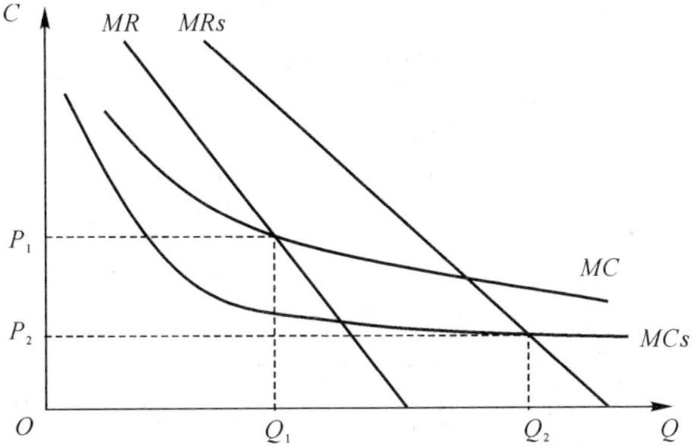

图 6-3 农村小额保险供给的正外部性

6.2.1.3 农村小额保险中存在信息不对称

信息不对称指信息在交易双方不均匀、不对称地分布，即一方掌握的信息数量较多、质量较高，而另一方则恰好相反。根据信息不对称发生的时间不同,可分为事前信息不对称和事后信息不对称。事前信息不对称发生在交易双方签约之前,容易导致逆向选择;事后信息不对称发生在签约之后,导致道德风险。

在这里我们主要考虑阻碍农村小额保险供给的信息不对称问题,即由于保险机构拥有的信息较少导致投保人的逆向选择和道德风险问题。一般有以下表现形式。

(1)保险机构获取信息难。保险机构出于成本考虑,对农村小额保险的保险标的通常采取团体承保及统保等方式,简化甚至省略核保环节,容易引发投保人的逆向选择。

(2)保险机构管理信息难。我国农村农户居住分散,这使农村小额保险市场需求在地域上较为分散,保险公司很难获得充分的标的物信息,信息管理难度增大,给多赔、骗赔带来了可乘之机。

(3)保险机构处理信息难。农村小额保险的理赔环节流程简单且时效性较高,给保险机构核对保险事故、勘查损失提出了很大的挑战,容易导致欺诈、骗保的事故的发生。

道德风险在农村小额保险中的表现主要是投保人可能会作为或不作为使得保险损失出现的可能性以及严重性加大,而保险机构一般无从得知这些信息。比如,低收入人群投保后对身体健康的关注度明显下降,疾病预防意识减弱,即使感觉身体不适也不去就医等,加大了疾病、死亡的风险,导致保险机构赔付率的提高。

在存在逆向选择的情况下,高风险客户比风险较低的客户更倾向于购买保险,愿意购买保险的人往往是最容易出险的人。由于信息不对称,保险人无法获知单个投保人的具体风险状况,那么高风险投保人实际上购买保险时付出的价格低于本应支付的价格,也就增加了供给者的承保成本。

在道德风险存在的情况下,投保人可能会做出使不利事件发生概率上升或保险公司赔偿金额增加的行为。以美国堪萨斯州生产小麦的农场为例,据调查已投保的农场对化肥和农药的投入比那些没有投保的农场每英亩[1]少 4.23 美元，从而使风险发生的概率增大，增加了供给者的赔付损失。

因此，信息不对称增加了供给者在监督、调查、承保、赔付等方面的经营成本。如果由此导致经营成本过高，保险人就会减少产品的供给，或者根本不提供农村小额保险产品，因此信息不对称是农村小额保险产品供给不足的又一重要原因。

6.2.2　产品和服务体系不完善

6.2.2.1　险种与市场的需求不匹配

农村小额保险虽然所缴保费不多，但有的险种保费对农民而言还是偏高，有的险种缴费期过长，对于收入不稳定的农民来说，很难保证每期都按时缴费。尽管参与试点的保险公司推出了系列的农村小额保险产品，但目前多是意外伤残、身故保险，发生率较低，农民更迫切需要的其他保险产品仍是空白。

6.2.2.2　农村小额保险产品趋于同质化

自 2008 年保监会推出《农村小额人身保险试点方案》以来，参与试点的保险公司推出的农村小额保险产品集中在小额定期寿险、小额意外伤害保险两类险种上，主要是因为这两类产品面临的逆向选择和道德风险比较低，只要控制好交易成本，比较容易在农民中推广和获利。例如，目前推出的几款借款人意外伤害保险，在被保险人的界定、保险责任的范围、保障期限、受益人的确定等方面相似度很高。被保险人基本上是从金融机构贷款的个人，保险责任包括身故、残疾，保障期限大部分为 1 年，第一受益人都是发放贷款的金融机构，见表 6－6，其相似程度非常高。

---

① 1 英亩＝4 047 平方米。

表 6－6　各家保险公司借款人人身意外伤害保险产品对比

保险公司	产品名称	被保险人	保险责任	保险期限	受益人
太平洋人寿	安贷宝意外伤害保险	18～65周岁获得金融机构贷款的个人，借款单位的高级管理人员	身故、残疾或全残	不超过1年	第一受益人为发放贷款的金融机构
太平洋财险	借款人人身意外伤害保险	18～65周岁的借款人及分期还贷的客户	身故、全残、烧伤等	与贷款期限一致，最长为5年	第一受益人为发放贷款的发放机构
华安保险	借款人人身意外伤害保险	金融机构的借款人，夫妻可为联合被保险人	身故、残疾	1年	经被保险人书面同意，指定金融机构作为第一顺序受益人
中国人寿	小额贷款借款人意外伤害保险	16～65周岁从金融机构贷款的个人	身故、残疾	最长为1年	第一顺序受益人为发放贷款的金融机构
人保财险	借款人意外伤害保险	16～65周岁从金融机构贷款的个人	身故、残疾	与贷款期限一致，最长不超过3年	第一受益人为发放贷款的金融机构
平安财险	借款人意外伤害保险	20～60周岁，身体健康，能正常工作或劳动的借款人	身故、全残	1年，可续保	受益人为发放贷款的金融机构

续表

保险公司	产品名称	被保险人	保险责任	保险期限	受益人
新华人寿	借贷安心意外伤害保险	16～65 周岁从金融机构贷款的个人	身故、全残	1 年	第一受益人为发放贷款的金融机构
大地财险	小额信贷借款人意外伤害保险	16～65 周岁从金融机构贷款的个人	身故、残疾	与贷款期限一致，最长不超过 3 年	第一受益人为发放贷款的金融机构

6.2.2.3　农村小额保险理赔效率较低

农村小额保险理赔最常遇到的问题是给付的延迟。原因多数与被保险人索赔材料不完整有关。一方面可能是由于与保险事故相关的工作人员，如信贷员、警察或医生没时间或不急于提供相应的文件；另一方面可能是由于制作相关文件还需要额外的费用，因此被保险人往往不能提供保险公司规定的完整的索赔材料。例如，2007 年张家口农村信用合作社代理借款人人身意外伤害保险业务的已赔付金额为 1 333 400 元、未赔付金额为 515 000 元，未赔付金额占应赔付金额的 27.9%。原因是，意外事故的认定时间需要根据公安、交通等部门的工作进度来确定，被保险人无法及时得到相关的索赔材料，导致保险理赔无法及时完成。而且，当前许多保险公司对农村小额保险提供的手续要求比较苛刻，而办理该保险业务的客户对保险知识理解的较少，对保险公司要求提供的手续有的不能提供，保险公司就以手续不全等原因迟迟不予理赔。

6.2.3 缺少政策法律支持

政府支持是农村小额保险发展的重要推动力，农村小额保险的发展需要一个良好的政策法律环境。目前，虽然保监会大力推动农村小额保险发展，2008 年的出台的《农村小额人身保险试点方案》中，明确了"减免监管费""放开预定利率""放开销售资格"等鼓励支持政策，但是在保费补贴等方面的扶持力度较小，也未形成制度化安排。另外，我国还缺乏有关农村小额保险的专门法律，对农村小额保险的扶持也没有上升到法律的高度。《中华人民共和国保险法》主要规范了商业保险的经营行为，除了第 149 条规定"国家支持发展为农业生产服务的保险事业，农业保险由法律、行政法规另行规定"外，几乎没有针对农村小额保险这种特殊险种的规定。很明显，目前我国农村小额保险的发展还缺乏专门的法律、政策的扶持。

6.2.4 农民保险意识淡薄

农民的保险意识淡薄，缺乏参加农村小额保险的主动性。我国农民长期处于较为分散封闭的小生产状态下，自给自足的传统观念根深蒂固，加之文化、知识和素质普遍较低，往往比较注重眼前既得利益，而对未来各种事变缺乏全面周详的考虑，并时常抱有一种侥幸心理，总认为购买农村小额保险是额外支出，因而能免则免。同时，广大农民对农村小额保险还存在着各种各样的认识偏差和不理解，认为农村小额保险主要是对保险公司有利，即使出险，赔偿金也难以及时或全额拿到，自己交保费却不受益，反而加重了自身的负担。因此，很多农民购买农村小额保险的积极性不高。

6.3　国际农村小额保险供给的经验与启示

2007 年 4 月，国际小额保险中心公布了对全球 100 个最贫穷的国家的小额保险发展现状的研究报告。在这 100 个国家中有 77 个国家存在正式的小额保险，这 77 个国家主要分布在亚洲、非洲和南美洲西海岸，欧洲只有白俄罗斯、乌克兰、土耳其等个别国家，其中印度和西非是小额保险机构比较集中的地区。但是，目前只有 3%（7 800 万人）的低收入人口被小额保险覆盖，覆盖率还较低。

国际农村小额保险产品主要涵盖人寿、意外事故、医疗保险和少量的财产保险，其中人寿保险是推行最为广泛的险种，持有小额寿险产品的人口占比达到 81%，其次是意外和残疾保险产品。但是在非洲地区，小额健康保险覆盖的人群大于小额人寿保险和意外险，这是因为非洲的小额健康保险主要通过社区组织（CBO）提供，这些社区组织在保障成员的健康方面发挥着重要作用，得到了西方及其他国际性非政府组织的援助。

6.3.1　国际农村小额保险产品体系

在各国的实践中，开发了多种多样的小额保险产品，但根据其保障的风险类型，可以分为小额人寿保险、小额健康保险、小额意外伤害保险和小额财产保险（含农业保险）四类。

6.3.1.1　小额人寿保险

小额人寿保险产品通常以定期寿险为主，最常见的定期寿险是小额信贷人寿保险，保险金额以贷款额为限，有时还包括丧葬费用和被保险人遗属的小额保险金。最具代表性的小额信贷人寿保险是菲律宾农业研究和发展中心互助社提供的全额贷款保险计划

(all loan insurance package, ALIP)，该产品保障了贷款机构在贷款者身故后能够拿回全额贷款。除100%归还贷款外，ALIP还为被保险人家庭提供一般丧葬费用和用以维持生计的费用。

另一种小额人寿保险是终身寿险，投保人以一定的时间段为单位缴纳保费，当被保险人身故时，受益人可获得相应的保险金。例如CARD MBA提供的一种终身寿险，投保人每周缴纳15比索的保费，约合0.33美元，2.24元人民币。被保险人的家庭成员满足一定的条件也可加入，无需额外缴费。

小额人寿保险还包括一些简易的生死两全保险，但是其保险费率和保障程度都相对较低。例如印度塔塔友邦保险公司推出的一款保险产品AyushmanYojana，保障期为10年，若被保险人在期满后仍然生存，则返还全部保费，并支付25%的红利，若被保险人在保障期内不幸身故，则可领取身故保险金，见表6-7。

表6-7　塔塔友邦小额寿险产品介绍

保险计划	保障内容	保费及保险金额
定期计划	5年期计划 最大投保年龄：60周岁无保费返还 意外身故附加险可选	35周岁投保，保费3美元，保额为222美元
保费返还计划（小额意外保险）	10年期付款，保障15年，最大投保年龄：60周岁	35周岁投保，保费7.25美元，保额为222美元
趸缴计划（简易两全保险）	1年付款，保障10年	35～60周岁年龄组，保费1.7美元，保额为222美元。到期后，返还全部保费，并支付保费25%的红利

6.3.1.2　小额健康保险

小额健康保险产品主要提供疾病医疗和生育保险保障，包括直接医疗费用（护理和治疗费用）、间接医疗费用（住院期间的食宿）和其他间接费用（如因治疗导致收入损失等机会成本），保险人按照事先约定，补偿被保险人的支出。

健康问题是低收入群体最为担心的问题，一方面健康问题导致了医疗费用的支出，另一方面健康问题极有可能使一个家庭失去收入来源，因此健康风险可以视为导致贫穷的决定性风险。但是除西非的一些互助组织（如互助卫生组织，MHO）外，目前提供小额健康保险的机构并不多，主要是因为容易受到周边不利环境的制约。例如，赞比亚的教会企业信托曾首次在信贷人寿保险中承保疾病，如果客户长期患病，Madison 保险公司将最高支付每月一次共三期付款。但由于客户无法提供 Madison 所要求的正规医疗记录，他们难以根据本条款进行索偿。

6.3.1.3　小额意外保险

小额意外保险主要提供意外事故引起的被保险人身故、残疾的风险保障，一般是与个人死亡保险保障一起提供。目前这种保险产品主要集中在南亚地区，尤其在印度属于法定保险。印度塔塔友邦公司提供的小额意外保险产品缴费期 10 年，保障期 15 年，如果客户在保障期内因意外身故，则可领取意外保险金，该产品的保费返还特点也很吸引客户。

有些小额意外保险附加在寿险产品之上，对意外死亡给付更高的保险金额。如孟加拉国三角洲人寿（Delta Life）提供的意外附加险，附加在寿险产品之上，被保险人乘坐公共交通工具发生事故或遭雷击、电击、烧伤、蛇咬等事故导致身故或永久残疾时，其保险金将按双倍给付。

由于小额意外保险保额较低、保障程度适中，被保险人发生逆向选择和道德风险的可能性比较小，在发展中国家得到了广泛的发展。

6.3.1.4 小额财产保险

相对于小额人身保险来说，小额财产保险面临着更高的技术要求和更高的经营成本，也不如小额人身保险那样容易受到低收入人群的关注，特别是农业保险，往往需要政府补贴其昂贵的经营管理成本才能发展下去。因此供给者更愿意提供小额人身保险，目前小额财险的品种还比较少。

但是近年来，农业气象指数保险在一些国家和地区取得了成功，见表6-8。农业气象指数是描述气候条件对农作物损害程度的一种指数，每个指数对应着一定损益。农业气象指数保险就以这个指数为基础，投保人达到一定的指数水平，就可以获得相应标准的赔偿。农业气象指数保险以气象指数为依据，节约了承保、勘损、理赔的成本，并有效避免了信息不对称，因此得到世界银行的支持，并在许多国家和地区进行推广。

表6-8 部分国家和地区推行农业气象指数保险情况

国家和地区	险 种
印度	干旱指数保险（2005—2006年销售25万张保单，承保花生和土豆等主要农作物，保费收入2 000万美元）
墨西哥	干旱指数保险（2007年有120万公顷[①]土地纳入承保范围，保费收入1 700万美元）
马拉维	花生干旱指数保险（2006年销售2 500张保单，保费收入7 000美元）
孟加拉国和越南	洪水指数保险
加勒比群岛	飓风指数保险
中国上海	少量西瓜气象指数保险业务

① 1公顷=10 000平方米。

6.3.2　国际农村小额保险供给模式

6.3.2.1　合作—代理模式

在合作—代理模式中，通常是保险公司与小额金融机构(MFI)或者非政府组织合作，也有非政府组织与小额金融机构合作(NGO-MFI)的情况。在拓展小额保险市场的合作中，双方有各自明确的职责。

1. 保险公司与小额金融机构或非政府组织等机构合作

在这种合作—代理模式中，保险公司利用小额金融机构或非政府组织与低收入家庭接触的便利条件，以提高农村小额保险的供给效率，但保险公司与代理机构之间是独立的，二者具有各自的职责。

一般来说，保险机构负责计提准备金、开发产品、定价及满足官方监管的要求，而代理方则主要负责销售以及保费的收取等。但是在农村小额保险市场中，代理机构更具有主动性，因为小额金融机构和非政府组织等机构更加了解客户的保险需求、支付能力等情况，并且小额金融机构等机构需要通过保险手段分散其客户的信贷违约风险。因此往往是代理机构主动与保险公司建立合作—代理关系，保险公司则利用专业技术为其提供保险产品，共同开拓农村小额保险市场。

这种合作—代理模式也存在一定的缺陷，比如代理机构的收益较低、理赔等服务滞后、不利于保险公司品牌的建立等。但总地来说，它能够有效降低合作双方的经营成本，提高农村小额保险的供给效率，具有很大的发展潜力。

2. 非政府组织与小额金融机构合作(NGO - MFI)

在这种合作—代理模式中，双方利用各自在资金技术、销售渠道等方面的优势，共同向特定的低收入群体提供小额保险产品。最典型的成功案例是菲律宾的 CARD MBA 模式。

菲律宾农业研究和发展中心(centre for agricultural research and development,CARD)为超过12万妇女提供了小额贷款服务,其互助组织(mutual benefit association,MBA),专门为CARD的会员提供农村小额保险服务。这可以看作是非政府组织(MBA)与小额金融机构(CARD)合作的典型代表,较为特殊的是MBA是CARD独立建立的一个互助组织。

CARD MBA是菲律宾最大最典型的农村小额保险机构,为其会员提供终身寿险、全残附加险、退休储蓄计划、ALIP等多种保险产品。所有保险产品都是CARD会员计划的一部分,是必须购买和主动提供的,因此销售简单有效且成本很低。

因为CARD MBA主要为其会员提供保险服务,可以有效避免逆向选择和道德风险,但是客户范围也受到了限制,不利于农村小额保险产品的推广。

6.3.2.2 自营模式

1.保险公司自营模式

在国际上,由于农村小额保险业务的成本控制和业务管理存在一定的难度,因此采用保险公司自营模式的比较少。采用该模式比较成功且影响较大的,是印度的塔塔友邦保险公司。

虽然塔塔友邦保险公司也采取合作代理模式来经营业务,但60%的农村小额保险业务是通过自营完成的。最具创新的部分是其开发的代理人模式(见表6-9):一种是被称为农村社区保险团队(community rural insurance groups,CRIG)的团体销售方式,另一种是个人销售方式。这两种模式均有非政府组织参与管理,并承担相应的职责。

表 6-9　塔塔友邦在印度农村开发的代理人模式

	成员特点	非政府组织的作用	优　势
团体销售方式(CRIG)	5 位邻近的妇女组成一个小组,负责人是取得保险执照的代理人	向塔塔友邦推荐成员,并对其进行管理;保费汇总移交;在对成员培训中发挥作用等	CRIG 通过向不同成员分配不同任务来开发专业能力,没有业绩的成员可承担服务角色;成员之间的相互监督降低了代理人欺诈风险
个人销售方式	个人代理人	代理人是当地互助组织的员工,或非政府组织的志愿者	更加了解客户需求,容易获得客户的信任,销售方式灵活

塔塔友邦自营模式避开了竞争激烈的小额金融机构渠道,创新地采用代理人模式,与非政府组织广泛合作,在小额金融机构之外探索了新的销售渠道。不足之处在于公司的财务投入和人力投入都相对较高,如果保费收入在短期内无法达到一定的规模,保险公司将会面临相当大的财务压力。

2. 小额信贷机构独立经营农村小额保险模式

小额信贷机构提供农村小额保险产品的主要目的是保障自身贷款的安全,降低客户的违约风险。因此农村小额保险通常与贷款业务挂钩,并且具有强制性。在一些南亚国家,如孟加拉国、印度,小额信贷机构在农村小额保险发展进程中发挥了重要作用。

较为具有代表性的是孟加拉国乡村银行(Grameen Bank)为其会员提供的农村小额保险服务,主要是贷款保险的选择权。在孟加拉国,人们由于担心宗教和文化上对未还清债务者的制裁,不愿意在死亡时还有债务负担,为消除借款人的这种担心,乡村银行为会员提供了贷款保险选择权。加入保险计划的借款人拥有一个贷款保险存款账户，并按照乡村银行的规定在里面存入一定的金额，其利息也会作为保险基金的一部分。当借款人在贷款期间发生保险事故时，乡村银行将用该账户支付未清偿的贷款余额，并按照一定的比例返还死者家庭。

在这种模式中，小额信贷机构能够主导农村小额保险产品的设计，为客户和自身提供更好的保障，也能够独享收益。但是小额信贷机构缺少在产品研发和定价方面的技术，并且强制销售的做法也限制了客户的选择权。

6.3.2.3　社区互助模式

上文中提到的合作—代理模式和自营模式，其供给主体都是保险机构或者小额信贷机构本身，而在社区互助模式下，农村小额保险的提供者是为了开展农村小额保险而专门成立的互助组织。换言之，这种社区互助组织成立的目的就是为其成员提供保险服务，是非营利性的社会组织，其成员既是所有者，又是受益人。最具代表性的是西非的互助卫生组织（mutual health organization，MHO），它主要向其成员提供医疗保险。

互助卫生组织最大的特点是建立在风险分担和资源集中的机制上，成员之间通过互保提高防范风险能力。组织的成员就是组织的所有者、决策者及被保险人。互助卫生组织实施投保自愿的原则，如同参加非政府组织一样，一个人可以选择成为会员，但不是强制的，这就与其他社会保障体系中的强制保险区分开来。

社区互助模式的非营利性使其专注于为组织成员提供保险服务，提高成员的抵御风险能力，保费较为低廉。但是互助组织一般是自发组成的，因发起组织的力量有限，难以提供技术支持，所以很难把成员以外的人群包含进来，且管理水平较低。

通过以上对国际农村小额保险供给模式的介绍，我们可以对不同的供给模式的优劣进行比较分析，见表 6－10。

表 6－10　不同形式的农村小额保险供给模式比较

		优　势	劣　势
合作—代理模式	保险公司与 MFI 合作	代理机构不承担经营风险，收益稳定，成本较低； 保险公司进入市场简单、快捷、成本低，容易开发针对性强的保险产品； 客户以较熟悉的方式获得保险服务	代理机构收入局限于佣金，在产品开发设计上影响微弱，缺少主动性； 保险公司不利于自身品牌的建立，在获得市场信息、理赔信息方面有滞后性； 客户范围受局限
	NGO 与 MFI 合作	有效避免逆向选择和道德风险； 经营成本较低	保险产品种类较少； 非成员不能享受保险服务
自营模式	保险公司自营	避开了竞争激烈的 MFI 渠道，开拓新的销售渠道； 直接了解市场信息； 直接管理销售人员，有利于控制销售人员欺诈风险	财务投入和人力投入较高，面临较大的财务压力
	小额信贷机构自营	独自享有保险收益； 主导保险产品的设计； 拥有客户资源和营销平台优势，经营成本较低	缺少相关的技能和经验； 难以抵御同一时期发生的系统性风险； 提供的产品比较单一
社区互助模式		不以盈利为目的，保费较低； 旨在提高全体成员抵御风险的能力； 吸纳成员没有歧视	保障水平有限； 自发组织，管理水平较低； 不包括组织以外的人员

国际农村小额保险供给模式多种多样,很多具有混合特征,并且在实践过程中可以从一种模式发展到另一种模式。但其目的都是通过建立合理的模式,来降低供给成本,提高农村小额保险的供给效率。

6.3.3 国际农村小额保险供给的特点

通过对国际农村小额保险具有代表性的供给模式的介绍,可以看出农村小额保险供给具有下述五大特点:非政府组织发挥重要作用,销售渠道多样化,保险产品针对特定风险,价格低廉,兼顾社会效益与经济效益。

6.3.3.1 非政府组织发挥重要作用

在农村小额保险的发展中非政府组织扮演了重要角色。包括小额金融机构和互助组织在内的非政府组织,或者作为农村小额保险的代理销售机构,或者为保险公司在销售和市场调查方面提供各种便利,或者本身就是农村小额保险产品的供给者。它们在发起成立农村小额保险机构、传播农村小额保险理念方面起了重要作用。在印度民间,从事农村小额保险销售的中介机构种类很多,包括金融与非金融合作组织、零售商、邮局、手机代理商以及乡村的妇女组织。例如,自雇妇女协会(SWEA)不仅为保险公司代理销售保险,还与印度联合保险公司合作开发了一项健康保险计划;青年慈善组织(Swayamkrushi/youth charitable organization,YCO)作为一个储蓄和信贷机构,其会员通过缴纳保费而获得人寿和财产保险保障;SPANDANA 是安德拉邦的一个小额信贷机构,为其借款人提供强制性的人寿和农舍保险计划。西非的互助卫生组织为其成员提供医疗保险并进行健康教育。这些非政府组织为农村小额保险在中低收入人群中的推广发挥了重要作用。

6.3.3.2 销售渠道多样化

从国际经验看来,在农村小额保险发展比较成功的地区,保险机构往往结合当地农村的特点，运用多样化的销售渠道，以扩大农村小额保险的覆盖面。如在合作—代理模式中，保险公司将产品销售给小额金融机构的固定客户群；塔塔友邦公司则创新地使用了保险销售团队和个人保险代理人；社区互助组织则通过吸引同一村庄的或同一行业的工人成为自己的成员，尽可能扩大销售面；菲律宾的互助利益协会强制其会员加入保险计划，其保险产品是必须购买并自动提供的。这些多样化的销售渠道，充分利用低收入群体所处的生活环境，为当地农民提供不同层次的农村小额保险服务。

6.3.3.3　保险产品针对特定风险

相对于参与组织的广泛性和销售渠道的多元性，农村小额保险产品的险种则相对简单，保障利益单一。农村小额保险是保障穷人利益的，而穷人面临的风险多集中于个人的生老病死，因而迄今为止，国际上绝大多数农村小额保险产品都是寿险、意外险及健康险产品，而财产险、牲畜保险和针对农作物的气候险等产品相对较少，见表 6－11。

表 6－11　国际农村小额保险产品概览

国　家	主 要 产 品
印度	住院医疗保险、小额寿险、丧偶保险、小额家财保险
菲律宾	与小额贷款挂钩的伤残或人寿保险
西非	重疾保险
孟加拉国	健康保险
秘鲁	人寿保险、健康保险、家畜保险
斯里兰卡	意外伤残、死亡、疾病综合保险

6.3.3.4　农村小额保险产品价格低廉

农村小额保险产品提供较为简单的保障利益，因此所需支付的保险费也较低。例如菲律宾 CARD MBA 的终身寿险，采取每周缴费的方式，每周的保险费仅 15 比索，每年大约 17 美元，约合 140 元人民币，被保险人因意外身故可获得最高 10 万比索（约 1.7 万元人民币）的赔偿；CARD MBA 的退休储蓄计划每周只需缴费 5 比索（约 0.9 元人民币）直至满 65 周岁，以 30 岁为例，累计缴费 84 40 比索（约 1 435 元人民币），可一次性领取 46 183 比索（约 7 850 元人民币）。

虽然保险价格低廉，但是足以为低收入人群提供基本的生活保障。从菲律宾的例子中可以看到，CARD MBA 承保的客户月家庭收入低于1 500 比索（约 250 元人民币），家庭总资产低于 150 000 比索（约 2.5 万元人民币），因此上述终身寿险提供的保障金最高只有 10 万比索（约 1.7 万元人民币）。

6.3.3.5　兼顾社会效益和经济效益

从国际经验可以看到，早期的农村小额保险一般由民间组织发起或非政府组织提供，无论是印度的自雇妇女协会还是西非互助卫生组织，都旨在为其成员提供基本的死亡、健康或医疗保障，具有非营利性。随着这些民间组织在农村小额保险领域取得成功，它的作用、影响力和市场前景逐步被政府和保险公司认识和了解。于是有些政府将农村小额保险纳入社会保险体系以弥补政府机制的缺陷，以便让更多的低收入人群参与到农村小额保险之中。与此同时，一些保险公司也开始开发农村小额保险市场，尝试向低收入者提供农村小额保险服务。但不论农村小额保险的供给主体是谁，目标市场都是低收入群体，都有稳定社会生活和促进经济发展的社会效应。

6.4 国际农村小额保险经验对我国的启示

各国农村小额保险的发展，都是从无到有，虽然各国国情不同而使农村小额保险的运作方式及发展路径存在很大差异，但由于农村小额保险业务性质的一致性，因此它在各国的发展具有许多共性。我国农村小额保险的发展正处于探索阶段，国外农村小额保险发展的许多经验，是值得借鉴的。

6.4.1 发展农村小额保险离不开政府的支持

改善农村小额保险供给不足的现象，政府政策支持及补贴是有效手段，国外农村小额保险发展的实践证实了这一点，政府在农村小额保险发展过程中发挥了重要作用。

6.4.1.1 将农村小额保险纳入社会保障体系

越来越多的国家认识到，农村小额保险是扩大社会保护的有效工具，在一些国家，农村小额保险计划已经纳入了全面的社会保护体系实施过程中。在塞内加尔，国家社会保护战略将农村小额保险计划定义为扩大社会保护服务的重要机制；在卢旺达和加纳，国家在全国实施基于地区和社区互助组织的健康社会保护计划。民间的非正规农村小额保险计划，作为对正规保险的有效补充，国家给予其明确的合法地位，有利于多层次农村小额保险体系的形成。如菲律宾通过建立一种双轨制的保险体系，把非正规农村小额保险供给商纳入监管体系。

6.4.1.2 对农村小额保险实行扶持政策

一些国家的政府已经参与到农村小额保险主体的经营管理中，为其提供资金补贴及其他支持。在哥伦比亚，政府提供津贴，使贫困人口能够购买健康保险。在印度南部的卡纳塔卡，政府及私营企业合作成立了“合作社农民医疗保健信托会”，旨在使大部分穷人能够以较低的保费加入信托会，政府向合作社团体提供资金、补助和贷款帮助。

6.4.2　发展农村小额保险需要多方参与

在农村小额保险发展的过程中，小额信贷机构、互助卫生组织联盟、再保险商，以及捐助者和国际发展援助机构、公共的健康医疗机构、丧葬社团等组织均参与其中，发挥了不同程度的重要作用。有些机构在农村小额保险产品和低收入群体两者之间提供渠道支持，为保险公司降低经营成本；有些机构为农村小额保险的推广提供技术和资金支持；有些机构本身提供农村小额保险计划的成功经验在国内甚至全球进行推广；有些机构更在宣传农村小额保险理念方面发挥着重要作用。

6.4.3　构建有效的农村小额保险经营模式

适合国情的农村小额保险经营模式是农村小额保险发展的载体。印度民间存在的大量小额金融机构和互助组织，成为其合作—代理模式得以发展的土壤；西非的社会保障体系严重缺乏，且健康问题突出，于是提供健康保障计划的社区互助组织在该地较为常见。值得一提的是，这些经营模式大都带有很强的自发性，是自下而上产生的，在发展初期没有纳入监管体系之内，因此在组织和管理上较为松散。而我国农村地区家庭联产承包的环境使类似的民间组织相对匮乏，因此在借鉴其成功经验的同时，也要结合我国国情，探索适合我国农村地区的经营模式。

6.4.4　扩大农村小额保险的经营范围

扩大农村小额保险的经营范围，是使风险分担原则得以实现的必要条件。农村小额保险的经营范围越大，客户越多，保险机构获得盈利的可能性越大，客户的受益也会越大。国际上一些发展中国家和地区往往通过发展正规保险、使民间非正规保险机构合法化等手段建立多层次的农村小额保险保障体系，来扩大农村小额保险的覆盖范围；对于单个保险机构而言，则通过培养代理人、与民间组织合作等方式建立多样化销售渠道，以此来扩大农村小额保险的覆盖范围。对于我国来说，民间非正规农村小额保险机构缺乏，保险公司可以通过开创多种销售渠道来扩大农村小额保险的经营范围。

6.4.5　发展农村小额保险的关键在于降低成本

降低成本是降低农村小额保险价格的前提，为使低收入群体能够负担得起农村小额保险的保费，就必须通过减少成本来降低农村小额保险的产品价格。从国际农村小额保险的经验看来，与低收入人群有密切联系的社会团体合作，使这些机构结合自己的业务流程承担相应的保单管理工作，是保险公司降低管理成本的有效手段；针对低收入群体的需求开发保障风险单一的保险产品，能够使农村小额保险产品价格降低；使用团体保险和对保费进行集中收缴或集中扣除，可以有效降低和避免佣金支出；省略核保环节，也是降低成本的有效措施。

第 7 章　河北省农村信用合作社的改革与发展

农村经济的发展离不开农村金融强有力的支持。目前我国农村金融体系由商业金融、政策性金融和合作金融三部分组成，三类金融机构各自在支农工作中发挥着不同的作用。自从 1997 年中央金融工作会议确定了“各国有商业银行收缩县级(及以下)机构，发展中小金融机构支持地方经济发展”的基本策略后，中国银行、中国农业银行、中国工商银行、中国建设银行四大国有商业银行纷纷撤出农村金融市场，即使是中国农业银行，也在“整体改制，服务三农，择机上市”的改革路径下撤出部分县城。在这种背景下，农村信用合作社不得不成为我国农村金融体系中的主力军。

我国农村信用合作社历经数十年的发展，虽然已经成为一个独具特色的金融组织，但仍存在着诸如运行机制不良、产权不明、管理体制多变等缺陷，农民贷款难、农村信用合作社放贷难、风险防控难依然是制约农村经济和农村信用合作社发展的三大难题。农村信用合作社在支持“三农”过程中的四大矛盾——“大机构与小产业”“低资质与高门槛”“期望厚与利润薄”“新需求与旧体制”——仍未解决。深化农村信用合作社改革，不仅关系到农村金融部门的稳定与发展，而且与农业发展、农村稳定、农民增收的大局密切相关。随着农村信用合作社改革的持续推进，选择何种模式成为讨论的焦点。农村信用合作社在 2003 年的改革之后，其盈利性目标已经相当明确，各直辖市、江苏、浙江、广东等发达地区农村信用合作社改革起步较早，且均选择商业银行模式，农村信用合作社经股份制改革成为农村商业银行。这一改革模式究竟是否适应当地的经济发展、改革至今成效如何、对其他地区有什么启示和借鉴作用，都值得我们探讨。

7.1　农村信用合作社现状及股份制改革的动因分析

河北省是我国农村合作金融的发源地，1926 年我国第一个农村信用合作社成立于河北香河，此后河北省农村合作金融的发展一直位于全国前列。同时，河北省也是一个农村人口和农村区域都超过 60%的农业大省。河北省的农村合作性金融机构主要是农村信用合作社，作为河北省农村金融的基础力量，队伍十分庞大、营业网点覆盖所有乡镇，是与农业农户有直接业务来往的金融机构，在支持河北省农业和农村经济发展中起着极为重要的作用。

7.1.1　河北省农村信用合作社发展现状

7.1.1.1　管理模式

2003 年 6 月，国务院《深化农村信用社改革试点方案》实施以来，农村信用合作社在管理模式、产权制度、公司治理方面进行了一系列的改革。首先，管理模式上，农村信用合作社交由各级省政府管理，各县、市（区）联社（行）入股成立了省联社，省联社受省级政府领导，“具体承担对辖区内信用社的管理、指导、协调和服务职能”，银监会作为国家银行监管机构承担对农村信用合作社的金融监管职能，如图 7－1 所示。其次，产权制度上，“有条件的地区可以进行股份制改造；暂不具备条件的地区，可以比照股份制的原则和做法，实行股份合作制；股份制改造有困难而又适合搞合作制的，也可以进一步完善合作制”，由此形成了我国农村信用合作社改革的农村商业银行、农村合作银行、信用社 3 种模式。最后，公司治理方面，各县、市（区）联社（行）设立股东会、理事会（董事会）、监事会，理事会(董事会)聘任高级管理层，即设立“三会一层”，理事长(董事长)、主任(行长)、监事长分设，初步构建了现代公司治理结构的雏形。

2005 年河北省农村信用社联合社(简称省联社)的成立，标志着河北省农村信用合作社的改革与发展迈上了一个新的台阶。省联社成立以后，初步理顺了行业体制，加强了内部管理，使得经营状况有了明显好转。

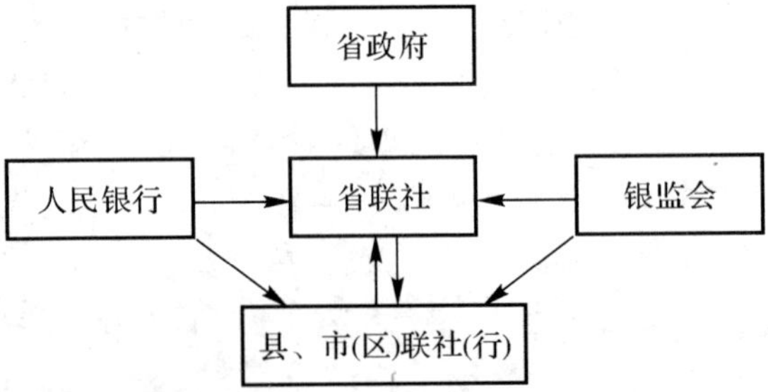

图 7-1 现行农村信用合作社管理模式

7.1.1.2 经营状况

截至 2011 年 1 月末，全省农村信用合作社各项存款余额达到 5 019 亿元，成为全国农村信用合作社系统第五个存款规模突破 5 000亿元大关的省份，在省内存款规模稳居各银行业金融机构之首。这是河北省农村信用合作社发展史上的一个重要里程碑，标志着河北省农村信用合作社无论是经营规模还是支持地方经济发展的资金实力，都跨入了崭新的发展阶段。自 2004 年 10 月河北省深化农村信用合作社改革工作启动以来，在省委省政府的正确领导下，在人民银行、银监部门的监督指导及社会各界的大力支持下，河北省农村信用合作社在改革、发展、经营、管理等各个方面都取得了长足进步，已发展成为省内营业网点最多、服务覆盖面最广、存贷款规模最大的地方金融机构。机构网点和员工遍布全省城乡。全省 154 家县级农村信用社联社(包括 2 家农村合作银行、1 家农村商业银行)、5 000 多个营业网点全部实现通存通兑，占全省银行业金融机构网点总数的近 50%，农村信用合作社的金融服务覆盖到全省广大城乡；拥有从业人员 5.3 万人，占全省银行业从业人员总数的三分之一，在全省银行业金融机构中员工数量最多，为全省地方经济发展提供着广泛、便捷、及时的金融服务。

农村信用合作社资金实力和经营规模大幅扩张。截至 2011 年 1 月末，河北省农村信用合作社资产总额达到 6 580 亿元，其中各项贷款余额 3 210 亿元，占全省市场份额的 19.9%；各项存款余额 5 019 亿元，占全省市场份额的 18.7%，其中储蓄存款余额 4 123 亿元，占全省市场份额的 26.3%。无论是存款还是贷款，河北省农村信用合作社的市场份额均居省内各家银行业金融机构之首。涉农贷款余额 2 625 亿元，占全省银行业金融机构涉农贷款的 90%以上，其中城乡居民短期生产生活性消费贷款余额 964.3 亿元，占全省银行业金融机构同类贷款的 81.8%。

经营质量和效益显著提升。随着深化改革工作的持续推进、管理体制的逐步理顺、经营机制的不断创新，河北省农村信用合作社行业管理水平不断提高，资产质量逐年向好，经营效益显著提升。自 2004 年扭转全行业亏损后，全省农村信用合作社拨备前利润由 2005 年度的 15.1 亿元上升到 2010 年度的 95.9 亿元，账面利润由 5.3 亿元上升到 41.4 亿元，可持续发展能力明显增强。

7.1.2　河北省农村信用合作社目前存在的问题

7.1.2.1　机构职能定位模糊

尽管自 2004 年 10 月河北省深化农村信用合作社改革工作开展以来，农村信用合作社着实取得了长足进步，但省、市、县三级机构职能定位、履职权限问题一直没有得到科学的界定。这种含混的状态，一方面导致省联社“伸手过长”，管理过多过细，管了一些不该管的、县级联社本有能力完成的事情；另一方面，导致县级联社依赖性过强，严重依赖省联社，法人作用没有得到真正发挥，市场主体地位没有得到充分体现。

以上这两种情况与省联社的职能定位模糊和管理错位有很大的关系。省联社过分强化了省联社对农村信用合作社的行政干预，忽视对农村信用合作社的服务和协调功能。县级联社本应是具有市场主体地位的企业法人，既不是政府部门，亦不是行政机关，更不是省联社的"分行"，而是一个经营单位，是一个应该并且能够创造利润的实体。坚持走"四自"道路——自主经营、自我约束、自负盈亏、自担风险——是农村信用合作社发展的必然选择，省联社应该起到的作用是帮助和扶持县级联社加强自身发展，而不是越俎代庖过度干涉，使县级联社成为省联社可有可无的附属品。因此，科学厘清省、市、县三级机构职能，切实提升经营管理效能便成为农村信用合作社改革亟待解决的首要问题。

7.1.2.2 产权制度存在问题

首先是产权结构不合理。合作制模式中信用合作社的财产所有权可划分为属于个人的股金和属于集体的股金两部分。在资本构成中，股金总额所占比例较小，信用合作社集体资本金占总资本的80%以上，这样的财产所有权结构极其不合理，社员根本就没有关心信用合作社的积极性，既无产权激励，亦无产权约束。

其次是所有者缺位现象突出。信用合作社集体资本金所有者缺位，使信用合作社日常经营管理权集中于信用合作社的管理层，经营权管理代替了所有权管理，农村信用合作社的生存发展更多地依赖于管理者的个人素质和道德水准，而不是靠所有者与经营者制约、监督和激励机制来保证，这种公共产权的配置是低效率的。

最后是产权不清晰。其实不仅河北省农村信用合作社是这样的，我国信用合作社从建立初期，产权就没有得到清晰的界定，社员对他们出资组建的信用合作社只有名义上的产权归属关系，本该享有的权利绝大多数都名存实亡。实际上的产权所有者是国家或者集体，而这个集体也并非全体社员组成的集体，而是一个以地方政府为主体的比较含混的集体，产权关系是模糊的。

7.1.2.3　内部管理存在缺陷

一个完整的法人治理结构应该能够对出现的问题及时进行处理和纠正，对内部控制工作的开展情况进行监督，使内部控制工作得以顺利开展且具有良好的权力制约机制。农村信用合作社虽然设有理事会和监事会以及社员代表大会，但"三会"制度缺乏对内部控制的监督制约，并没有能够落实到实处。

按照规定，理事会由社员代表大会产生，信用合作社主任由理事会聘任，理事会对社员代表大会负责，信用合作社主任对理事会负责。改革进程中，大多数联社的理事长由改革前的一把手担任，主任由二把手担任，只是头衔进行了简单的转变。由于社员代表大会的无力，使得很多理事会凌驾于社员大会之上，内部经营管理常由理事长一人说了算，容易产生职权过分集中、独断专行等弊端。从历史上看，这种高度集中的权力机构对农村信用合作社的危害极大，这是由于缺乏有效的监督制约机制所造成的，从而很容易导致经营管理人员滥用职权，内部人控制，违规经营，内部控制制度松弛，以至于发生严重经济案件等风险隐患。

7.1.2.4　人才激励机制不完善

长期以来，农村信用合作社管理混乱，制度约束乏力，员工数量多、素质低，不但导致对宏观经济政策、法规制度、现代金融经营管理理念的理解力和执行力较差，而且不适应金融业务创新、电子化发展的需要，严重影响了经营管理水平和市场竞争力的提高。虽然省联社成立后对招聘员工进行严格把关，但原有员工的更新换代还需要很长时间，人员素质制约着整体经营管理水平的提高。

缺乏有效激励机制导致的直接后果就是员工多表现为被动等

待业务上门，对发掘优质客户、潜力项目热情不高，无法做到“以社为家”，很难真正地关心农村信用合作社的发展状况和盈利能力。长此以往，农村信用合作社不但流失大量优质客户、陷入经营困境，而且会逐渐脱离农村实际，变成一个机械的、被动的存取款机器，最终彻底失去支农作用。

7.1.2.5　金融服务功能发挥不足

农村信用合作社很少利用现代化的设备和技术，电子技术应用的限制使得许多现代金融业务的开展和金融创新的实现受到很大的阻力。比如信用卡业务、电子汇兑业务、电子信息处理、异地存取、网络银行等业务难以顺利开展，而这些业务早已成为城市商业金融机构之间相互竞争和提供优质高效服务的得力工具和手段。农村信用合作社技术创新方面存在的缺陷，不仅使得农村居民和农村企事业单位不能享受现代金融交易的便利，而且直接影响到信用社本身的竞争和生存能力，降低运作效率的同时也损害了农村信用合作社的发展前景。

虽然农村信用合作社的初始设定目标是服务“三农”，但是近年来，随着市场经济日益成熟，农村信用合作社也越来越重视盈利。农业和农户贷款额度小、周期长、受自然灾害影响大、经营成本和风险较高等诸多特点，决定了农户贷款成本高、风险高、收益率低的特性。资本本身具备一种趋利避害的天性，因此，农村信用合作社自然而然会将业务重点逐步转向一些城镇地区和工商行业。

总地来说，目前河北省农村金融市场存在大量的金融服务需求，从资金的存量来看，完全具备满足农村金融需求的条件。但是，由于金融组织存在诸多不规范行为，导致当前农村金融供给和需求出现很大程度的脱节。这一现象的产生，究其原因，既有农村金融组织的内部因素，又有制度政策等外部环境的影响。因此，要使得农村信用合作社在支农助农上发挥更大的力量，就必须从内部和外部两个方面着手，采取相应的措施，完善组织内部治理结构和管理体制，改进外部制度和环境。

7.1.3　河北省农村信用合作社股份制改革的动因分析

7.1.3.1　农村信用合作社改革的内在动力

纵观改革开放以来的 30 多年，中国发展迅速，经济社会发生巨大变化，在许多地区特别是发达地区，金融市场需求旺盛，竞争激烈，居民的金融服务需求也从传统的存贷款业务向包含汇兑、结算、咨询、保险、投资理财、外汇等的综合性金融服务需求转变。在此类地区，农村信用合作社已无法充分满足客户的需求，在激烈竞争中生存空间越来越小，承担的服务“三农”的任务也较少，从农村信用合作社自身生存发展的内在要求分析，股份制改革显得十分必要。股份制的最大优点是产权明晰、责任明确。农村信用合作社实行股份制改革，是适应改革和发展形势的客观要求，也是转变现行低盈利模式的合作制为新的盈利模式，把农村信用合作社改制成为能依靠自身“造血”实现发展的现代金融企业的现实要求。

前面说到，省联社包办代替行为产生的根源就在于忽略了县级联社的法人地位。作为一个着实可以创利的实体而言，县级联社的创利愿望直接受制于其薄弱的自身实力。从县级联社自身的角度出发，形式独立而实际过于依赖省联社的习惯做法导致县级联社从未真正客观地审视自身弱点，也就谈不到如何着手解决问题、加强自身建设。我们都知道，贴近农户、符合农村基本需要的“小法人”农村信用合作社更适合服务当地，即越是离农村近、越是深入基层，就越能够真正了解农民需要、扶持农村经济、促进农业发展。并且，越接近农村，金融机构的服务定位就越明确，业绩也就越好，越能发挥出农村信用合作社应有的“支农”的作用。因此，笔者认为，从内在角度出发，主要动力来自于两方面：①提高农村信用合作社市场竞争力；②解决创利与支农的矛盾。

由于县级联社规模小、实力弱，在许多发展机遇面前可谓心有余而力不足。诸如，电子化建设、银行卡业务、资金结算渠道等都是在省联社主导下进行的。矛盾就在于，省联社作为管理机构，在这些具体建设项目上面的积极性远没有县级联社高，而单独依靠县级联社的力量又无法完成这些事情。根据银监会的要求，最大单一客户和最大十家单一客户贷款总额与银行资本净额的比例分别不得超过10%和50%。受制于自身较小的规模，县级联社很难为优质客户提供全面服务，不可避免地造成大客户流失，直接造成县级联社自身利益的损失，同样也没有发挥出农村信用合作社的支农作用。

追根溯源，农村信用合作社与“三农”之间是相互促进、相得益彰的关系。农村信用合作社对“三农”支持得好，“三农”和县域经济就发展得快，而“三农”和县域经济的繁荣又必然能促进农村信用合作社的兴旺发达。谈到支农，人们往往会片面地认为，支农就是奉献，就是无偿供给。这种观念的本质就是没有认清农村信用合作社的性质。不可否认，农村信用合作社从诞生的那一天起就扎根农村经济，立足服务农业，但它终究是一个金融机构。面临市场经济日新月异的变化和金融资本流动性的显著增强，如果农村信用合作社不及时改革，就很难在村镇银行、小额贷款公司等新型机构登陆农村市场的竞争中立足。政府在下大力气解决“三农”问题的过程中对农村信用合作社寄予的期望是农村信用合作社能够持续地扶持农村经济，这就需要农村信用合作社首先实现自身的可持续发展，也就是具备创利能力。这里所说的创造利润，是有条件的创造利润——要使农村信用合作社从农村吸收的存款配置给真正有资金需要的优质项目，而不是单纯为了追求利差就将农村的闲置资金转移给城市建设。所谓优质项目，就是在建设新农村的过程中，符合地方政策要求和经济发展现实需要的经济项目。如此一来，经济计划得以顺利实施，不但带动了当地经济的发展，也使农村信用合作社收回贷款的同时获得可观的利润。一方面确实起到了支农作用,一方面也使农村信用合作社可以发展壮大。这样的良性循环机制才是真正意义上的支农。

7.1.3.2　农村信用合作社改革的外部环境①

1.我国社会主义新农村建设为农村信用合作社改革提供了机遇

在党的十七大报告中明确指出,"统筹城乡发展,推进社会主义新农村建设。解决好农业、农村、农民问题,加大支农惠农政策力度,深化农村综合改革,推进农村金融体制改革和创新,支持农业产业化经营和龙头企业发展。"这就在新的历史时期,从新的角度把农村经济的发展提高到新的高度。建设新农村的过程就是农村工业化、城镇化和现代化的过程。农村工业化中农村产业结构调整和大力发展特色工商业及其服务业,必然会创造出层出不穷的农村金融新需求;农村城镇化将会极大发展农村的公共事业和农民住房建设,不仅为农村金融如何更好配合财政资金提出新课题,而且会快速刺激农村基本建设资金的增长与需求;农村现代化将会快速提高农民的生活质量,深刻影响农民的生活方式并且不断扩大农民的金融需求和金融服务。这些成为农村信用合作社改革的良好机遇。

2.本地区经济发展要求农村信用合作社改革创新

农村社会生产总值是指以货币形式表现的农村中的农、林、牧、渔业,工业,建筑业,运输业和贸易餐饮业五个物质生产部门的全部价值的总量。2011年,河北省生产总值达到24 515.76亿元,比上一年增长了11.3%,增速较去年基本持平,2006—2011年平均生产总值增长率为11.6%。2011年,第一、二、三产业产值分别为2 905.73,13 126.86,8 483.17亿元,(按照不变价格核算)同比

① 数据来源:《河北农村统计年鉴》。

增长 4.2%，3.4%，10.5%。3 次产业结构比例由 2010 年的 12.57∶52.5∶34.93 调整为 11.85∶33.54∶34.61，人均生产总值为 33 969 元，增长 9.7%，见表 7－1。

表 7－1 河北省 2011 年主要经济指标

指标	数值	同比增长率/(%)
全省生产总值	24 515.76 亿元	11.3
第一产业产值	2 905.73 亿元	4.2
第二产业产值	13 126.86 亿元	13.4
第三产业产值	8 483.17 亿元	10.5
人均生产总值	33 969 元	9.2
农村人均纯收入	7 119.69 元	19.5

截至 2011 年年末，河北省所辖 11 个地市拥有农村人口 5 599.62 万人，占总人口的 77.3%，其中农村中从业人口有 3 033.83 万人。1985 年以来，河北省农业生产连年获得大丰收，不仅实现了农民收入的增长，而且其增速还不断上升，随着农民收入增速持续增长的影响，农民生活消费支出也大幅度增长，食品消费在农民的生活消费中的比例不断下降，这说明了农村居民的生活质量不断提高。1992 年以前，河北省农村居民收入比较平缓，增长速度比较缓慢。在经历了 1992—1998 年、2002—2011 年两个快速增长阶段后到 2011 年，农村居民人均纯收入实现7 120 元，比 2010 年同期增长了 19.5%，在全国位居第六位，高于全国平均农村居民人均收入水平而低于其他一些沿海的发达省份。农民收入能够保持持续增长，主要有以下原因：

首先，进城和外出务工为农民收入的提高做出了巨大贡献。2008 年，农民务工得到的工资收入人均为 938.2 元，与上年同期比较增加 102.6 元，增长率 8.4%，外出务工居民的收入增加对全部农民人均收入增长的贡献为 41.8%。

其次，在农村农业生产经营的收入仍保持稳定增长。2011 年，由于粮食价格的回升，扭转了 3 年来农民从事农业生产经营得到的农业收入持续下降的局面，另外，农业税的取消和政府对“三农”的补贴也是农民收入增长的重要原因。

最后，农村中大量的企业电缆厂、服装厂和纺织厂等从事非农产业收入平稳增长。农村经济的发展为农村信用合作社提供了广阔的舞台，因为只有农民钱袋子鼓起来才会产生储蓄的需要，只有农业生产规模扩大才会产生信贷需求。

3. 市场经济是推动农村信用合作社改革的强大动力

存在市场就存在竞争，金融业务的竞争规律既是业务创新的客观环境，也是其强大驱动力。具体地讲，在市场经济中，经营者为了取得有利的产销条件，在市场上占有更大的销售份额以获取最大的经济利益，他们之间不断进行争夺和斗争，在市场竞争中实现优胜劣汰。基于竞争规律的存在，农村信用合作社若想更稳地立足于广大的农村市场，充分发展壮大自己以更好地完成扶贫支农的使命，在业务经营过程中必须面对市场进行模式改革，“以销定产”，从而更加有利于新产品研制和开发。

4. 民间金融自身的弱点和缺陷

由于正规金融的退出，使得农村的民间金融日益繁荣，成为农村金融的重要组成部分。民间金融的出现能够在一定程度上填补正规金融组织服务的不足，对促进农村金融组织的创新和农村经济的发展都有一定的推动作用。但是，我国的民间金融亦有其致命的弱点和缺陷，那就是容易出现不规范经营，由此会扰乱国家金融秩序，增加金融经营风险。即便是作为“准正规军”的各类农村微型金融机构，也有很多显而易见的劣势，诸如品牌形象一时之间难以树立，社会认同度较低，缺少网点与服务平台支撑等，而且微型金融机构规模的局限性使得它们只能在农村金融体系中起到辅助作用，难以扛起扶贫支农的重任。中国农业银行的退出，中国农业发展银行支农业务的萎缩和民间金融的先天不足，使农村金融体系由“三驾马车”并存形成了农村信用合作社“一枝独秀”的局面，使得农村信用合作社在农村金融中的地位更为重要。可以说，农村信用合作社承担着商业银行退出和政策性银行业务缩小后在支持农业和农村经济发展中不可或缺的重要作用。

7.2　农村信用合作社改革的苏南模式

1996 年 8 月，国务院发布《关于农村金融体制改革的决定》（国发[1996]33 号），成立国务院农村金融体制改革部际协调小组。农村信用合作社与中国农业银行脱离行政隶属关系，对其业务管理和金融监管分别由农村信用合作社县级联社和中国人民银行承担，然后按合作制原则加以规范。改革的核心是把农村信用合作社逐步改为由“农民自愿入股、社员民主管理、主要为入股社员服务”的合作金融组织。

2000 年 7 月，经国务院领导批准同意，中国人民银行和江苏省政府在江苏全省进行了信用合作社改革试点。在明晰产权、完善经营机制的基础上，全省信用合作社实行以县为单位统一法人；2001 年在张家港、常熟、江阴 3 个县级市组建了农村商业银行。据悉，在农村商业银行金融许可证的编号中，张家港农村商业银行的许可证号是 001，常熟是 002，江阴是 003。

所谓农村商业银行，是指在农村信用合作社联社改制基础上，采取发起方式设立，实行一级法人、统一核算的股份有限公司形式的地方性商业银行。新设立的农村商业银行承接原农村信用合作社及农村信用合作社联社债权债务。本节主要介绍苏南地区组建农村商业银行的先进经验，并通过对苏南模式的探讨与思考，对河北省农村信用合作社股份制改革提供借鉴。

7.2.1 苏南地区经济特点

江苏省苏南地区(仅指苏州市、无锡市、常州市3个市,并以常熟、张家港和江阴3个县级市作为信用合作社改革的个案)是我国东南沿海经济繁荣带,3个市所辖县级行政区(县级市)9个,是经济发达的地区。2002年年末苏州、无锡、常州人口1 365.7万人,其中农业人口623.2万人,占总人口45%;国内生产总值4 443亿元,人均32 533元;工业增加值占全省的40.8%;农、林、牧、渔业产值365亿元,占三市国内生产总值的8.22%;农民人均纯收入5 796元,高于全省的农民人均纯收入1 799.7元;外汇的存贷款余额在全省中占有较大的份额;国内生产总值中第一、二、三产业的比例为4.5∶56.8∶38.7(详见表7-2)。

表7-2 苏南地区主要经济金融指标分析

指标	全省总计	苏南	苏南占比	苏州市	无锡市	常州市
国内生产总值	10 636.3亿元	4 443亿元	41.8%	2 080亿元	1 602亿元	761亿元
第一产业	1 122.5亿元	200亿元	17.8%	93亿元	57亿元	50亿元
第二产业	5 546.6亿元	2 521亿元	45.5%	1 210亿元	880亿元	431亿元
第三产业	3 967.2亿元	1 722亿元	43.4%	777亿元	665亿元	280亿元
第一产业占比/(%)	10.6	4.5	6.1	4.5	3.6	6.6
第二产业占比/(%)	52.1	56.8	4.7	58.2	54.9	56.7
第三产业占比/(%)	37.3	38.7	1.4	37.4	41.5	36.8
人均生产总值/元	14 397	32 535.9		36 325	36 520	22 260

续表

指标	全省总计	苏南	苏南占比	苏州市	无锡市	常州市
农、林、牧、渔业总产值	2 015.5亿元	365亿元	18.1%	174亿元	98亿元	93亿元
农民人均纯收入/元	3 996	5 795.7		6 134	5 860	5 138
农业人口占比/(%)	65.1	45.6		47	43.6	46

苏南地区具有以下经济特征：

(1)农村产业结构已经实现了从第一产业为主向第二产业、第三产业为主的转移。

(2)初步实现了城乡一体化。农村地区基本实现了工业化、城镇化,外商投资企业较多,外向型经济发展迅速。

(3)传统的农村种养业所占的比例很小。传统农业正逐步向现代农业转变,以农户为单位的传统种养业所占的比例呈萎缩趋势,规模化、产业化、商品化等现代农业的比例上升。

(4)股份制工业企业和民营企业等多种混合所有制企业迅速发展。农民收入呈现了多样化的趋势,非农化趋势明显。

7.2.2 农村信用合作社改制原因

2001 年 11 月末,张家港、常熟、江阴 3 家市农村商业银行相继成立。人民银行选择这 3 家农村信用合作社进行股份制改造主要是从经济实力和内外部环境来考虑的。

(1)从内部经营环境看主要基于以下三方面的原因:一是改制为农村商业银行后要有相当的业务规模。2001 年组建时,3 家农村信用合作社资产总额均在 70 亿元人民币以上;二是有较好的经济业绩,经济实力比较雄厚,其中不良贷款比例要低于 15%,改制后产权明晰;三是经营者具有良好的管理能力和较高的文化素质;

四是改制对农村商业银行的期望值高，能够根据自身的经济实力进行自愿改造。

(2)从外部的经营环境来看主要基于以下3个原因：一是经济相对发达，城乡一体化程度高。2001年3市人均国内生产总值已达4万元，其中第一产业所占比例为4.5%；二是三市的商品化程度较高，对金融服务的需求已经从过去以农业生产资金需求为主转变为以综合的商业性资金需求为主，农村信用合作社的服务对象及其性质已经发生了根本性的变化。例如，江阴市全市25家大型集团、重点骨干企业中，有上市公司13家。这些企业年销售额大部分在20亿元以上，占江阴全市经济总量的近70%；三是农村信用合作社外部经营环境较好，有较大的业务发展空间。

7.2.3 农村信用改革方法

中国人民银行明确规定，成立农村商业银行必须具备四个条件：一是所在地的人均国内生产总值1万元以上；二是农村信用合作社的有效资产大于负债，资产总额在10亿元以上；三是注册资本金不得低于5 000万元，股东必须用货币资金入股；四是不良贷款比例25%以下，其中两呆贷款比例在10%以下，资本充足率在8%以上。据此，苏南3家农村信用合作社改革过程具体的运作要点如下：

(1)清产核资，对原农村信用合作社进行资产清理及净资产确认。改革前3家农村信用合作社的各项经济指标已符合改制的条件。如改革前常熟农村信用合作社资产总额已达90.18亿元，提留呆账准备金、风险准备金后，调整后的净资产为3 100万元，固定资产还具有升值的潜力，符合改制条件。截至2002年7月，常熟农村商业银行不良贷款率为4.9%，资本充足率达到10.03%；张家港农村商业银行不良贷款率为9.22%，比组建时下降1.78个百分点；资本充足率达到9.09%，比组建前提高1.16个百分点；江阴市农村商业银行不良贷款率为17.47%，比年初下降7.21个百分点；资本充足率达到8.36%，比年初提高2.82%。

(2)社员股金的处理。在组建常熟农村商业银行过程中，农村信用合作社对原有股金的处理采取了如下方式：确认后的农村信用合作社股本金在平等、自愿的基础上按1∶1的比例转为农村商业银行股本金，对不愿加入农村商业银行的农村信用合作社社员，可在评估认定时作退股处理。而组建张家港农村商业银行时，根据“自愿入股、自愿退股”的原则，愿意继续参股的社员，就要扩股，参股金额至少不低于1 000股；愿意退股的企业，每股分红利1 000元。

(3)商业银行股本的认购。在对社员股金进行处理的基础上重新募集股本，设定注册资本金1亿元左右，由社会法人、自然人、系统内职工按一定比例分别持股。常熟市农村商业银行的认购比例为自然人入股占79%，其中内部职工股占30%；社会法人入股占21%，其中市属公有资产经营投资公司代表地方政府入股占23.8%，占总股本5%，成为最大的单一股东。张家港农村商业银行法人股占18.18%；自然人入股占81.82%，其中职工股入股占30%。同时，地方政府通过其控股公司也进行了参股。

(4)农村商业银行的组织机构。在组织机构方面，三市农村商业银行的最高权力机构是股东大会。董事会由股东大会选举产生，负责重大决策。监事会是银行的监督机构，对股东大会负责。农村商业银行董事长和行长实行分设，不得兼任，提名都要报经中国人民银行核准任职资格。从形式上，很好地实现了所有权、经营权、监督权“三权分离”。

7.2.4　农村信用合作社改革效果评价

7.2.4.1　制度评价

苏南 3 家农村信用合作社改制为股份制农村商业银行，在明晰产权、强化约束机制等方面的制度绩效明显，主要表现在下述几方面。

(1)股份制具有明晰产权功能，有效地解决农村信用合作社所有者缺位的问题。利润、债务根据出资比例分享，极大地调动了管理者及其员工的工作积极性，同时解决了民主管理的难题。

(2)完善治理结构，逐渐形成现代企业管理制度。苏南 3 家农村商业银行成立后，企业定位愈加明确，各行严格按照《中华人民共和国公司法》《中华人民共和国商业银行法》《股份制商业银行公司治理指引》和《股份制商业银行独立董事和外部监事制度指引》等相关法律法规，结合公司实际情况，不断完善治理结构，提高信息透明度，保护存款人利益，为股东创造价值，勇于承担社会责任。农村商业银行设立了股东大会、董事会、监事会，并制定了相应的议事规则。并实行一级法人下的授权经营体制，总行组织全行开展经营活动，负责统一的业务管理，实施统一核算、统一资金调度、分级管理的财务制度。

(3)有利于拓展业务，增加了农村信用合作社金融创新的能力。由于地方政府和监管当局及有关部门积极支持，农村商业银行只要具备了审慎经营的条件，其他银行能够办理的业务也可以申请开办。

(4)具有吸纳资本的巨大潜力，极大地增强了农村商业银行的抗风险能力。进行股份制改造后，股份可以转让但是股金不得抽回，这就确保了股份的稳定，增强了股东的凝聚力。

7.2.4.2　绩效评价

至 2003 年年末，3 家农村商业银行平均资本充足率为 7.2%，分别比苏南农村信用合作社和全省农村信用合作社平均资本充足率高出3.1个百分点和7.58个百分点；不良贷款率为5.05%，分别比苏南农村信用合作社和全省农村信用合作社不良贷款率低2.78%，9.87%；平均资本利润率、资产利润率、贷款利息回收率18.54%，0.22%，%.85%，分别比苏南农村信用合作社平均水平高6.97个百分点、0.03个百分点、2.45个百分点，分别比全省农村信用合作社平均水平高13.52个百分点、0.09个百分点、2.7个百分点；人均利润、人均存款、人均贷款分别比改制前(2001年)增加34 050元、678万元、446万元，增幅分别达821.9%，78.8%，94.9%。银行规模得到扩展，业务发展迅猛，效益稳步提高。张家港农村商业银行成立时的股本金仅为0.88亿元，经过多次扩股，至2007年年末，张家港农村商业银行的股本金规模达到3.87亿元，经过6年的发展股本规模增加到了起初的4倍多。至2007年年末，张家港农村商业银行的资产总额达到245.62亿元，各项存款余额180.53亿元，净利润达到4.68亿元。至2007年年末，常熟农村商业银行的注册资本达到5.76亿元，资产规模超过300亿元，存款总额为243.57亿元，净利润达到4.1亿元。同期江阴农村商业银行的注册资本也从成立之初的1亿元增长到目前的5.2亿元，总资产也达到280.96亿元，存款236.23亿元，净利润4.83亿元。

业务范围多样化，产品种类日益丰富。改革前的农村信用合作社基本就是以存款和贷款为主要业务，其他银行业务几乎空白。经过改革后的多年市场化思路发展，苏南农村商业银行的业务范围已经明显扩大。如张家港农村商业银行业务范围涵盖存款、贷款、银行卡、电话银行、自助银行、ATM机、国际结算、代收代付及其他中间业务等。常熟农村商业银行业务也涵盖人民币存贷款及结算、各种代理业务、银证联网、外汇业务，银行卡发行及中国银监会批准的各种业务。同时，该行是全国银行间同业拆借市场成员，财政部、国家开发银行、中国进出口银行债券承销团成员，证券营业部存管银行。该行还拥有区域性通汇网络，承担网络内的清算任务。

总之，与改革之前相比，常熟、江阴、张家港三地的农村商业银行无论从公司管理结构、资本资产的数量、业务种类还是业务覆盖地区范围都有了较为明显的发展。三地的农村商业银行已经发展成为当地最为重要的金融机构，在当地经济金融活动中占据着非常重要的位置。2005年，常熟农村商业银行成为全国唯一一家进入私营企业纳税百强排行榜的金融机构，2006年其业务规模和投资收益在全省农村信用合作社系统中处于领先地位。江阴农村商业银行的存贷款总规模在全市银行中名列前茅，该行年纳税近亿元，成为该市纳税企业大户。张家港市农村商业银行市场份额也在全市金融机构中处于领先位置。

7.2.5 农村信用合作社改革后的思考

7.2.5.1 选择股份制的原因

我们知道，合作制和带有合作制性质的股份合作制的共同特点就是自然人股东众多、股权分散。这种所谓的集体所有模式最容易产生的现象就是“搭便车”，小股东对农村信用合作社的所有权得不到体现，最终导致所有者缺位问题。另外，合作制下的一个弊病就是社员“退股自由”，这使得农村信用合作社资金极其不稳定，导致的直接后果就是农村信用合作社抗风险能力低下，极易陷入经营困境。因此，进行股份制改革，原因就是合作制与股份合作制模式都无法有效根治农村信用合作社的顽疾。

为什么说实行股份制改革是解决合作制模式下困境的最好出路，原因在于股份制自身的优越性：

(1)股份制具有明晰产权功能，可以有效解决合作制模式下农村信用合作社所有者缺位问题。农村信用合作社实现股份制发行后，可以实现所有权、经营权和监督权"三权分离"。股东大会选举产生能够代表股东利益的董事，组成董事会，负责重大决策，创造的利润由股东按出资比例分享，并且依同样的比例分担风险。

（2）股份制具有完善法人治理结构的功能，可以有效解决合作制条件下农村信用合作社民主管理难以落实的问题。合作制的精髓是"一股一票制"，但是实施起来却产生了同股不同权的问题。实行股份制改革以后，"一股一票制"依然可以保留，需要注意的问题是股东的决策权大小必须严格取决于出资额占总股本的比例，农村信用合作社的决策者、经营者都是由股东大会民主选举产生的。这样，既减少了农村信用合作社的官办色彩，又优化了决策层的资源配置，完善了法人治理结构。

（3）股份制具有与生俱来的吸纳资本功能，可以有效解决合作制模式下农村信用合作社资本金不足、股金不稳定、抗风险能力弱的问题。无论是国际通行标准，还是中国人民银行关于农村信用合作社股份制改革做出的说明，都强调了资本充足率。因为这个比率的高低，直接关系到存款人的本金安全，所以，任何一家农村信用合作社着手改革之前必须要审视自己的资本充足率是否达到8%，若尚未达到该标准，盲目改革，不但有违中国人民银行政策，更有悖于改革的初衷，最后的结果必然是换汤不换药，形变而实未变。

股份制的优点体现在股份可以转让、股金不得抽回。这样，可以确保发起人股份的稳定，避免了合作制模式股金稳定性差的问题。并且，股份制对股金的作用是持续的。伴随资本逐利的天性，股份制必然以追求利润最大化为经营目标，随着经营效益不断提高，资本大幅度增值所带来的"财富效应"将会吸引越来越多的投资者，资本得以不断增加，抗风险能力得到持续增强。

（4）股份制天生具有权利制衡的功能，可以有效解决合作制模式下农村信用合作社难以规避不合理行政干预的问题。在股份制下，政府依靠法律调控企业行为，依靠利率、税率、汇率来调节经济，影响企业的投资方向和投资规模，而不再从具体的生产经营业务上干预企业，使农村信用合作社摆脱“外部人干预”的被动局面。

以上种种股份制的特点和先天优越性，吸引着越来越多的农村信用合作社开展股份制改革，以求重新焕发农村信用合作社的光彩，给农村信用合作社注入一剂强心剂。但是，任何事物都具有两面性。在改革的热潮中，我们必须对股份制这种体制进行全面分析，不但要承认其无可比拟的优越性，也要看到改制成功后可能滋生的新问题。

7.2.5.2　股份制改革可能带来的新问题

目前我国尚未出台相关法律来赋予农村商业银行明确的法律地位，保障其应有的权利。我国 1995 年颁布实施的《中华人民共和国商业银行法》没有明确界定农村商业银行这一组织形式。农村商业银行的权利、义务均没有明确的法律规章可循，发生纠纷无法有效维权，经营中应遵照何种法规、是否违规均没有明确的界限。法律地位模糊是改制后农村商业银行发展的桎梏之一。

一直以来，农村信用合作社作为支农的三驾马车之一，服务于广大农村，未以利益最大化为经营目标，而是侧重政策性支农助农，特别是自中国农业银行与中国农业发展银行从农村金融领域撤并后，农村信用合作社更是独自扛起了支农助农的大旗。同为金融机构的商业银行，在经营过程中充分体现了资本的逐利性。两相比较，国家须给予农村信用合作社更多的政策扶持和补贴，以确保农村信用合作社支农的积极性。同时，考虑到农村经济不同于城市经济的特点，由于面临的业务大多为成本大、风险高、收益小的小额信贷，农村信用合作社在税收方面也会比城市商业银行享受更优厚的待遇。改制成为农村商业银行之后，原有的政策优惠和补贴将随着体制的改变而不复存在，也就是说，所处的经营环境依然和农村信用合作社时期一样，但是政策扶持和补贴力度却大大减弱。继续立足于服务“三农”必将使得农村商业银行面临经营困境，制约农村商业银行的发展，极有可能产生追逐利润以求生存的念头，这便违背了农村信用合作社股份制改革的初衷。

无论是合作制，还是股份制，围绕的改革主体都是农村信用合作社。追逐利益、创造利润是资本的天性，也是农村信用合作社实现可持续发展的物质前提，一味地要求支农放弃逐利的最终后果便是无力支农。因此，我们可以认为，能否妥善处理好逐利和支农的矛盾，直接关系到农村信用合作社股份制改革能否真正取得成功。这样的复杂情况极有可能成为农村信用合作社股份制改革的现实阻力。

另外，我们明白，金融业是服务行业，大多数业务是需要员工与客户面对面交流完成的。员工的服务质量对企业的形象和信誉有很大的影响。基于农村信用合作社业务构成的单一性和重复性，员工大多学历较低，专业知识水平和服务意识均与商业银行经营管理要求有很大差距。只提升硬件，软件环境不配套，硬件也无法发挥出应有的作用。因此，改制商业银行必然要求员工专业知识水平的提高、服务理念的转变和服务水平的提升。这一困境虽然可以通过招聘新员工得到缓解，但是真正完成新老员工的更替还需要较长的周期。并且员工往往反映了企业文化，而新员工又会受到原有企业文化的影响。因此，要想使得农村商业银行真正成为农民的银行，提高员工素质又成了摆在农村商业银行面前的一道难题。

7.3　河北省农村信用合作社改革的路径选择

自 2004 年 10 月河北省深化农村信用合作社改革工作开展以来，取得了两项最为显著的成果：一是实现了以县(市)为单位统一法人，经营情况好转，资产质量有所提高；二是省级管理机构(即省联社）和省联社与县（市）级联社两级法人体系的建立。结合现在正在河北省环首都经济圈部分地区县级联社试点的股份制改革，借鉴发达地区农村商业银行顺利改制的成功经验，本节将分别从股份制改革的方案设计和完善政策环境的角度探讨农村信用合作社股份制改革的思路，并对股份制改革的预期效果提出设想，以期兼顾自身效益和支农效果的同时顺利完成股份制改革。

7.3.1　河北省农村信用合作社股份制改革的方案设计

河北省农村信用合作社股份制改革的总原则：

提出合理规划，制订科学方案；

完善政策体系，保证贯彻实施；

锐意创新，提升支农服务水平。

基于以上原则，河北省开展农村信用合作社股份制改革时应该采用"选取试点，以点带面"，先选择一部分已经具备改制条件的县级联社进行股份制改革，注重改革成效的同时，认真总结改革中发现的新问题，避免在向全省推广的时候走弯路。本节以下的篇幅是对河北省农村信用合作社股份制改革方案的一个理论上的初步设计。

7.3.1.1　选择试点

2011 年以来，河北省按照"全面启动、环京先行、以点带面、加快推进"的总体思路，多措并举，全力推动，农村信用合作社改革工作取得了重大进展。截至 2012 年 2 月底，全省有 22 家农村商业银行筹建申请已呈报银监部门待批，其中文安（廊坊）、大厂（廊坊）、宣化区（张家口）、宽城（承德）、滦平（承德）、南皮（沧州）、邢台城郊等 7 家县级联社已获银监部门批准筹建农村商业银行，2012 年上半年将陆续开业。前面我们说到，贴近农户、符合农村基本需要的"小法人"农村信用合作社更适合服务当地，即越是离农村近、越是深入基层，就越能够真正了解农民需要、扶持农村经济、促进农业发展。对于信用合作社本身来说，越接近农村，金融机构的服务定位就越明确，业绩也就越好，越能发挥出农村信用合作社应有的支农的作用。并且，河北省农村信用合作社已经实现了以县(市)为统一法人，经营状况好转，资产质量有所提高，从机构自身角度来说，以县级联社为单位开展股份制改革是可行的。

选择试点县级联社取决于其是否具备股份制改革的条件，不止取决于县级联社本身，也取决于当地的经济环境。在河北省环首都经济圈的这部分地区，农业产业相对萎缩，而工业、服务业在当地经济比例中呈现逐年增长的态势，农业产业中，传统农业也在萎缩，取而代之的是现代化农业。当地有大部分农户具备贷款资格，进而形成私营企业。与城镇相似，这些农户有一定的融资需求，并且具备雄厚的资金实力，具备一定的保障与条件按时还款。显然，这些客户对银行的金融需求也不仅仅是简单的存贷转款，而且对银行提出了多样化的需求，需要银行提供适应当地企业发展需要的多样化的现代金融服务。因此，在这类地区，正在进行或者计划发展产业化经营的农户们期待能有一家农民自己的商业银行，能够立足农村实际，了解农户需求，为这些农户提供贴心、周到且有特色的金融服务。无论是发达国家，还是我国先行改革的发达省份，我们都可以看出越是农业产业化发达的地方，农户对于商业金融的需求就越大，并且正是由于金融需求多来源于产业化生产的农户，具备按时还款的条件和保障，这些需求就是充分有效的金融需求。因此，这样的地区需要组建属于农村自己的商业银行，农村信用合作社股份制改革就应运而生。

7.3.1.2　稳步推进

河北省是传统农业大省。河北省农村信用合作社市场份额大、支农作用强、服务范围广、社会贡献多，是名副其实的支农主力军，是支持地方经济发展不可或缺的重要力量。无论是在一国范围内，还是在一省范围内，都会出现经济发展不均衡的状况。每个地区的自然禀赋差异决定了农业发展基础的不均衡，这是“先天”的原因，也是必须面对的历史。在这种差异化的经济背景下，要在河北全省范围内推进农村信用合作社股份制改革，就必须因地制宜，结合当地的经济背景和机构自身的发展情况，决定改革进程的快慢。

“以点带面，全面推进”是河北省农村信用合作社股份制改革的中心思路。在环首都经济圈试点县先行试水取得成功之后，可以由试点县辐射状展开，陆续对其他县级联社进行改革。之所以这样做，一方面可以在试点的过程中充分了解股份制运行的特点、股份制给农村信用合作社带来的活力及股份制给当地经济注入的生机，另一方面也可以知道地区经济需要发展到什么样的程度，才能比较好地拟合改革的步伐、才能为股份制金融机构提供配套环境。通过对这些问题的深入思考，在向全省推广的过程中，我们就可以少走弯路，提高改革效率。

中国人民银行明确规定，成立农村商业银行必须具备以下4个条件：一是所在地的人均国内生产总值1万元以上；二是农村信用合作社的有效资产大于负债，资产总额在10亿元以上；三是注册资本金不得低于5 000万，股东必须用货币资金入股；四是不良贷款比例25%以下，其中“两呆”贷款比例在10%以下，资本充足率8%以上。因此，向全省推广的思路大致是这样的：根据股份制改革需要具备的条件，先满足，先改革。比如与试点县相邻的区县，会率先受到试点县产业结构调整的影响，会较其他地区率先形成农业产业化的发展格局，这一过程会产生大量的金融需求，自然而然对当地的农村信用合作社提出了改革的诉求。同时，还需要当地农村信用合作社资本金达到股份制改革的要求。如果机构实力和经济状况脱节，就需要及时采取解决资本金问题的措施诸如定向增发等，使农村信用合作社尽快满足成立农村商业银行必须具备的条件。以上4个条件均满足后，可以顺利开展改革。

7.3.1.3　最终格局

笔者认为，两级法人体系只是农村信用合作社改革过程中的过渡性模式，通过进一步的产权改革，组建省级农村商业银行才是河北省农村信用合作社改革的终极模式。这种设想主要来源：①城市信用合作社改制成为商业银行的成功经验；②前一阶段的改革为组建省级农村商业银行奠定了基础；③县级机构的局限性与经济发展的需要；④全国范围内已有部分地区展开组建省级农村商业银行的试点工作。

同县级联社股份制改革类似，组建省级农村商业银行首先要考虑的问题也是产权的问题。解决这一问题的通常做法是引进战略投资者，通过落实股东权利来完善法人治理结构。

另外，在组织形式上目前学术界大致有两类观点，要么是一级法人模式，要么是两级法人模式。结合农村经济的实际情况，笔者认为目前还是应该赋予县级机构较大的经营决策自主权，因为和省联社相比较，县级机构更能够贴近农村、深入农民，无论是对农业还是对农村信用合作社本身，都是一种较好的选择。基于这种考虑，组建省级农村商业银行的时候可以采取省级参股或者控股县级的方式。

7.3.2　完善河北省农村信用合作社股份制改革的政策环境

事物的发展变化既有内因，也有外因。农村信用合作社改制后盈利能力增加是为了更好地服务于“三农”，这是从农村信用合作社自身出发而言对支农服务的促进，是内因。那么外因就是需要一个能让改制后的农村商业银行持续稳定经营的外部环境。我们知道，农村商业银行是股份制改革之后的农村信用合作社，虽然仍然扎根在农村，但是体制已经发生了变化。这就要求我们除了发挥支农助农的作用之外，还必须注重尊重和保护广大股东的利益。如果忽视了这一点，股份制改革无疑是失败的，是完全没有意义的。外部环境的建立是基于这样一种考虑:支农和盈利性目标确实存在冲突,但是解决这种冲突的办法并不是保留一个消灭另一个,而是应该立足于股份制的基础上,兼顾支农作用和保护股东权益,给予农村商业银行明确的法律地位和积极的财政优惠政策,降低农村商业银行"支农"成本,提高农村商业银行"支农"的积极性,推动农村商业银行进入运行的良性循环。

7.3.2.1　健全法律规章,明确农村商业银行的法律地位

具有明确的法律主体地位,是农村商业银行制度结构的基础,也是进行其他相关制度调整的基本依据。只有确立了股份制商业银行的法律地位,农村商业银行才能享受应有的权利,承担相应的法律责任和义务,其行为才受到法律法规的制约。而目前我国尚未出台相关法律来赋予农村商业银行明确的法律地位,保障其应有的权利。首先,我国1995年颁布实施的《中华人民共和国商业银行法》没有明确界定农村商业银行这一组织形式。其次,在对农村商业银行的管理中所适用的法律法规较为混乱,其中有关机构设立、股权设置、管理架构等规定脱离了《中华人民共和国商业银行法》,具有一定的随意性,缺少统一性。因此,我国应尽快出台农村商业银行法或修改原《中华人民共和国商业银行法》,在其中确立农村商业银行作为股份制商业银行的主体地位,并根据农村商业银行的实际,对其设立、组织、管理等事项作出统一的规定。同时,人民银行应在此基础上制定专门的部门规章,对农村商业银行的相关事项做出更具体的规定,使农村商业银行的经营行为有法可依。

7.3.2.2　政策支持,减少农村商业银行的支农成本

农村信用合作社改革的最终目标,一是实现机构本身的可持续发展,二是加强其支农服务功能。但是,随着市场经济的发展,农村信用合作社受到趋利性目标的影响,资金非农化倾向日益严重,一方面,农村信用合作社要实现自身利益最大化,另一方面又

要扶持弱质农业，支持农村经济发展，二者之间存在一定矛盾。尽管改制后机构本身资本充足率和经营状况都大为改善，但是面临的外部环境并没有改变。为此，政府应建立一套稳定的机制，制定配套的政策，为农村商业银行营造一个良好的发展环境，保障农村商业银行既实现自身发展又能很好地服务“三农”。

国外为涉农金融机构予以政策扶持是通行做法。要借鉴发达国家经验为金融机构服务“三农”提供持续的正向激励。一是发挥财政资金的导向作用，综合运用财政、税收杠杆，定向税收减免和费用补贴等手段，引导农村金融发展，缩小城乡金融服务收益差距，使涉农业务也能获得平均收益率水平，发挥财政支农资金投入的乘数效应。二是发挥货币、监管政策协同作用，实行差别化的监管政策、利率浮动政策、准备金政策，增强涉农金融机构的内生动力。三是健全农村金融保险机制，加快推进强制性农业政策保险制度，建立政策性保险的长效机制，探索实施巨灾风险分散机制，建立农业保险巨灾保障基金。四是加强农村信用体系建设，改善农村金融生态环境，提高农村信贷质量。

盈利不等于不支农。恰恰相反，盈利是为了更好地支农。一直以来，农村信用合作社都是拉动地方经济增长的金融要素的主要来源，农业经济的弱质性又使农村信用合作社处于被动支农的局面中。前面我们说到制约农村商业银行发展的瓶颈之一就是政策优惠和补贴的消失。农村商业银行名为商业银行，但是远远不同于城市商业银行。农村商业银行扎根农村，所经营的业务大部分是风险高、成本大、收益小的小额信贷，如果没有特殊的政策保护，长此以往，必然会再一次背起改制脱掉的历史包袱，最终结果就是农村商业银行名存实亡，改制虽然成功但是没有能够持续地经营发展下去。

化解涉农信贷风险是提高农村商业银行支农积极性的关键，作为盈利性金融企业，农村商业银行的逐利行为无可厚非。解决的关键是，相关政府部门应对服务农村的金融机构实行分类监管，并通过财政补贴和减免税等政策，帮助农村商业银行安心地把更多资金投向农村。这样一来，农村商业银行的利润空间扩大，不仅能够保障广大股东的利益，并且支农积极性也会得到极大的提高，这将会是农村商业银行发展的良性循环。具体做法可以这样构想：一是对于农村商业银行仍然按照改革试点时期的标准给予税收减免优惠，如营业税的税率可优惠至 2‰～3‰；或采取先征后退的办法全额返还农村商业银行；二是建立小额农贷担保基金，由地方政府和各级民政部门共同出资，主要用于因自然灾害造成的损失补偿，同时对部分小额农贷项目提供担保；三是对农户小额信贷形成的亏损，国家给予部分财政贴息，并减免营业税和所得税，对已经形成不良的小额农业贷款，其上级和有关部门要允许农村商业银行在一定职权范围内自主处理。四是对于农村商业银行“支农”进行政策奖励。如农村金融组织开展为农服务业务奖励政策，银行业金融机构创新农村金融产品和服务奖励政策，农村金融人才培训补助政策，银行业金融机构发放涉农联保（互保）贷款奖励政策，银行业金融机构增设县以下地区分支机构或营业网点补助政策，银行业金融机构涉农贷款风险补偿政策，农村商业银行上市奖励政策，银行业金融机构发放农民创业贷款奖励政策，发放重点扶贫贷款奖励政策，银行业金融机构增加对农民专业合作组织贷款奖励政策等。这些政策的出台，为财政支农提供了依据，为农村金融机构服务于“三农”创造了有利条件。政府应多出台相关的支农政策，为农村金融的发展提供保障。

7.3.2.3　完善外部监管，增强农村商业银行经营自主权

人民银行应进一步完善对农村商业银行的监管政策和监管体系。制定监管政策时，应将其作为股份制商业银行对待，并逐步放松对农村商业银行的业务和机构的市场准入管制，增强其经营自主权。允许符合一定条件的农村商业银行以兼并收购或联合的方

式，跨出所在县（市）经营业务，扩大其经营空间。可先考虑到邻近相对发达县（市）兼并、收购银行机构或农村信用合作社，同时应许可其与异地的法人金融机构，如城市商业银行、农村信用合作社等进行多种方式的联合，这些举措都将扩大经营范围，增强农村商业银行的竞争力。其次，在预防金融风险方面，人民银行应强化对农村商业银行的监管。农村商业银行是独立法人金融机构，规模相对较小，抗风险能力弱，因此人民银行应做好对资本充足率的监管，通过增资扩股和增强盈利能力不断充实资本实力，确保其资本充足率不低于 8%，同时要加强对农村商业银行不良贷款的监管，督促其完善内控制度，大力压降不良资产总额和占比，降低经营风险，实现经营利润最大化。

7.3.3 提高支农水平的创新举措

农村信用合作社改革的出发点和落脚点就是要提高支农服务水平。农业基础设施是现代农业发展的物质前提和根本保障。2010 年年底召开的中央农村工作会议提出，要大力支持农村基础设施特别是水利设施建设。初步预计，未来 10 年内，国家将投资 4 万亿元用于水利建设。面对国家如此大规模的财政投入，必然会衍生出大量的金融需求。因此，金融机构要及时跟进，积极支持中央和地方财政配套的区域综合治理、水利枢纽建设、大型灌区改造、水库治理、水电开发、农网改造等大型项目，同时支持农村集中供水、喷灌滴灌等节水技术以及地膜覆盖等旱作技术，为现代农业发展提供坚实保障。

城镇化和新农村建设是我国未来发展最具潜力的领域。我国正处于从传统农业向现代农业转变的关键时期，需要有力的金融支持。金融机构要找准切入点，加大支持力度，对城镇道路建设、供水设施、市场建设、邮电通信等基础设施建设和科教文卫行业给予重点倾斜，推进城镇基础设施和公共服务设施加快建设，增强城镇综合承载能力。同时，支持城中村改造、新民居建设、耐用消费品需求，满足“新城镇”“新农民”日益增长的金融需求。针对各类农村项目的信贷需求特点，创新信贷管理模式，完善信贷管理制度，提供多元化融资便利。

农业现代化的根本在于科技化。在西方发达国家，为适应农业发展形势，金融机构积极创新产品，推出如排污权贷款、许可权贷款、碳交易贷款等多品种，以满足农场主和企业资金的需求。我国金融机构也要积极探索发展循环农业相关贷款业务的新金融产品，适应现代农业发展的需要。金融机构要加大农业科技支持力度，按照区域布局、专业化生产的要求，支持根据各自优势发展特色高效农业，实现农业的标准化、高产化、信息化、集约化，按照技术规范和农艺要求创建高科技示范区，无公害农产品、绿色食品、有机农产品和出口农产品基地，保证优质安全农产品市场供给。多方面拓宽有实力、有条件的大型农业产业化龙头企业融资渠道，提供融资、咨询、并购等金融服务，组成跨国农业集团，加大对跨国涉农贸易和农业投资、海外生产加工基地和营销网络建设的支持力度，提供涉外信用证、外币贷款、境外项目贷款、海外并购等金融服务，为农业企业“走出去”提供强有力的融资支持。

7.3.3.1　金融工具创新

股份制商业银行的建立，以其明晰的产权和规范的管理为金融创新提供了良好的条件，打破了原有信用合作社在管理上对创新发展的束缚。同时，与城镇相比，农村的金融创新显得相对滞后。农村商业银行的建立，应借助于管理体制的优势和农村金融对金融创新发展的迫切性，不断推出适合农村经济发展需要的金融产品，扩宽服务渠道，以多种多样的贷款形式，切实解决农户贷款难、担保难的问题，满足不同情况下农户的资金需求。发展现代化、一体化农业的基础是农民，要为广大农民提供良好的金融服务。着力研究和解决农村弱势群体的金融服务需求，大力发展农户小额信用贷款和农村微型金融，增强农村金融的可获得性，为广大农民提供便利的信贷、结算、理财等基础性金融服务，让更多的农村中低收入人群能够享受到现代化金融服务。要进行客户细分，在对广大农民提供标准化金融服务的基础上，实行差异化服务，对中高端的农民量身定制多样化的金融服务，特别是为农村中的"能人"提供金融服务，支持这些"能人"扩大再生产，形成示范效应，带动当地农业的整体发展，同时也为金融机构培育潜在的优质客户群体。大力扶持专业村、专业户和信用村、信用户，努力满足农村专业化、市场化的资金需求。要通过培训、宣传、咨询等多途径普及农民的金融知识，强化农民的金融意识，通过金融服务的现代化推进农业农村发展的现代化。

农村商业银行应该围绕农村发展的新变化、新要求，不断创新适合"三农"需要的金融服务品种，为农户提供多方面金融服务。对农业产业化龙头企业可以实行更多的融资方式，如票据贴现、项目融资、科研贷款、订单贷款等，对普通农业企业贷款可以实行公开评级授信，简化贷款手续，提高放款效率。另外可以考虑为农村劳动力转移提供金融服务，如设立与助学贷款、小额担保贷款相类似的"农民工创业贷款"种类，帮助在城市务工的农民创业拓展。目前我国金融机构为农业客户提供的金融产品和服务滞后于农业发展，金融品种较少，金融工具落后，服务手段单一。2010 年 7 月，"一行三会"下发了《关于全面推进农村金融产品和服务方式创新的指导意见》。通过创新金融产品和服务，研发有针对性的金融产品，使农村金融产品和服务适应当前农业产业化、农村城镇化加快发展趋势，适应农村金融需求多样化的发展趋势，通过金融创新提升防范、抵御和化解金融风险的能力。

7.3.3.2　支农模式创新

农村商业银行要做足"农"字文章，而支农模式的创新是服务新农村的重点。农村商业银行的支农模式可以尝试多种形式，如以银行为信贷资金主体核心的信用转移通道，就是多个信用承载主体有关联的组合，如龙头企业、担保公司、协会、政府、合作经济组织等，进行信用放大。在支持好农业专业化龙头企业的同时，以联保贷款的形式支持好周边群众的家庭承包经营，通过“公司＋农户”“龙头企业＋农户”“专业合作组织＋农户”等形式，实现小农户与大市场的对接。通过以上几种组合形式，可以保证农户产品销路稳定、再贷款顺利以促进生产循环开展，同时公司和龙头企业也能够以合理的价格取得稳定的货源，无论是对农户、对公司和龙头企业还是对农村商业银行本身都具有正面意义，可谓一举多得。

农业价值链融资模式就是一个很好的思路。发达国家农业产业链相当成熟，商业银行全面参与产业链条，根据产业链的各环节提供贷款和融资产品。国内金融机构要借鉴产业链金融模式，形成“生产链金融”“供应链金融”和“销售链金融”。一是积极支持龙头企业整个上下游产业链条。实行链式营销和管理，依托产业化龙头企业、农民专业合作组织等，支持上下游的种养和购销行为，增强其与产业化龙头企业建立长期战略协同关系，增强抗风险能力，提升供应链的竞争能力。对符合信贷条件的科研、农资、种养、加工、仓储、运输、营销等整个现代农业产业链和相关农村服务业提供一揽子金融服务。二是细分产业链条，提供差异化金融服务。整个农业产业链可划分生产、加工、贸易、零售阶段。在产业链不同阶段，客户需求呈现不同特点，按照客户需求和产业发展的内在金融需求，量身定制相应的服务和产品。生产阶段的切入点主要有粮食生产、禽畜养殖、农机设备等方面，支持粮食主产区建设，发展标准化、规模化生产基地，建立标准化的生产体系。加工阶段主要有原料供应、加工设施、产品研发和市场营销方面，支持企业精深加工，构建初加工、精加工、深加工分工协作体系，延长产业链条。贸易阶段主要有库存和贸易流通，支持农产品市场建设、农超对接、合同订单、冷链配送等发展，做好“万村千乡市场”、农村商品配送体系建设。

7.3.3.3 风险担保创新

农业是弱势产业，风险较大，积极探索建立分散农村金融服务的风险机制，改变农村金融机构独担金融风险的状况，乃当务之急。建议农村商业银行在农户联保的基础上，专门设立为“三农”服务的贷款担保中介机构，增强农村商业银行对“三农”贷款的信心。

此外，对农户小额信贷形成的亏损，国家给予部分财政贴息，并减免营业税和所得税，对已经形成不良的小额农业贷款，上级和有关部门要允许农村商业银行在一定职权范围内自主核销，提高其风险承受和处置能力。创新贷款担保方式，扩大担保品范围，推广存货质押、应收账款质押、仓单质押、动产浮动质押等多种抵质押方式。支持有实力的企业以资本运营和优势品牌为纽带，通过收购、兼并、租赁、控股等方式，开展跨区域、跨所有制的联合与合作，盘活资本存量，整合要素资源，组建企业集团。积极发展融资租赁业务，推进农业企业及农户更新农业耕种设备和其他农业价值链中的所需设备。充分发挥金融业信息富集优势，为农业企业提供顾问理财金融服务，使其进军资本市场。加强信息咨询服务，为农业企业和农民提供市场、商品、技术标准、贸易政策等各类信息，帮助客户开拓国内外市场。加强涉农信贷与涉农保险的合作，综合发挥银保服务“三农”的功能作用。鼓励农产品生产经营企业进入期货市场开展套期保值业务，充分运用期货交易机制规避市场风险。

第8章　农村金融风险的防范与化解

金融对经济有着重要的促进作用，农村面貌的改善，农业的发展，农户收入的提高都离不开金融的支持，是否有有效的金融支持是能否解决好“三农”问题的关键。但在现实中农户贷款难是一个普遍现象，金融并没有很好地发挥出促进农村经济发展的作用。从宏观上讲，农业先天就是一个风险大的产业，不仅面临市场风险，还要面临自然风险，受天气影响大，而同时农业收益又相对低下，这些导致了农村金融风险偏高，从而导致国家的正规金融机构在农村的信贷效率低下，不良贷款比例居高。从微观上讲，一些农户想要发展，但却缺乏必需的资金支持，而另一些农户得到资金支持后，用于一些消费性支出，并没有用资金来发展生产，形成良性循环。这种金融供给与需求的错配导致了农村金融信贷风险的高企，正规金融机构越发不愿向农户发放贷款，农户贷款越发困难，而与此相伴而生的现象是农村地下金融的流行。这些现象都与农村特殊的风险收益状况相关。农村地区的显著特点是风险收益的倒挂，高风险而伴随着低收益，风险得不到有效的补偿，这异于一般的产业特点。而在情况不同的地方，运用不变的政策措施，自然会导致低效率。因此，研究农村地区的金融风险特点，并提出相应有针对性的措施，有着重要的现实意义。

8.1 农村金融系统性风险的分析

8.1.1 农村金融风险的概念及分类

8.1.1.1 农村金融风险的概念

金融风险是指经济环境、金融条件的变化给金融参与者造成的收益或损失的不确定性。金融风险的内涵十分广泛，广义上讲，金融风险是指实际偏离预期值的可能性。本书中所述的金融风险主要是指农村金融机构所遇到的信贷违约风险，而这一风险又是由一连串的风险因素所引起的，这些风险因素既包括对整个农村金融市场产生影响的系统性风险因素，如农业的天然弱质性，农户普遍的低收入，农业自身的高风险性等；又包括一些只涉及某些个体事项的非系统性风险因素，如某些“低质量”贷款农户隐藏自己的信息，骗取金融机构贷款却用于消费；或者得到贷款后并不按照事先承诺的事项去努力生产，而是选择偷懒，从而导致信贷资金的损失。

8.1.1.2 农村金融风险的分类

农业风险高度相关，一个农户运气不好时，很可能许多农户也遭受同样的厄运。当农业产品价格下降，自然灾害发生时，同地区每一个农户都会面临相同的处境。当面临的风险大体上独立时，银行可有效地分散与整合大量借款农户带来的风险；但是，相关度高的风险还是不能分散。大多数城镇金融主体具有规避风险的能力，而较小的农村金融不能分散和管理相关度高的风险。

本节把所要研究的农村金融风险定位为农村金融机构所面临的信贷违约风险，即农户到期不能够偿还所借贷款的风险。信贷违约风险并不是孤立的一类风险，而是由一系列的风险因素所诱发的。这些风险因素中有一些是金融机构所必须要承担的，而另外一些则并不应该由金融机构来承担。为研究的深入展开和更加具有针对性,需要将农村金融风险进行分类,为此这里借用投资学上的概念,将农村金融风险划分为系统性的金融风险和非系统性的金融风险。

1.农村金融的系统性风险

在投资学当中,系统性风险的含义是指那些影响所有公司的一类风险,这一类风险无法通过投资的多样化来化解,例如宏观经济的好坏,货币政策的变动等。在这里,农村金融系统性风险的内涵是影响整个农业产出的风险,如气候因素、降雨量、自然灾害等风险,这些风险一旦发生,就会给整个农业产业带来影响,造成农户的损失,从而导致农户发生信贷违约风险。

2.农村金融的非系统性风险

在投资学当中,非系统性风险是指影响个别公司的风险,这些风险通过投资的多样化可以予以消除。在农村金融风险中非系统性风险是指个别一些农户的违约而发生的信贷风险,如一些农户为得到贷款,而将自己伪装起来,骗取贷款,而这些贷款本不应发放给这些"低质量"的借款农户,还有拿到贷款后不作为,不履行当初承诺,从而造成信贷违约。

农村金融的系统性风险与整个农村的大环境相关,农业的产业性质决定了农村金融的系统性风险较高,从而整体上抬高了农村整个信贷活动的风险,任何在农村从事信贷活动的金融机构都要在这个高风险的环境中进行活动,从而"先天"地就决定了其借贷活动的高风险。而这种高风险并不是哪个金融机构通过改进管理或是提高效率就能够改善的;这类风险的改善有赖于整个农业环境的改善,而这却是农村金融机构一家努力所不能为的。农村金融机构不应当完全承担这个风险,从某种意义上讲,这是农村金融机构额外承担的风险。

农村金融的非系统性风险与我们通常意义上所见的金融机构

的信贷风险意义类似，只不过在农村它又有了新的特征。这类风险通过银行的努力，如通过精心设计贷款条款，提供更具有适用性和针对性的贷款合同等方式是可以改善甚至于消除的。两类风险都可能使农村金融机构面临高企的信贷风险。

8.1.1.3　农村金融系统性风险的特征

系统性风险是金融领域内的一个重大的问题，即每一个投资者无法通过投资多样化而化解的风险。农村的系统性风险主要来自农业收成的波动带来现金的不确定、农业地区其他非农收入的来源和数量、农业金融制度变化的影响以及农村政策的影响等方面。农村农作物收成的好坏大大影响农户的收入，也进而大大影响其所能够支配的金融资源。在我国，农户收入仅仅局限于保有生存无忧的粮食，而没有足够的金融资源进行再生产。这是我国当前农村金融体系的一大特色，这也大大影响了我国金融体系改革的顺利进行。系统性风险的另一个方面是非农经济在农村经济中的比例。如果非农经济所占的比重较大，则该地区的金融体系就具有一定的稳定性；反之，则会看到一个比较脆弱的金融体系。农业政策和国家地区开发政策的变动也是系统性风险的来源之一。

农业产业生产周期长、收益低、风险高，从而导致资金向非农产业转移，农村难以吸引外部资金，商业性金融活动难以广泛开展。在农村，生产经营活动是由数量众多的家庭分散开展的，由此形成的资金需求是单笔数额小，而笔数巨大。传统的农业由于其弱质性的特征，对金融资本缺乏足够的吸引力，也难以吸引外部资金。然而资本总是追逐利润的，即便是在农村内部，资金也倾向于流入收益水平比较高的非农产业，或者向城市流动。从这个角度看，要吸引资金投向农村，就必须改善农业产业比较收益低的状况，或者是对农业金融活动进行必要的补贴，以保证资本能够得到足够的利润激励。

由于农村经济活动的特点，如地广人稀、基础设施不发达、社会关系依赖度强、农户收入不稳定等，正式金融机构的经营方式、经营作风、经营能力不能适应农村资金需求的特点，也无法规避多元化风险的冲击。

8.1.2　农村金融高系统性风险的原因分析

8.1.2.1　国家长期实行“以农补工”经济发展战略

虽然农业在国民经济发展中的重要性是不容置疑的，但实际上我国长期实行的却是剥夺农业支持工业发展的“以农补工”的经济发展战略。围绕着这一发展战略，国家进行了土地制度的改革、生物技术推广、农业机械化的推行，农业劳动力素质的培训以及农业生产率的提高，其最终目的在于通过一定程度发展农业以支持工业的发展。同时，政府长期实行农产品低价收购的政策，形成价格“剪刀差”，这种战略的实施，导致农业部门创造的财富大量流向工业部门，使得中国农业投资水平长期不高，农业的政府支持总量甚至为负，并且造成人均粮食生产率和农业生产率低下，农业发展缓慢甚至停滞。

8.1.2.2　农业投资周期长，收益较低

农业由于本身生产周期长，对农业进行投资，不仅要考虑当前的市场状况（价格和需求），而且更为重要的是要考虑以后的市场状况、价格走势和国家宏观政策的变化。这就使得农业投资的选择成本很大。同时，在农业生产周期内，市场风险以外的自然风险以及其他不确定因素，都会使得农业投资主体可能得到的现实收益降低。另外，由于农产品价格长期较低，农产品市场不发达，加之国家对农业投资主体的保护体系还未建立，因此，农业投资收益一直比较低。再者，随着市场经济的发展，农业不再是农业投资主体投资的唯一选择，理性的农业投资主体会根据收益最大化原则进行投资。因此，农业投资主体往往更愿意将资金投资于收益相

对较高的农村工业、商业、运输业等其他行业。

8.1.2.3　政府农业投资不足限制了农业的整体投资

政府作为农业基础性、公共性投资的主体，投资主要目的在于追求宏观、长远的经济效益与社会效益，保障满足人民生活需要及国民经济的协调发展。政府投资行为对农户具有引导与示范带动作用，为农户增加对农业的投资创造条件，并坚定农户的投资信心。改革开放以来，虽然我国中央和地方政府对农业投资绝对额在增加，但是，由于考虑到社会安定的需要，政府农业投资大多投向流通领域和消费领域，对农业基础投资和对农业生产者的直接补贴很少，这些必然严重影响农业投资主体对农业投资的积极性。

8.1.2.4　自然灾害频繁，农业保险体系缺失

农业是世界公认的抵御自然灾害能力极差的“弱质产业”，而中国又是世界上公认的每年遭受自然灾害最为严重的国家之一，同时，中国农业防范自然灾害的设施、政策体系也很不完善，抵制自然灾害能力差，每年中国农业都在自然灾害中遭受较大的损失。因此，一方面农业的投资风险大，另一方面，农业的投资收益又低，人们投资农业的意愿自然不强。

我国农业保险发展起步晚，发展非常缓慢，农业保险种类不仅少而且呈下降趋势，购买农业保险的企业和农户很少。一方面，由于农业是“弱质产业”，保险公司不愿发展农业保险；另一方面由于农业本身利润比较低，而且农业保险保费比较高，对于比较弱势的农户来讲，很难承担，因此农户也不愿意购买农业保险。农业保险的不发达直接导致农户和企业不敢，也不愿意更多地投资于农业。

8.1.2.5　农户收入普遍低下，“低质量”贷款农户比例大

国家长期实行“工业先行”战略，重视工业的发展，并且不断从农业当中索取，对农业的补贴少，造成农业产业的长期弱势，农户生活普遍比较穷困。穷困的农户收入长期低下，相当一部分农户还在为温饱而担忧，农户拥有的财产普遍较少。农村人口众多，土

地资源有限，而这有限的土地资源还经常遭到强占、强征等不法侵害，这更使农户雪上加霜。农户收入低下，财产较少，导致其合格有效的抵押品不足，其贷款动机也多以消费为目的，而不是发展生产，客观上使他们成为"低质量"的借款农户。

在人地关系过度紧张的压力下，日益细小的小规模经营农户本身的借贷需求不仅数量有限，而且多与生活需求相关；而农户自身经营和居住分散，收入受市场波动影响较大，这不仅不能给金融机构带来规模经济收益，反而会带来更多的风险与不确定性。在一个"低质量"借款农户占相当大部分的信贷市场中，金融机构所面临风险也自然较高。

8.1.2.6　利率管制严格

我国实行比较严格的利率管制制度，正式的金融机构，包括信用合作社都必须严格执行国家的利率政策。管制利率水平较高，增加了借款农户的投资成本，导致一部分农户放弃借款；管制利率水平较低，又会影响银行的预期收益，从而失去放款的积极性。

8.1.3　正规农村金融机构退出农村的原因分析

金融机构参与信贷市场的条件是$[A(1+i)-C]\geqslant A(1+i^*)$。其中，$A$ 为信贷额，i 为贷款利率，i^* 为金融机构可获取的无风险利率，C 为金融机构的交易成本，包括设备费、人员工资、借款农户所发生的信息搜寻成本、交易执行成本和交易后监督管理成本。

8.1.3.1　对于交易成本 C 的分析

由金融机构参与信贷市场的条件可以看出，C 越大，也即交易成本越大，则公式条件越难以满足。在农村信贷市场上，由于人口多且居住分散，就需要开办很多的分支机构来开展业务，这样就会使得设备、人员工资等支出增加，从而导致 C 的增大。

同时，农村信贷市场上充斥着大量的"低质量"的借款农户。

在一个信贷市场中,如果“低质量”的借款人占比较小,那么发放一笔贷款给“低质量”借款农户的可能性也较小;即使发放给了“低质量”的借款农户,造成了损失,但由于众多“高质量”借款农户的存在,从这些“高质量”借款农户中得到的收益也会弥补借款给“低质量”农户所带来的损失,从而不会带来太大的风险。但是如果在一个“低质量”借款农户占较大比例的信贷市场上,贷款给一个借款农户,就会以很大的概率贷给一个“低质量”的借款农户,从而可能造成贷款的损失,增大信贷风险。因此,若在一个“低质量”借款农户占多数的信贷市场上,将“高质量”合格的借款农户分离出来,无疑会增大信息的搜寻成本。由前分析可知,在中国的农村信贷市场,正是一个“低质量”借款农户占多数的市场。因此,需要加大信息搜寻成本,即 C 的增大,如果从优质借款农户所获取的收益不能抵偿 C 的增加,则公式条件不符合,金融机构就不会提供金融服务。

中国城乡的二元经济结构明显,城乡发展极不平衡,城市的发展程度远高于农村。在城市中,居民聚集程度高,信贷市场比较集中,这会减少金融机构分支机构的数量;同时,城市居民的收入普遍较高,有效抵押品也较丰富,这些使其成为较优质的借款人,城市优质借款人的数量明显高于农村。这就使得金融机构在城市中的交易成本小于农村。同时,众多优质借款人的存在,也使得 C 由更多借款人分担,人均交易成本更小,而从每个借款人身上得到的收益就更大,产生规模效益。

8.1.3.2　对于信贷额 A 的分析

农村信贷市场的一大特征就是贷款笔数多而每笔数额少,每笔贷款都需发生一定的成本,笔数多就意味着成本费用也高;每笔数额小,也就意味着从每笔贷款当中取得的收益也较少,这自然很不经济。

而在城市中,情况却相反,借款户通常每笔借款的数额较多,而借款笔数相对较少，这样银行从每笔贷款当中取得的收益数额也就较高，花费更少的成本，而能得到更大的收益，因此，城市信贷市场对于金融机构更加具有吸引力。

8.1.3.3　对于贷款利率 i 的分析

前已述及，农业产业本身是一个天生的"弱质产业"，政府的投入不仅不足，而且还不断从农业部门索取剩余收益，导致农业的后天发育也不良，从而更加重了农业产业的"弱质性"。农业产业的弱质性决定了其较低的收益率，而贷款利率是与产业的收益率正相关的，从而也导致了较低的贷款利率。而在城市中，产业以工业和商业为主，利润率较高，从而贷款利率也较高。同样数量的贷款投放到城市中的产业就会比投入农业产生更大的收益率，理性的金融机构以获取更多的收益为目的，自然就会"舍村进城"了。

中国农村经济组织普遍存在着抵押品不足、收入不稳定、布局分散、规模较小等特点，其风险承受能力有限，或者说，农村经济组织只能获得收益，而没有能力承受风险。同时，一般农村经济组织主体的知识水平低下，再加上收入水平较低，缺乏投资意识，投资能力也是低下的。他们既不能承担与高收益相对应的高风险，又不能充分发掘投资机会，这决定了正规的商业性信贷在中国农村的生存空间极其有限，只能适用于个别的经济较发达地区。

从商业银行角度看，追求利益与风险控制是其经营的基本准则。只有满足潜在的预期收益大于风险，才能使他们产生放贷的动机。商业银行的规范化经营是保证其安全运行的必要措施，而农户无论是在资产抵押、信用担保，还是在金融机构对其评估方面都存在巨大的技术上的障碍，这无疑会增加商业银行的评估成本。金融机构作为一个理性的经济人，在商业银行市场化改革的大背景下，自然会做出理性的选择，逐步从农村收缩，进入城市当中。

传统农业的弱质性不能形成稳定的具有较高水平的投资预期收益，而农户借款又具有规模小而分散的特点，再加上交通、通信不发达，导致贷款发放者的外生交易成本增加，从而使得农业的信贷交易没有一个可获利的稳定预期。从整体上看，这是我国的二元经济结构的必然结果。随着中国银行业商业化改革的深化，银行本身面临越来越大的竞争压力，它必须在资金安全的基础上以利润最大化为经营目标，因此对于每一笔贷款，它都必须要考虑借款者投资的预期收益，要进行成本—收益计算。农业信贷交易没有一个满意的获利稳定预期，正是中国商业金融机构逐步退出农村的基本原因。

8.2 基于信息经济学的农村金融非系统性风险研究

从农村地区看，农户和农村中小企业贷款难，在很大程度上是因为农户和农村中小企业不能提供完善可靠的信息。对于信贷与金融交易而言，由于农村地区居民居住较为分散、信息闭塞，农村信贷市场的信息不对称问题远比城市普遍和严重。放贷人往往很难知道农村借款农户的实际经营能力和还款能力，是否按照合同约定目的申请贷款，获得贷款后用于从事什么。现实情况是，往往许多贷款本应贷放给那些具有较高预期收益或稳定收入的农户，而实际上却因无法在贷前对农户进行准确的区分，从而导致稀缺的信贷资源被低效使用。另外，一项贷款往往因为一个特别有利的原因借出，但实际却被借款农户用于其他需要(如消费)，借款农户因此无法偿还贷款。信息不对称导致农业贷款的整个申请、获得、使用过程中的道德风险和逆向选择问题突出，产生信用风险。

8.2.1 农村经济主体的信息特征与农户金融需求类型

8.2.1.1 农村经济主体的信息特征

农村金融的非系统性风险集中表现为信息的不对称性，农村经济主体信息具有下述特征。

1. 农户居住分散，导致信息流动不畅

金融机构在农村信贷市场上面临着更加严重的信息不对称问题，由于农户居住分散，他们无法知道每一农户的具体情况，在他们看来，前来借贷的农户都是同样的，无法区别。但实际上农户借贷的目的各不相同，对不同资金需求的农户，银行所面临的信贷风险也不相同，需要对农户的信贷需求作一个基本的划分。

2. 农户获得贷款后的行为难以观察和监督

农户在获得贷款后，有两种选择，一是按照事先的约定投入项目中，努力经营，尽力使得项目获得成功，获得回报，按期偿还银行贷款；另一种选择是，农户有可能不按照事先约定去做，而是用于消费，或者是投入风险更大的项目，为谋取更大的收益。因为是银行贷款，并非自己的钱，这样做，一旦项目失败，则损失是银行的，而项目成功后，自己会获得更加丰厚的利润，农户有充足的动力这样做。农户获得贷款后的行为是农户的私人信息，这是银行难以观察和监督的。

3. 金融机构信息缺失，左右为难

前已提到，由于农业产业固有的高系统性风险和低收益性的特征，使得金融机构都不愿在农村开展业务，纷纷收缩机构，撤出农村。那些仍然在农村开展业务的金融机构还面临着一个问题，那就是面对前来借贷的农户，他们无法区分出这些农户的借贷目的，他们究竟是借贷用于消费目的还是用于生产目的。农户的借贷目的是他们自己的“私人信息”，他们中的一部分是以生产为目的，属于“高质量”的借款农户，而另一部分人则可能是借款用于消费，属于“低质量”的借款农户，是金融机构应该排除在外的借款农户，这些借款农户为获取贷款，可能会隐藏自己的“私人信息”，把自己伪装成为“高质量”的借款农户，其实，他们本是应该被排除在借贷对象之外的“低质量”的借款农户。但由于农村区域广大，交通不便，农户居住分散等原因，银行无法获知他们的这些“私人信息”，或者想获知就需要相当大的成本，而由此带来的收益可能根本抵不上为此所花费的成本。

农户在获得借款后，有可能不按照当初借款时的约定项目，而是从事更高风险的项目，因为这些项目的收益会更高，这就使得金融机构要承担更大的风险，但却分享不到更多的收益。农户在借款后究竟会如何从事，是否会遵守当初承诺，是否会努力经营，按期偿还贷款，这些也都是属于农户的“私人信息”，银行无从知道。

在存在私人信息，信息不对称的情况下，银行就会面临是否借贷的困境。如果不进行借贷，实行“惜贷策略”，这样尽管会保证不会借款给那些“低质量”的借款农户，保证了银行的资产质量，但同时就满足不了那些符合标准的“高质量”的借款农户的需求，他们有生产的积极性，有动力偿还银行的贷款，并能够为银行带来收益。如果不贷款给这些“高质量”的借款农户，则既不符合以盈利为目的的商业银行的性质，又不能为农村经济发展服务，背离了银行的职责，造成了效率的损失。

而如果银行施行借贷行为，区分借款农户需要花费较大的成本，而所得的收益可能不能抵偿这些成本，因为银行很难区分出不同类型的借款农户，就很有可能将有限的信贷资源配置给那些本应该排除在外的“低质量”的借款农户，而他们不会有效地利用这些资源，从而也造成了效率的损失。

信息不对称造成了信贷的低效率，银行在困境之下，只好将资金转移出农村市场，减少了信贷资源，使得农户“贷款难”的问题更加突出，信贷市场上存在的信贷配给等诸多现象也都是缘于信息不对称。

8.2.1.2 农户金融需求类型

1. 消费型需求

在中国的农村，长期以来的工业化战略，忽视了农村的发展，农户生活普遍较为贫困,农户收入长期处于低水平,增长缓慢。在农户收入增长缓慢的情况下,农户的消费支出却以较高的速度增长。其中,主要是医疗保健支出逐年快速增加。实际上,与农户的收入水平相比,文化教育、娱乐用品及服务和医疗保健支出属于较高层次的生活消费,超越了中国农户现在能够承受的消费层次。这类支出是外界环境强加的一种"强制性"消费,占用了农户大部分可支配收入。在农户收入水平没有较大水平提高的前提下(至少近期难以实现),消费支出的"强制性"诱使农户采用信贷的方式来跨期分配资源实现平滑消费。

对于消费型资金需求的农户来说,其借贷的目的就是为了消费,资金不能够循环再造,其借贷的目的就是为了解一时的生活之困,资金偿还的可能性较小,因此,金融机构应当排除这一类的借款农户,这类借款农户属于"低质量"的借款农户。

2.生产型需求

在农户收入来源中,家庭经营收入虽然仍是农户收入的主体,但是在劳动生产率递减且国内的粮食价格已经接近国际价格的情况下,依靠提高粮食价格来提高农户收入的空间很小;外出务工收入是农户现金收入的主要来源,但是在城市吸收农户就业能力有限的条件下,寄希望于转移出一部分劳动力增加农户的人均耕地种植面积和扩大对商品粮的需求来提高农户收入也不是长久之计。因此,当前增加农户收入最现实的办法就是改变农业生产的结构,生产高附加值的经济作物,如蔬菜、水果、鲜花、鱼产品、畜产品等。但是生产高附加值的经济作物必然会对资金需求比较大,生产经济作物要求比较好的种子、更多的化肥、农药,而且有些作物的生产周期比较长,比如种植水果,要两三年后才有收益。因而农业结构的调整顺利完成也需要信贷资金的支持。

除了在农业内部调整生产结构以外,农户提高收入水平的另一个重要方式就是调整农业和非农业的生产结构,把生产要素更多地配置于非农业。由以上分析可知，这也是随着农户收入水平提高之后的一个必然趋势。但是，由于农业内部积累的生产资金有限，仅仅依靠农户在封闭的状况下进行的自身滚雪球式的资金积累，无疑是难以满足非农业生产对资金的巨大需求的。再加上消费的“强制性”分流了大部分农户收入，其结果是农户可用于生产投资的资金必然萎缩。

对于农户的生产型资金需求来说，其以生产为目的，如果项目成功，则投入的资金就可以收回。运用信贷资金从事这一类的项目，则贷款收回就相对较为有保障，以生产型资金需求为目的的农户应该是银行信贷资金投放支持的对象，他们属于“高质量”的借款农户。

8.2.2　信息经济学模型在农村金融风险研究中的运用

在农村信贷市场上，对于众多的贷款农户，信贷资金总是稀缺的。经济学中的供求原理告诉我们，对一般商品而言，如果存在超额需求，只要提高商品的价格，就能够达到供求平衡，此时，厂商获得最大化的效益。但对于信贷资金这一特殊的商品来说，在存在超额需求的情况下，提高商品的价格——贷款利率，能否使得厂商——银行——获得最大化收益呢？答案是否定的。因为农村信贷市场与一般的商品市场有所不同，这是一个信息不对称的市场，银行在合同订立前无法获知贷款农户的私人信息。在这种情况下，如果通过提高贷款利率来使得资金的供求平衡，银行很可能会遇到逆向选择的问题，即低风险的“高质量”贷款农户会因为承受不了高贷款利率而退出信贷市场，那些依旧愿意贷款的农户是一些高风险的“低质量”农户，这些农户会使银行面临非常大的信贷风险，这反而会降低银行的收益，这就是利率的逆向选择作用。

在事前无法获知农户私人信息的情况下，银行会选择另一种策略——信贷配给，来缓解利率的逆向选择效应。以下就运用信息经济学中的逆向选择模型来分析银行在农村信贷市场上的信贷配给行为及利率的逆向选择作用。

8.2.2.1　逆向选择

信贷配给是信贷市场上常见的现象:在现行的贷款利率下,不是所有的贷款申请人都能如愿获得贷款。这意味着市场是非均衡的,在信贷市场上存在着过度需求。在农村金融市场上也存在着这种情况,在现行的利率条件下,并不是所有有贷款需求的农户都能够贷到款。

我们知道,在农村信贷市场上,银行面对的只是承担有限责任的农户,如果他们没有足够的担保,贷款项目一旦失败,银行往往不能收回全部的本息。因此,银行放贷的期望收益既取决于贷款利率的高低,也取决于还贷风险(贷款项目失败的可能性)的大小。在这里,贷款项目的风险大小是借款农户的私人信息,银行无法辨别具体某个贷款项目的风险大小。

假设市场上存在两种类型的借款农户。一类农户是生产型需求的农户,他们会将信贷资金投放于可以给他们带来收益的项目上,并努力促成项目的成功,一旦项目成功,就能够带来较为丰厚的收益,偿还银行的贷款。他们借贷从一开始就是以将来偿还为目的的,如果能够顺利贷到款,则他们可以实施既定的项目,从而获得收益;而一旦贷款不成功,那么他们可能就会错失一次绝好的可以致富的投资机会,这对于他们来说是一个损失。另一类农户借贷的目的是用于消费或是投资于高风险的项目,这类农户也许根本就没有还款意愿,借贷时就并不打算偿还,他们怀着“捞一把”的心态,如果能够贷到款,就相当于获得了一笔不需偿还的免费资金;即使没有贷到款,他们也不会失去什么。对于银行来说,后一类贷款存在着较高的风险,这类农户属于“低质量”的借款农户。

如果银行提高利率,那些从事低风险项目的“高质量”借款农户将无力支付贷款的利息,他们会退出信贷市场,但从事高风险项目的“低质量”借款农户却可能仍会对贷款有需求，因为对于他们而言，项目失败了还是陪这点钱（有限的抵押或担保），而有幸成功的话，比起巨额的收益来，这点利率的上升根本算不了什么。于是，我们会看到，利率上升会使得低风险项目退出市场，贷款的“质量”因而降低，这就是利率的逆向选择作用，下面就通过模型来进行分析。

假设两类项目都完全依靠银行融资，融资金额为 B，银行的贷款利率为 r，银行要求借款人提供相当于融资总额比例 c 的担保品，且 $c<1+r$。项目 $i(i=1,2)$ 投资成功后可得收益 R_i，若投资失败则一无所获，其中成功的概率为 p_i，且有 $p_1>p_2$（即项目 1 成功的概率大于项目 2 成功的概率，项目 1 为低风险项目，项目 2 为高风险项目），$R_1p_1=R_2p_2$（假设两个项目的期望收益相同）。

这样，银行每融资 1 元的期望收益为

$$p_i(1+r)+(1-p_i)c=p_i[(1+r)-c]+c \quad i=1,2 \tag{8-1}$$

对于项目 1，项目 2，银行的期望收益分别为

低风险项目： $$p_1[(1+r)-c]+c \tag{8-1-1}$$

高风险项目： $$p_2[(1+r)-c]+c \tag{8-1-2}$$

由式(8-1-1)－式(8-1-2)可得

$$(p_1-p_2)[(1+r)-c] \tag{8-2}$$

由于 $p_1>p_2$，$1+r-c>0$，则式(8-2)的结果大于零，即对于银行来说，低风险项目带来的期望收益总是高于高风险项目带来的期望收益，银行希望借款农户能够从事低风险的项目。

对于借款人而言，项目 i 的期望投资回报为

$$p_i[R_i-B(1+r)]-(1-p_i)cB \quad i=1,2 \tag{8-3}$$

式(8-3)可等价转化为

$$p_iR_i-p_iB(1+r-c)-cB \tag{8-4}$$

对项目 1，项目 2，其期望投资回报分别为

低风险项目：$p_1R_1 - p_1B(1+r-c) - cB$ (8-4-1)

高风险项目：$p_2R_2 - p_2B(1+r-c) - cB$ (8-4-2)

式(8-4-1)－式(8-4-2)可以得到

$$p_1R_1 - p_2R_2 + p_2B(1+r-c) - p_1B(1+r-c) \quad (8-5)$$

由假设条件 $R_1p_1 = R_2p_2$，则上式可以化简为

$$B(p_2 - p_1)(1+r-c) \quad (8-6)$$

由于 $p_1 > p_2$，$1+r-c>0$，则式(8-6)结果小于零，也即低风险项目给借款人带来的预期回报总是小于高风险项目，借款人会倾向于选择较高风险的项目。

通过以上分析可知，银行希望从事低风险项目的农户来借款，而农户则倾向于选择能够带来更高收益的高风险项目。因此银行对于借款利率的提高是有限度的，借款利率如果高过一定限度，则会让低风险项目的农户由于借贷成本过高而失去收益，这会使从事低风险项目的农户退出信贷市场，信贷市场上剩下的高风险项目借款农户会减少银行的预期收益。设 R^* 为恰好使低风险项目的投资回报等于零的贷款利率，令式(8-3)等于零，可得

$$R^* = [R_1p_1 - cB(1-p_1)]/p_1B - 1 \quad (8-7)$$

R^* 是低风险农户所能承担的临界利率，超过这一利率水平，低风险的贷款农户将会退出信贷市场。

一般而言，随着银行要求农户支付的贷款利率增加，银行的平均风险会增大。这要么是由于农户转换到更高风险的投资项目上，要么就是更稳妥项目的吸引力变低了，于是，为稳妥项目融资的农户就不申请贷款了。贷款的风险效应可能超过银行从利率增加所获得的直接收益。因此，银行收益预期将在某一利率临界点(R^*)上达到最大，超过这一利率水平后，银行的预期收益会因为贷款农户质量的恶化反而下降。图 8-1 反映了这样的情况。

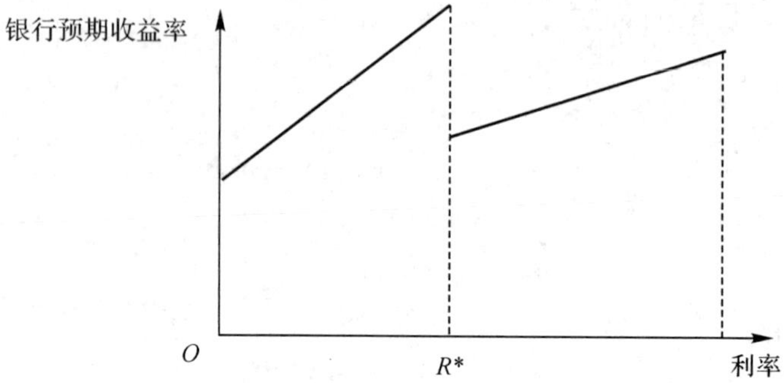

图 8-1 银行预期收益率与利率

利率的逆向选择作用是由于不同的借款农户有着不同的还贷概率。银行的期望收益当然取决于借款农户的还贷概率,因此银行很希望自己能够辨别哪个借款农户更有可能还贷。但是要识别“高质量”农户是一件不容易的事情,需要银行使用大量的甄别工具。而农户愿意支付的利率可能扮演甄别工具的角色:愿意支付更高利率的农户平均来说可能有更大的偿债风险,他们之所以愿意支付那么高的利率是因为预期自己偿还这笔贷款的概率很低。因此,随着利率的上升,农户的平均风险会上升,从而降低银行的期望收益。

提高利率将会提高高风险项目对借款农户的相对吸引力,而这些项目对银行的回报却较低。因此提高利率可能会使得农户采取不符合银行利益的行动,这就使得银行面临对资金的超额需求时采取信贷配给制度而不是提高利率。

8.2.2.2 逆向选择问题的解决——信号发送机制

以上分析了农村金融信贷市场上存在的逆向选择问题。由于信息的不对称导致了逆向选择问题的出现,而银行采取信贷配给这一制度来缓解逆向选择的问题。逆向选择问题出现的根本原因是银行无法甄别出农户的质量好坏。

信号发送是解决农村信贷市场上信息不对称问题的一种机制。信号发送指拥有私人信息的代理人通过采取某种可观察的行动(即发送信号)来向委托人显示自己的真实信息[①]。

在农村信贷市场上,"高质量"的借款农户会想方设法把自己显示出来,因为一旦能够证明自己是"高质量"的借款者,他们就会得到奖赏,如更容易获得贷款以及以更优惠的利率获得贷款等。农户为借到贷款,需要接受一定的培训,从而提高项目的成功率;或承诺更多的抵押品等,这些都是贷款所需要花费的成本。"高质量"的借款农户会愿意花费一些成本,并向银行传递这个信号来使银行知道自己是"高质量"的。用 C 表示农户为贷款所花费的成本,在信贷市场上,C 是可以被观察到的,将作为一个信号发送给银行。银行将根据 C 来推测农户的质量,并提供相应的利率,或拒绝贷款,这就是下面所要讨论的分离均衡问题。

1. 模型设定

在农村信贷市场上,银行对农户的奖赏可以看作是农户所付出信号成本 C 的函数:

$$R = R(C) \tag{8-8}$$

在这里,有两个决策主体。首先是农户,他决定向银行发送的信号成本,其次是银行,银行决定对农户的奖赏。为便于具体分析,进行一些具体设定,将农户按照能力不同抽象为两类,一类是"高质量"的农户,一类是"低质量"的农户。信号成本由农户自己承担,假设"低质量"农户的信号成本为 $C_L = s$,"高质量"农户的信号成本为 $C_H = 0.5s$。也就是说,向银行发送同样的信号,"高质量"农户付出的成本较低。两类农户的效用分别如以下两式所示,都取决于所得到的银行奖赏和所付出的信号成本:

$$U_L = R - C_L = R - s \tag{8-9}$$

---

① 陈钊. 信息与激励经济学. 上海:上海人民出版社,2005:54.

$$U_H = R - C_H = R - 0.5s \tag{8-10}$$

这样就能够得到两条无差异曲线，图 8－2 就是这样的两条无差异曲线，无差异曲线在纵轴上的截距表示农户的效用水平。

2. 分离均衡

所谓分离均衡是指在均衡状态下，不同类型的代理人所选择的可被观察到的指标的最优水平是不同的，因而委托人可以通过该指标来区分不同类型的代理人。

在这里，假设这个可被观察到的指标就是信号成本。假定信号成本超过 C^* 的农户都是高质量的，所有信号成本不足 C^* 的农户都是低能力的。对于"高质量"的农户，银行会提供较为优厚的贷款利率和更宽松的贷款合同，这可以看作是银行对"高质量"农户的奖赏，即"高质量"农户得到更高的奖赏，于是，相应的利率方案（奖赏方案）为

$$R(c) = \begin{cases} 1, & C < C^* \\ 2, & C \geqslant C^* \end{cases} \tag{8-11}$$

该利率方案的一种可能情况如图 8－2 中的线 AB 和 CD 所示。

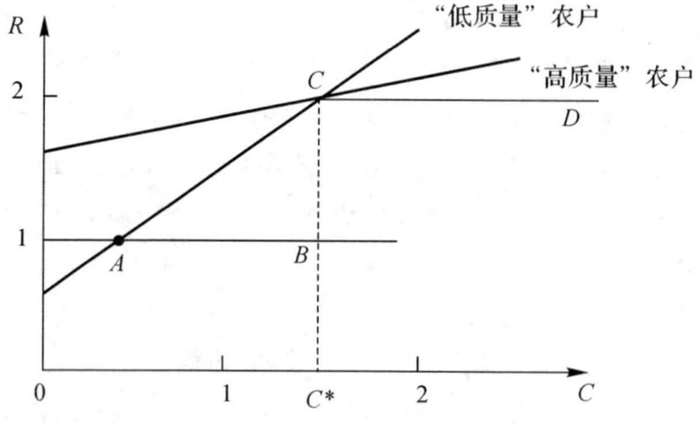

图 8－2 分离均衡图

首先，给定农户的这种利率方案，均衡的信号成本要么是0，要么是C^*。这是因为，在这里信号成本只是起到一种"信号"的作用，因此C^*的信号成本已经使银行认为农户是高质量的，因为只有真正用于发展生产的"高质量"农户才敢于承担这样的信号成本，他们确保会将贷款用于发展生产，且有很大概率保证项目的成功，从而能够到期偿还贷款，因此不会太担心信号成本的付出，而负担更多的信号成本只会导致农户的借贷成本上升，没有任何必要。而任何大于0小于C^*的信号成本也是不理想的，因为，既然这样的信号成本并不能使银行认为农户是高质量的，那么这些信号成本也就不应付出。也就是说，"高质量"和"低质量"的两类农户都只会在图8-2中的A，C两点之中进行选择。

那么，这两类的农户会分别做出怎样的选择，可以通过在图8-2中画出经过C点两类农户的无差异曲线来加以分析。如图8-2中，由于该图中C^*大于1小于2，因此图中线段CB与AB的长度之比在0.5到1之间。因此，经过C点的高质量农户的无差异曲线与纵轴的截距必定大于1，而经过C点的低质量农户的无差异曲线与纵轴的截距必定小于1。也就是说，对于高质量的农户而言，选择C点所代表的信号成本（C^*）并且获得奖励利率（$R=2$）要好于不花费信号传递成本而放弃奖励（图中A点表示），而对于低质量的农户，选择图中A点所表示的不花费信号成本且获得利率1是最好的。这样两类农户的最优选择结果也正好符合银行对于农户质量的判断，即能够承担信号成本C^*的是高质量的农户，而不承担任何信号成本的是低质量的农户。

这样一种均衡就称为分离均衡，因为此时银行可以根据不同的信号成本区分两类不同类型的农户，分别为他们提供不同的贷款利率。要让这样的分离均衡能够成立就必须使"低质量"农户不愿意通过提高相应信号成本来装成自己是"高质量"的农户，同时，"高质量"的农户却愿意通过接受相应的信号成本来显示自己确实是“高质量”的。

3. 缺乏信号发送机制时的情况

如果没有信号发送机制，情况会怎么样呢？当不存在信号发送机制时，银行按照农户的平均风险水平提供贷款利率。对于“低质量”的农户来说，有了信号发送机制后，他们不能再滥竽充数沾“高质量”农户的光，情况会变差。但是信号发送机制的存在，对“高质量”农户是否更好，则要分情况而论。如果“低质量”的贷款农户所占比例很低，那么没有信号发送机制时“高质量”的农户的利率会接近于分离均衡下的低利率，这时分离均衡只能让“高质量”的农户得到极其有限的优惠利率的好处，但为此他们需要付出一定的信号成本。因此，此时信号发送机制的存在反而使“高质量”的农户的境况变差，他们为了不被误认为是“低质量”的农户而不得不付出较高的信号成本。但是，如果“低质量”的农户的比例相对较高，那么无信号发送机制时“高质量”的农户所能得到的那个平均贷款利率就会很高（被拒绝的可能性也高），这时他们宁愿承担信号成本来使自己有别于“低质量”的农户，从而获得更加优惠的贷款利率。此时，信号发送机制的存在对“高质量”农户来说是有利的。

这种情况可以由图8-3来加以说明。图中C点表示“高质量”的农户在有信号发送机制时的状态，E点的位置由平均利率水平决定。在图8-3(a)中，由于“低质量”农户的比例较低，此时E点的位置较高。也就是说，分离均衡中“高质量”农户的无差异曲线在纵轴的交点位于E点之下，即与C点相比，E点给高质量的农户带来更高的效用。图8-3(b)的情况则相反。

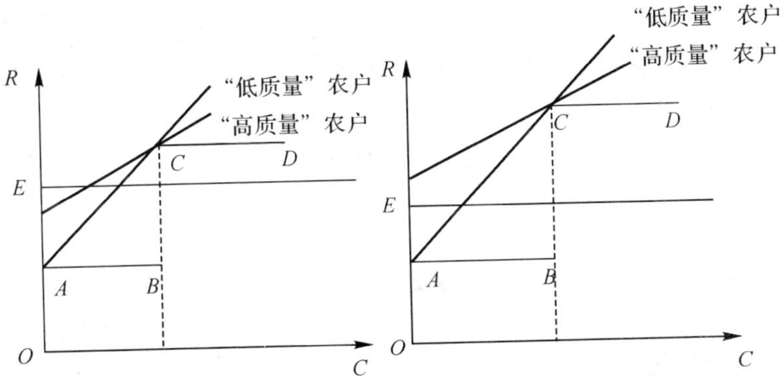

图 8-3　缺乏信号发送机制的分离均衡

(a)“低质量”农户的比例低时，分离均衡使“高质量”农户的境况变差

(b)“低质量”农户的比例高时，分离均衡使“高质量”农户的境况变好

8.2.2.3　道德风险

以上讨论了信息不对称而导致的逆向选择问题及其解决机制。逆向选择问题是合同订立前由于信息不对称而导致的问题，属于“事前”信息不对称问题。还有一类信息不对称问题属于“事后”信息不对称问题，即在合同订立之后也可能发生由于信息不对称而导致的问题，这一类信息不对称问题称为“道德风险”。道德风险所针对的是代理人行动的不可观察，如农户拿到贷款后违背银行意愿，从事高风险的项目，不再付出努力等情况。

在前文中我们已经指出，所有不对称信息问题都可以被纳入到一个委托—代理分析框架之中，其中不掌握私人信息的一方被称为委托人，掌握私人信息的一方是代理人。委托—代理理论也被专门用来研究道德风险问题。在这样的委托—代理分析框架中，委托人委托代理人从事某项工作，由于委托人无法直接观察代理人的行动，代理人在受雇后可能会选择不利于委托人的行动。

将委托—代理模型应用于农村金融风险的研究。在此模型中，农村的金融机构并不清楚农户在拿到贷款后是否会真地用于事先约定的项目，是否会努力工作，努力促成项目的成功，从而到期可以偿还金融机构的贷款，这些都是农户的私人信息，金融机构不掌握这些私人信息；农户在拿到贷款后，只有他自己清楚如何使用贷款，他是会真地用于约定的项目还是会挪作他用，不打算归还贷款，这是农户的私人信息。在这里，委托人是农村的金融机构，代理人就是取得了贷款的农户。

但是，代理人行动的无法观察只是导致道德风险问题存在的一个必要而非充分条件。可想而知，如果委托人想要代理人做的，也正是代理人自己希望去做的，那么即使代理人的行动不可观察，委托人也不用担心。只有当委托人与代理人的目标不一致时，委托人才会因为代理人行动的不可观察而担忧。在农村金融市场上，如果农户就是按照之前与银行签订的协议去行动，努力工作，则银行所面临的信贷风险就会较小；而如果农户在拿到贷款后改变主意，用于其他生活需要或投入更高风险的项目，而由于监督成本太高，银行没法知道，这样的话，银行就面临着较大的信贷违约风险。当银行将贷款交给农户时，如果农户的活动不能被银行有效地观察，那么道德风险问题就会产生。

8.2.2.4　农户道德风险的控制机制

实际中有一系列的机制来控制农户的道德风险行为，其中一部分机制来自于外部，一部分来自于银行内部。

1.外部机制

市场会起到约束农户行为的作用。其中，很重要的就是农户的信誉对农户的隐性激励。农户的能力和行为是其私人信息，所有的银行都可以通过可被观察的农户的经营业绩和还款率来不断更新对农户能力的判断，于是，凭借良好的信誉，农户就能够在今后获得优惠的报酬（更宽松的贷款条件等），而失信于银行的记录则会给农户在今后的贷款获得上带来十分不利的影响。因此，考虑到这种来自于市场的隐性激励，农户的行为也就会更加符合银行的要求。

2. 银行内部机制

在信贷市场上，银行会根据不同的客户提供不同的贷款合同，合同中标明的贷款条件也会有所不同。对于资信好，能够按时按量还款的客户，银行提供贷款合同的条件就会相对地宽松一些；而对于资信较差的客户，银行提供的贷款合同贷款条件会较为苛刻一些。对于较为宽松的贷款合同，客户可能会得到更优惠的贷款利率、更灵活的还款方式、更多的信用额度以及被要求更少的抵押品，这些都可以看作是银行对努力程度高、资信水平好的客户的一种奖赏。

而在农村信贷市场上，银行会将对农户的奖赏与农户的努力程度相挂钩。尽管银行不能够直接观察到农户的行为，但他能够观察到农户的经营成果。只要农户的经营成果能够部分地取决于农户的努力程度和贷款投向，那么将对农户的奖赏与农户的经营成果相挂钩就可能使得农户的行为符合银行的利益。在实际中，这类机制可能是给予农户更优惠的利率，要求更少的抵押品，提供更多的信贷额度等方面。

除了对于努力的奖励外，对不努力进行惩罚也能够起到相同的作用。例如，银行可以花费一定的监督成本加强对农户的监督，监督能够在一定程度上观察农户的投入(努力程度)，一旦农户被发现有偷懒或者偏离之前约定的行为，他将受到惩罚甚至会被终止贷款。

现在就以道德风险模型来分析银行内部机制对于农户道德风险的控制。

3. 道德风险模型

将农户的努力程度设置为 e，农户可以努力工作，这时 $e=1$；也可以选择偷懒或者不努力，这时 $e=0$，对此，银行无法直接观察。努力工作给农户带来的负效用相当于数量为 $c(e)$ 的货币损失，并

且有 $c(1)=y(y>0)$，$c(0)=0$，即选择偷懒的农户的效用损失为零。

此外，假设银行虽然无法知道农户是否努力，但是可以直接观察农户的生产成果，而同时农户的生产成果又不完全依赖于农户的努力程度（否则，银行可以通过观察农户的生产成果间接推测农户是否努力，这就相当于农户努力与否不再是农户的私人信息了，也就不存在信息不对称问题了），两者的关系见表 8-1，其中，$0<p_L<p_H<1$，$d_L<d_H$。p_H：高概率，p_L：低概率。

表 8-1　银行与农户的选择收益表

产出水平＼努力程度	$e=1$	$e=0$
高产出（d_H）	p_H	p_L
低产出（d_L）	$1-p_H$	$1-p_L$

我们把银行和农户之间的委托—代理关系视为双方的一种契约关系。具体就是，银行方面向农户提供的贷款方案就是一份契约，它规定了在不同的产出结果下农户能够得到的贷款利率、贷款条件等，这可以看作是银行对农户努力的奖励。假定高产出水平下银行给农户的奖励为 r_H，低产出水平下的奖励为 r_L。

接下来的讨论要在这样一个限定下展开，即农户努力是最优的选择，有意义的努力比不努力要好，即

$$[p_H d_H+(1-p_H)d_L-y]-[p_L d_H+(1-p_L)d_L]>0 \tag{8-12}$$

或

$$[(p_H-p_L)(d_H-d_L)]>y \tag{8-13}$$

就是说，农户的努力不仅是在概率意义上意味着较高的产出水平，并且与努力的成本相比这种产出水平的增加是值得的。否则，如果努力工作给农户带来极大的成本，那么努力带来的期望产

出水平的提高就不能够弥补农户个人付出的成本。

当农户的努力不可观察时，银行方面无法断定能够按要求偿还贷款的农户是由于农户按照之前的约定努力带来的，还是因为好运气；同样，没有能够达到银行要求的农户也不一定就表示农户没有努力。于是，道德风险问题就可能产生了。农户会在偷懒或将贷款投资于更高风险项目的同时把可能出现的低产出归结为运气不佳。由于无法直接根据农户的努力与否以及是否按约定投资于事先设定的项目，银行只能将农户的贷款条件与农户最终能否按照约定偿还贷款联系起来。为了让农户努力，银行需要通过特定的贷款契约来使农户意识到努力和遵守合同会好于偷懒与违约。也就是说，可行的贷款合同必须使农户自愿地付出努力。农户的效用分别是 $U(r_H - y)$ 和 $U(r_L - y)$。

因此，可行的契约应满足

$$p_H U(r_H - y) + (1 - p_H) U(r_L - y) \geqslant p_L U(r_H) + (1 - p_L) U(r_L) \quad (8-14)$$

为了让农户愿意接受契约，还应该满足

$$p_H U(r_H - y) + (1 - p_H) U(r_H - y) \geqslant U(0) \quad (8-15)$$

4. 最优合同的特征

在信息不对称情况下必须有

$$r_H > r_L$$

努力和信守合同的农户得到更高的奖赏。即如果高产出不带来高奖励，况且努力又不可观察，那么农户有什么理由去努力呢。道德风险的出现是因为成功的概率取决于借款农户的努力，而这对银行来说是观察不到的。

因此，在信息不对称条件下，对所有农户提供固定的相同契约，从而所包含的奖赏相同是行不通的，因为既然都拿一样的奖赏，就没有农户愿意付出额外的努力(这将让农户承担努力的成本)。因此，为了激励农户努力，银行必须要通过差别奖励来让农户感到努力好于偷懒。

8.2.2.5 同业监督

除了上文讨论的用差别奖励来激励农户避免道德风险外，还有一种机制可以解决农户的道德风险问题，这就是同业监督。同业监督是这样一种机制：要求其他人监督借款农户，如果借款农户破产，则监督人需要支付一定的罚金。

同业监督是指贷款都贷给住在同一个村庄的村民组成的小组，这些小组由若干组员组成，这些组员要一起为偿还贷款而负责。小组中任何成员不遵守银行的规定，该银行就会剥夺小组其他成员贷款的机会。同业监督是有成本的，事实上，借款小组这种形式是人为地在小组成员之间制造了相互依赖的关系，导致他们各自承担了更多的风险。

高风险项目会给借款农户带来额外的风险，但也会给借款农户带来较高的回报作为补偿，但是贷款银行却没有这样的补偿。高风险项目成功的概率更低，因此银行获得偿还的概率也更低。如果银行能够直接控制借款农户的行为，它就会具体规定借款农户实施安全的项目，但由于信息的不对称，银行做不到这一点，因此银行就需要通过控制借款合同的条款，以诱导借款农户实施安全的项目。

现在，假设每一个借款农户都有另一个借款农户为小组成员。他们各自项目的成功与否是相互独立的，两个农户可以相互监督。银行希望他们各自报告同组成员是否实施了高风险的项目。银行要创造一种条件，使得每个借款农户监督同伴并报告同伴的任何欺骗行为是对自己有利的。

银行提供一种合同，合同约定如果联合签署的贷款被违约，其他没有违约的组员要支付罚金。在这种情况下，他们会一起决定实施安全项目还是高风险项目，而且如果他们实施了高风险项目，他们会达成一致，不向银行报告。联合签署小组成员的贷款合同，会使农户承担额外的风险。如果两个借款农户都成功了,他们的收入和效用会更高,但是如果其中一个成功,另一个失败了,则成功的农户的收入和效用会更低。

设计成功的同业监督体系的要素是,联合小组成员必须要有动力监督其他成员的行为。小组是合作型的,如果某个成员比其他的成员更倾向于违约,他就会相当于获得了补贴;当小组成员都一样时,则没有补贴。因此,风险相似的农户有很大的动力去组成小组。当然,违约风险高的人愿意加入违约风险低的小组当中。当农户意识到他们组成小组后的共同利益时,同类型(相同风险类型)的农户会自动组合在一起。农户不仅在监督方面,而且在选择方面也比正式的信贷机构有信息优势,同业监督会增强农村信贷市场的有效性。

在中国的农村金融市场上,村庄以外的放贷方无法对贷款实施监督,这成为了农村正规信贷市场发展的一个主要障碍。

8.3　应对农村金融风险的思路与措施

8.3.1　应对农村金融风险的思路

8.3.1.1　改变农业的弱质性,提高农户信贷投资的预期收益

我国农业的弱质性主要来源于自然、产业和体制三个方面,因此,要改变我国农业的弱质性,一要提高农业的抗灾能力,减轻农业面临的自然风险,需要国家财政继续加大农田水利基本建设的力度,改善因自然因素造成的弱质性;二要继续推进农业产业化发展,使传统农业的生产环节与产前、产后环节构成紧密联系、相互依赖的整体,提升加工能力,增强市场适应能力,提高农业的投资预期收益,改变因产业深化不够形成的弱质性;三要改革农村行政管理体制,精简机构,减轻负担,形成经济运行成本比较低的制度

环境，促进农村产业多样化发展，改变农户投资单一性的格局，从而改变因体制形成的弱质性。

8.3.1.2　引导农村非正规金融健康发展，改变金融交易市场的垄断格局

非正规金融主要有自由借贷、私人钱庄、合会组织及农村合作基金会等组织形式。改革以来，农村非正规金融得到了一定程度的发展，在帮助农户资本积累、正常的生产经营和生活消费上对正式金融交易起到了重要补充，但是，非正规金融经营活动一直处在政府的严格管制之下。正规的金融组织因为规模效益小，交易成本大、信用风险高而不愿向农户贷款，而这时如果限制非正规金融的发展，就使农户的资金需求无法得到满足。因此，对农村非正规金融经营活动，合理的政策不是限制，而是通过法律、规章给予引导，使其得到健康发展。非正规金融的发展将对正规金融构成部分替代，有利于形成竞争性金融市场，提高金融服务质量，从而提高信贷交易水平。

8.3.1.3　完善针对信用风险的制度设计

借鉴许多发展中国家在长期农村金融实践中的成功经验，在农户信贷中推广关联交易、联合贷款等做法，发挥社会资本的作用，在一定程度上化解信用风险所造成的信贷困难。关联交易是指信贷交易与其他市场交易相联系，常见的形式有借款农户向放贷人出售产品，从放贷人处购买产出或租用农业机器，向放贷人转让土地使用权，向放贷人提供劳动等服务。关联交易实际上事先为到期不能归还的贷款本息提供了补偿风险。如果放贷人还是某个方面的生产经营者，关联交易还有利于销售其产品，或提高其机器设备的使用效率。联合贷款又叫“小组贷款”，贷款的对象不是一个人，而是一组人，如果一个人赖账，其他小组成员将不能继续借贷。如果一个人要借款，他必须先加入一个小组，这时他就需要对小组的每个成员进行考察，把信用差的人剔除市场，同时也会对

其他人如何使用借款给予监督。这样,由放贷人进行的信息甄别和监督工作都由成员自己完成,既节省了放贷人的交易成本,又降低了其信贷风险。

8.3.1.4　不断提高农户收入

提高农户发展能力的核心是增加农户的收入。城乡居民之间收入差距直接导致了城乡居民发展能力之间的差距。农户只有在收入达到一定的水平后,才能够提出发展的要求,也即提出正常的金融需求。在农村信贷市场上,银行与农户之间的信息不对称问题严重很大程度上也根源于此,即农村整个金融大环境不佳,农户的收入普遍低下,导致他们所提出的金融需求很大一部分是生活消费型的,这种金融需求不能够带来收益,是不能够持续的,也不符合银行商业化的性质,是银行需要排除出去的,但是在一个不令人满意的大环境中甄别出少数的合格借款农户,所需付出的甄别成本又是很高的,是银行所不能够承受的,这样,商业银行自然就退出了农村金融市场。反之,如果整个农村金融环境有了改善,农户普遍富裕,这样他们所提出的金融需求自然也都属于是发展生产型的金融需求,是能够带来收益,持续发展的,在这种情形下,商业银行的信贷资金就在很大的概率上不会损失,金融风险降低,这就会吸引商业银行主动开辟农村金融市场,服务"三农",形成良性循环。不断提高农户收入,是改善农村金融环境,增强农户发展能力的关键。

8.3.2　农村金融系统性风险的应对措施

8.3.2.1　引导非正式金融合法经营

各种自发产生的农村民间非正式金融制度,作为一种制度安排,对中国金融制度结构的变迁具有特殊意义,是体制内金融制度所提供的信贷供给不能适应体制外产出增加的金融需求而不断内生出来的。在 20 世纪 80 年代和 20 世纪 90 年代上半叶,在对待农村民间非正式金融机构发展的问题上，国家一直采取的是一种模棱两可的态度，但当认识到它的发展可能排挤并威胁到被国家控制的正式金融机构的发展时，国家采取的不是在严加监管、不断完善对其管理的条件下鼓励其发展的政策，而是基本上采取了抑制其发展，看到一些问题就把他们关掉的政策，以确保国家对银行业的控制。各种自发产生的乡村非正规金融组织，虽然适应农村经济的发展，符合诱致性制度变迁的发展过程，但却与政府的改革思路不一致，其发展甚至受到来自各方面的压制和排挤。

农村经济主体的金融意识水平低下，决定了正式的商业性信贷在中国农村的生存空间极其有限，只能适应于个别经济比较发达的地区，当然随着农村经济的发展其生存空间会相应扩展。而对于内地以及大部分经济不发达地区而言，低水平的金融意识只能与传统的金融需求和信贷制度相伴随。而且，中国传统文化中体现的独特信用逻辑，也证明了由农村经济内生的金融需求才具有持久的生命力。由非正式融资发展为社区性金融无疑是最便捷、成本最低的制度变迁路径，能够实现金融资源配置的帕累托效应改进。因此，政府就应积极介入该制度创新之中，修改现行的制度安排，扩大政府正式制度所许可的金融活动的行为边界，将原来的体制外非正式融资纳入正式的金融体系之内，使其合法化，便于监管当局进行监管，有利于降低金融风险和保护金融交易各方的合法权益，从而更好地为完善融资支持体系、推动经济转型提供制度基础。因此，解决农村经济组织融资问题首先就要培育多样化的农村金融机构，使融资方式多元化。

我国的农村民间金融在历史上早就存在，且有良好的行业自律传统。近年来，民间借贷日趋活跃，对金融业、社会稳定，对农户增收影响日益加深。目前虽然经过清理整顿，但仍然存在着种类繁多的民间金融形式，说明它们在农村有生存的土壤和需求。民间借贷在提高农村临时闲散资金的使用效率，随行就市的市场利率，简便、灵活的借款形式，对促进农村经济的发展、满足现阶段农村金融无法完全满足资金需求方面发挥了一定的作用，应该正视它们，要从完善法律、制度、政策入手，在严格的市场准入条件、提高准备金率和资金充足率及实行风险责任自负的情况下，引导和鼓励民营的小额信贷银行、合作银行、私人银行等多种形式的农村民间金融健康发展，使其合法化、公开化和规范化，并纳入农村金融体系中加以监管，以增加农村金融的服务供给，满足"三农"多层次的融资需要。

8.3.2.2　加强政策性金融机构的作用

在农业发达国家，政府为了解决农业积累资金速度缓慢、农业对外部资金缺乏吸引力、农业和农村融资难等问题，纷纷设立农村政策性金融机构。农村政策性金融机构向农业和农村提供低利率贷款，弥补农业和农村信贷资金的缺口，同时还配合政府农业政策，提高特别的政策性贷款、补贴或补偿，在兴修水利、整治土地、促进农产品销售、稳定农产品价格、农业结构调整和农户收入稳定与提高等方面发挥了重要作用，成为各国政府贯彻落实本国农业政策的有利工具。

农业政策性信贷在支农中具有一般商业信贷无法代替的特有功能，农业作为弱质产业，比较收益低，抵御自然灾害能力差，经营风险较大，国家必须对其实行政策性扶持，实行积极的支持和保护政策，这也符合国际惯例。因此，应进一步完善和强化农业发展银行的扶持功能和指导功能，进一步明确和完善农业政策性信贷职能原则，坚持政策性与效益性相统一的原则，打破农业政策性扶持对象性质的限制，进一步拓宽贷款领域。

8.3.2.3　扶持和规范农村合作金融组织

合作金融组织作为金融领域的合作组织，是合作社体系的重要组成部分，在组织个体农户、个体工商户和中小企业发展经济，参与国内国际市场竞争、发展市场经济过程中，具有强大的生命力。各国合作金融组织体系的发展，对于解决农户生产和生活的资金需要、弥补政府对农村投资的不足、阻止农村资金城市化以及促进城乡一体化建设等具有十分重大的意义作用。各国农村合作金融组织已在业务经营、民主管理、组织体制等方面形成了比较完善的运行机制，在支持农户、农业和农村经济发展中起着十分重要的基础性作用。

合作金融组织参与竞争、不断发展壮大需要健全的法规和完善的管理手段作保证。各国政府都制定了较为完善的合作社法或合作金融组织法，对合作金融组织进行监管并提供法律保障。例如，印度政府坚持扶持协助的方针，对信用合作组织给予免除所得税的优惠待遇，注意帮助解决信用合作组织发展过程中的实际问题；同时坚持鼓励合作组织自主自立，避免合作组织对政府的依赖。在政府的支持下，信用合作体系已成为印度国内地位稳定的经济力量。又如，日本政府不仅重视设置合作金融体系，而且重视合作金融立法，同时特别注意顺应合作社发展趋势，对其加强管理，协助和辅导合作金融组织独立。

8.3.2.4 构建我国的农业保险体系

农业是弱质产业，面临市场竞争和自然灾害双重风险，这些风险的存在或发生严重影响了农业的可持续发展，加之中国农业生产的主体是小规模的分散经营农户，对风险的防范和承受能力十分有限，一旦发生自然灾害或者农产品市场的剧烈波动，农户将会遭受巨大的损失。建立农业保险体系对保障中国农业再生产的顺利进行，稳定农户收益，刺激农户农业投资的积极性均具有重大的现实意义。

农业保险就是专为从事种植业和养殖业的农业生产者应对生产过程中自然灾害和意外事故所造成经济损失而提供的保障。农业保险机构的运作机制是，组织农业生产经营者进行风险损失分摊，建立农业保险基金，对于农业生产过程中因灾害事故所致损失给予保障范围内的经济补偿。农业保险可以分为种植业保险和养殖业保险，种植业保险中主要包括生长期的农作物保险、收获期的农作物保险和森林火灾保险等，养殖业保险主要包括牲畜保险、家畜保险和水产养殖保险等。

建立中国农业保险体系的目的在于化解或降低农业投资者在生产经营过程中面临的自然风险和市场风险，保护农业投资者的利益，促进农业投资和农业发展。因此，建立农业保险体系的总体指导思想是由于农业风险大、收益低，建立农业保险体系必须依靠国家的大力支持，在政策上给予农业保险购买者和销售者各种财政补贴和税收优惠；建立政策性农业保险和商业性农业保险的边界。

在农业保险发展过程中，一般在开始阶段主要由政府来扶持建立政策性保险公司，同时对一些从事农业保险业务的商业性保险公司给予各种支持，但随着农业保险的发展，政府的力量在淡出，商业性保险公司将是经营农业保险业务的主体。就建立中国农业保险体系来说，在建立政策性农业保险公司的同时，应该鼓励现有商业性保险公司积极拓展和扩大农业保险业务，为农户等农业投资者提供农业保险服务。另外，在时机成熟的时候，可以考虑建立专门的商业性农业保险公司，专门负责经营农业保险业务，当然政府要给予专业性农业保险公司各种支持，保证其稳定运行。

8.3.2.5　完善农产品期货市场

农产品商品的价格由于受多种因素的影响容易发生波动。这种波动可以给交易中的一方带来好处，同时给另一方造成损失。因此，人们总是想方设法转移、规避和分散农产品价格风险。而农产品期货市场最突出的功能就是为农产品生产、经营者提供规避风险的手段，即农产品生产、经营者通过在农产品期货市场上进行套期保值和投机业务来规避农产品价格波动的风险。

农产品期货交易同农产品现货交易一样，都存在农产品价格风险。套期保值是以转移农产品价格风险为目的的农产品期货合约买卖的交易形式，是交易者农产品期货合约买卖的交易形式，是交易者在农产品现货市场和农产品期货市场同时进行两个数量相同、方向相反的买卖，即在农产品现货市场上买进或卖出一定数量的某种农产品商品的同时，在农产品期货市场上卖出或买进同样数量的同种农产品商品的期货合约。

农产品期货市场能够有效地分散和规避农业产业化过程当中的自然风险和市场风险。我们应更好地利用农产品期货市场的价格信息来指导农业产业化的生产，以促进农业产业化的健康发展。

农产品生产能否按照市场需求来进行，以避免生产的盲目性，是保障农业生产取得预期收益的前提条件。农产品现货市场提供的供求和价格信息是当时的，加之农产品的生产周期较长，可变因素多，对于安排未来的农产品生产，不如期货市场提供的信息准确可靠。农产品期货市场提供的信息具有预期性和权威性，农产品期货价格是在农产品现货价格基础上综合了各种影响因素，经过充分的竞争而形成的，对未来一定时间内农产品需求和价格信息预报较准确。因此，根据农产品期货市场信息来安排农产品生产，可以合理确定农产品的品种和数量，增强农产品生产计划的科学性，减少主观盲目性，使农产品按照市场的需求供给，从而避免农业生产的大起大落。近些年来，河南省农户根据郑州商品交易所的绿豆期货价格相应调整绿豆的种植面积，黑龙江农垦系统根据大连商品交易所的大豆价格安排大豆生产和抛售大豆现货，效果理想，这证明了农产品期货价格的引导作用。

8.3.2.6　建立农业投资保障机制

在新形势下积极推进农业投资体制改革，建立农业投资保障体制，使得更多的资金投到农业中去，促进农业快速发展，这对于实现农业现代化和建设社会主义新农村具有重要意义。因此，国家应该及时根据建设社会主义新农村的目标要求，进一步深化现行农业投融资体制改革，不断加大政府的农业投资力度，建立社会资金进入农业投资领域的引导机制和保障体制。

农业自身的产业性质特点，决定了农业生产周期长，自然风险和市场风险都比较高，投资收益比较低；而在市场经济条件下，资本的本质在于追逐利益最大化，资本总是在投资获利水平高的行业运动。因此，农业一般缺乏对资本的投资吸引力，仅靠市场机制解决不了农业投资主体投资意愿不强、农业投资不足的问题。

鉴于中国农业投资严重不足，农业投资主体投资积极性不高，政府应该利用自身财力，发挥投资的引导和带动作用，激励农业投资主体的投资行为。中国财政投资水平不仅远低于发达国家，而且也低于发展中国家财政农业投资水平。因此，在我国目前农业基础条件薄弱的情况下，各级政府必须调整国民收入分配格局，大力增加农业投资总量，保证财政农业投资资金增长高于经常性财政收入增长比例，以及预算内农业基本建设投资有较大幅度的增长。

政府必须动用更多的财政资金，加大对农业的财政投资，建立政府反哺农业的实现机制。政府反哺农业的实现机制包括反哺资金的来源、使用方向，以及达成反哺农业的预期目标，还包括监督政府反哺农业资金使用绩效的机制等。中央和地方各级财政预算每年用于农业支出增长幅度要高于财政收入的增长幅度，新增财政支出主要用于农业投资，要提高农业基础设施投资占国家基础设施投资的比例，增加对农田水利、道路等小型基础设施建设和农业科技进步的支持力度，促进农业科技创新。在加大财政农业投资的同时，还必须提高财政农业投资的利用效率，建立通过立法等手段在制度上保证政府反哺农业资金使用绩效的机制，促进农业快速发展。

仅仅依靠政府财政反哺还不能满足农业发展的需要，政府必须采取一系列措施，积极引导社会资金加大对农业的投入力度，以构建社会化反哺农业的实现机制。社会资金主要包括农户投资、企业投资、农村集体投资以及金融机构对农业微观投资主体的信贷支持等。社会资金反哺农业的动力所在是投资的收益最大化,因此,政府引导社会资金投于农业生产经营过程,构建社会化反哺农业的实现机制,从根本上来说,就是建立农业投资的利益刺激机制。因此,政府要加大对社会资金投入农业的补贴,减少或者免除各种税费,大幅度提高微观农业投资主体的投资收益。

8.3.3 农村金融非系统性风险的应对措施

由前面的分析可知,若想要有效地降低农村金融机构的信贷风险,这些金融机构就需要有效甄别出不同类型的借款农户,把不符合信贷条件的"低质量"的农户排除出借款对象,这就需要想方设法从各个方面改善农户的信息特征,使之更加的透明化,为此需要创新农村机构和组织,从各个方面来努力消除由于信息不对称而引起的信贷效率低下。

8.3.3.1 鼓励小额信贷的发展

小额信贷是以反贫困、促发展为宗旨的信贷方式,在世界范围内已有三十多年的实践历史。小额信贷通过一系列完全不同于正规商业银行的特殊制度安排来解决交易成本和信息成本问题,在一些国家和地区比较成功地解决了为穷人提供有效信贷服务的难题。鉴于其在扶贫开发方面的巨大优势,小额信贷受到越来越多发展中国家的欢迎。

小额信贷是指专门向中低收入阶层提供小额度持续的信贷服务,小额信贷旨在通过金融服务为贫困农户或微型企业获得自我就业和自我发展的机会,促进其走向自我生存和发展。小额信贷的定义包括两个基本层次的含义:一是为低收入人口提供金融服务;二是保证小额信贷机构自身的生存和发展,即持续性。这两个方面既相互联系又相互矛盾,构成了小额信贷的完整要素。

小额信贷组织是专门提供小额信贷业务的机构，与传统金融机构相比，小额信贷组织一般身处基层，具有获取信息的便利条件，能够根据低收入人群信贷需求的特点进行相应的金融制度和产品创新，从而提供更加贴近农户和微小企业需求的金融服务，而且能够较好地管理农户风险。

传统金融机构面对小额信贷业务时大都敬而远之，这是因为，第一，中低收入阶层、贫困居民和微型企业一般业务规模较小而住地分散，银行若与每个农户分散谈判，要付出很高的交易成本；第二，中低收入阶层、贫困居民和微型企业对金融服务的需求一般较为单一，不足以使银行得到范围经济的收益；再次，由于缺乏可信的长期信用记录，也没有规范的具有公信力的财务报表，银行在收集和处理这些农户信用信息方面成本过高；第三，中低收入阶层、贫困居民和微型企业难以满足银行对于抵押品的要求。贫困人口的贷款具有数额小、风险大、信誉差等特点，而且无法提供担保，加上贷款使用监测困难（缺乏相关的财产和经济信息），因而普遍存在收贷难、管理和交易费用高等问题。

为解决这一问题，许多发展中国家曾通过直接提供贴息贷款来缓解穷人的资金需求，但由于这种扶贫方式存在一定问题而被淘汰。扶贫贴息贷款政策产生的利益相当多一部分为非穷人所攫取，扶贫贴息贷款的到期还款率很低，贴息贷款政策扭曲了农村金融资源的配置，阻碍了农村金融市场的发育，不利于贫困的持续缓解和贫困地区正常金融秩序的建立，因而贴息贷款政策不可能成为解决穷人资金短缺的可持续的经济方式。

小额信贷在组织设计上按市场机制操作，兼备民间互助组织和合作组织的特长。一方面，小额信贷具有一般非正规信贷形式的优点，如通过建立与用户的紧密而亲切的关系、确定方便的交易时间和地点、参与性的监测等方式，增强用户的信任感，降低交易费用和管理费用；另一方面，小额信贷又具有正规金融机构管理规范性和严密性的优点，通过精密的组织和严格的管理，在不需要担保的条件下为穷人提供信贷服务，同时减少和避免一般非正规信贷的高风险。

社会低收入者，城市和农村地区的中低收入人群是小额信贷的主要服务对象。这些人的生产活动与家庭生产、小生意紧密联系，具有通过自己的努力改善经济状况的愿望。一般地，商业化的小额信贷的贷款对象是具有一定的生产经营能力和条件因而具备偿还贷款可能性的人群，因而不包括农村中最穷的农户。而公益性的小额信贷具有慈善性质，贷款对象包括农村中最穷的农户。

小额信贷具有双重目标。一方面，小额信贷要为那些资金需求无法被正规金融机构满足的低收入人群提供信贷服务，扶贫是主要目标，因此非常重视对穷人的培训和技术支持。另一方面，小额信贷以市场经济作为基本的运行环境，采用市场经济的一般运行规则，追求机构操作上和经济上的可持续性。在中国，目前有各种实行小额贷款的方法，积累了广泛的经验，可以作为现有金融机构改革和建立新的农村金融机构的范例。

8.3.3.2　完善贷款抵押担保制度

假设借款农户自有资产为 S，借款农户向银行申请贷款为 Q，利率为 r，所需的抵押为 C，贷款投资于项目后可能成功也可能失败，项目成功后借款农户可以用收益归还贷款，项目失败后，借款农户用抵押物和借款农户的剩余资产归还贷款。抵押物的正向效应表现在两个方面：一是甄别作用。借款农户的资产 S 必须大于等于银行规定的贷款抵押 C，才能取得贷款，从而可以使自有资产太少或资产质量太差的贷款申请者退出。同时，当银行要求较低抵押物时，资信较高、风险较小的贷款者由于成本较低会更愿意提供抵押，抵押物也可以起到信号的作用。二是在其他条件相同的情况下，贷款抵押要求加大了借款农户不还款的成本，会减少借款农户的策略性赖账行为，降低违约率，增加银行的收益。如果借款农户违约,银行也可以通过处置抵押资产来弥补部分贷款损失,银行的收益大于没有抵押物要求时的收益。

但是,如果抵押物要求超过了借款农户所能承担的成本或者借款农户将贷款投资于风险较小的项目带来的收益,就会使风险较低的贷款申请者退出。同时过高的抵押要求将进一步刺激风险较大的贷款申请者将贷款投资到高风险项目,使项目失败的可能性增大,借款农户用项目收益归还贷款的可能性减少。降低还款率,减少了银行的收益。

在农户与银行信息不对称情况下,如果农户能够提供充足的抵押,或者找到第三方为自己的贷款进行担保,则有可能增加农户的信贷契约执行激励,从而降低违约的风险,并使银行在违约发生后得到一定的补偿。一些实证研究能够间接证明,抵押和担保能够有助于降低对银行与农户之间信息对称性的要求。因此,如果能够有效地增加农户可用于抵押的资产,则会激励银行更积极地为农户提供信贷服务,而同时农户也能够有动力更积极地努力偿还贷款,从而银行的信贷风险降低,而农户也更容易得到贷款。

从信息经济学角度来看,农户增加抵押物的支出,就相当于对银行发出了一个信号,自己是"高质量"的贷款人,会努力偿还贷款,因为如果是"低质量"的贷款人,他们知道自己很难偿还贷款,也就不敢增加自己的抵押物品,因为他们的初衷就是借款后并不打算要偿还,一旦自己付出了抵押品,则还不了贷款,抵押品就会被银行收走,这与他当初借款的初衷就不相符,所以,他们是不会提供抵押品的。在这里,抵押品就起到了信号传递的作用,能够区分出"高质量"和"低质量"的贷款农户,从而可以降低银行的信贷风险。

8.3.3.3　强化农村信用合作社作用

农村信用合作社属于合作性的金融组织,合作制及其组织——合作社,其本来面目是弱小者的经济自救手段,是经济上的联合与合作，是对抗资本的工具，从这点上看，合作制在中国应当在相当长的时间内成为促进经济上的弱者联合起来发展并进而减少贫富差距的良策。但是在中国，农村信用合作社却是有合作之名而无合作之实，在利润动机的驱动下，大量农村资金涌向非农产业，极大地削弱了农民使用农村资金的能力，农民贷款难的矛盾日趋显现，对本应是农村合作金融主体的农民的利益造成极大的伤害。

由于银行与农户之间存在严重的信息不对称问题，使得正规农村金融机构在农村面临着极大的信贷风险，农村信贷市场无法给这些追逐利润的金融机构带来利益。金融机构股份制改革后，面临着越来越大的经营压力，于是它们逐渐退出了农村信贷市场，农民"贷款难"的问题表现得愈加严重。

就服务"三农"而言，农村信用合作社比股份制商业银行有着无法比拟的优势，这包括在一定程度上的民主管理优势、信息优势以及人员成本优势等。这里需要着重指出的是农村信用合作社的信息优势。

真正意义上的合作社应该是在某一区域内，有着资金需求的农户和小企业自由入社，将闲散资金聚集起来，贷放给有资金需求的社员，而合作社的一切事务都由社员们自主决策，不受外界干扰，合作社的经营目的重在社员的合作互助，而不是盈利。由此可以看出，真正的合作社应该是效率很高的一种组织形式。合作制的农村信用合作社存在的必要性在于它兼顾了效率与公平，其自身的优势使得它既可以利用其成员当地固有的信息源和信用，又利用了自我雇佣的优势，因而可以降低信息、监督和执行等交易费用，非常适合以分散、小额、个性化为特点的，以传统农业为基础的部分农村地区。在这一点上，商业银行集中化的机构和管理恰恰会出现水土不服。

由于都是在同一区域内社员之间的合作，因此社员之间不存在严重的信息不对称问题，社员之间彼此了解，并且信用合作社由社员自己管理，信用合作社的利益与自己的利益切实相关，这就会使信用合作社开展业务时有动力去主动甄别与监督贷款社员的贷款目的与行为，以维护信用合作社的利益。一般商业性金融机构在农村信贷市场上面临的信息不对称困境却恰恰是农村信用合作社的优势之所在。从这个意义上讲，如果能够真正发挥农村信用合作社的优势，对于解决农户的“贷款难”问题来说，不失为一种有效的制度安排。

但是我们现实情况的农村信用合作社却是别样图景，不仅不能够发挥其在农村金融中的重要作用，反而在一段时间内成为了政府的包袱，这实在是令人感到惋惜。究其原因，主要是现在的农村信用合作社由于历史的原因而导致产权不清晰，农村信用合作社有名无实。在当前建设社会主义新农村的过程中，迫切需要金融的支持，因此，对农村信用合作社进行改革，应恢复其真正合作制的本来面目，发挥其应有的优势。为此，应从以下方面进行改革。

1.农村信用合作社的改革应定位于“三农”

农村信用合作社的市场应定位于农民、农业和农村经济。这是因为：①坚持为“三农”服务是农村信用合作社的办社宗旨。农村信用合作社入股社员均为农民，阵地在农村，离开了农村，离开了农民，农村信用合作社就成了无源之水，无本之木。因此，农村信用合作社的服务方向必须立足于“农”，“以农为本、为农服务”这一点必须坚持。②农村多种经营形式和农村经济发展，迫切需要农村信用合作社提供金融服务。目前，广大农村众多分散的、零星的小商品生产者和小型种养加工业要发展生产、扩大经营，只有通过信用合作社获得资金的支持，才能提高竞争能力和抵御市场风险能力，进入大市场。信用合作社离农民最近，机构网点相当普及，经营手段和操作方法特别适合农村多层次经营形式的金融服务需要。③农村信用合作社经营空间广阔,有很大的发展潜力,在其他金融机构弃农进城、重新确定市场取向的形势下,农村信用合作社应借机以农为本,主要为社员服务,发挥农村金融主力军的作用。

2.坚持合作制原则

合作制是农村信用合作社的灵魂,也是农村信用合作社各种优势和特点的制度根基之所在,因此农村信用合作社的改革必须遵循合作制的原则,实行真正的有名有实的合作制。合作制的农村信用合作社存在的必要性在于它兼顾了效率与公平。从效率来看,在农村以农户家庭经营为主的经济背景下,合作制与股份制改革都各有优势和劣势。从公平的角度来看,正是由于股份制的商业金融机构不会以农户为主要服务对象,因而需要通过建立合作制的农村信用合作社来进行资金互助,帮助农户解决资金困难,避免高利借贷的剥削。

8.3.3.4　完善土地流转制度

在我国,土地流转主要是指土地使用者的土地权利全部或部分地从一个主体转移给其他主体的行为,即土地使用权的流转。土地流转是实现规模经营的需要,而农业适度规模经营是农村经济新的增长点,是提高农村生产力的必由之路。随着我国市场经济的不断发展,城市化进程的不断加快,大量的农业人口转为非农业人口,从事非农产业将不可逆转,这样就产生了土地流转的客观需要。但由于以下几个方面的原因,使土地流转困难重重。第一,农村土地产权关系归属不明确以及周期性的土地调查,土地转让在具体的期限和合同方面非常不规范,土地流转期限比较短,而且也非常不稳定,大多数转让都可以随时终止,这使土地流转没有稳定的预期;第二,在现行土地制度下,土地使用权的转让要通过土地所有权代表者的集体同意或同意调整,这种规定为乡村干预土地流转找到了借口，从而限制了土地的流转；第三，由于我国农村土地的社区性，土地流转一般都局限在社区内，社区之间的土地流转由于烦琐和严格的程序，几乎变得不可能，这限制了土地在更大范围内的合理配置。由于现行农村土地制度对土地流转的重重限制导致了土地流转选择范围狭小且没有什么收益，因此土地的流转一般都是在亲戚朋友之间无偿进行的，土地很少能流转到最能有效使用土地的人手中，造成土地的使用效率低下和严重浪费。

对于当下的农户来说，农产品的"剪刀差"等因素，使得他们没有多少资产可用于抵押品，土地房屋几乎是他们唯一的财产，而土地是唯一能够用作抵押品的财产。但是土地是归集体所有的，农户只有使用权，而不能够自主转让，这就限制了土地作为抵押品传递信号的作用，从而大大限制了农户可抵押的财产，有限的土地财产没有发挥出它本应该发挥的作用，这对于急需信贷资金支持的"三农"来说是极大的浪费。

应该取消对土地流转的限制，使土地具有更好的流动性，这种做法其实并不会造成更多失地农户，因为在这里，土地在促进农村信贷市场发展中的作用只是起到了一个信号传递的作用，只需要土地完成这个作用即可，而达到这个目的并不必然导致农户失地，也并不是说土地成为了抵押品就必定会流失出去，在这里，这个信号的作用只是加大了对银行和农户的激励。

参考文献

[1] William. Market and Hierarchies [M]. New York: The Free Press, 1975.

[2] Abrams, Clarke, Settle. The Impact of Banking and Fiscal Policies on State— Level Economic Growth [J]. Southern Economic Journal,1999,66(2):367 - 378.

[3] Cornelli, Yosha. Stage Financing and the Role of Convertible Debt[J]. Review of Economic Studies, 2003, 70(1):1 - 26.

[4] Jayaratne, Strahan. The Finance-Growth Nexus: Evidence from Bank Branch Deregulation [J]. The Quarterly Journal of Economics,1996,111(3):639 - 670.

[5] King, Levine. Finance and Growth: Schumpeter Might be Right. [J]. Quarterly Journal of Economics, 1993(108): 717 - 738.

[6] Marx. Efficient Venture Capital Financing Combining Debt and Equity [J]. Review of Economic Design, 1998(3): 371 - 387.

[7] Stiglitz, Weiss. Credit Rationing in Markets with Imperfect Information [J]. American Economic Review,1981,71(3): 393 - 410.

[8] Taylor, Jonker. Evolutionarily Stable Strategy and Game Dynamics [J]. Math Biosci, 1978(40):145 - 156.

[9] Gold Smith Raymond. Financial Structure and

Development [M]. New Haven: Yale University Press, 1969.

[10] Shaw, Mckinnoa. Finance, Entrepreneurship, and Growth; Theory and Evidence[J]. Journal of Monetary Economics,1993(32):513 - 542.

[11] Beneinenga, Bruce. Financial Intermediation and Endogenous Growth [J]. Review of Economic Studies, 1991, 58(2/4): 195 - 209.

[12] Adams, Fitchett. Informal Finance in Low-Income Countries [M]. Boulder, San Francisco and Oxford: Westview Press, 1992.

[13] Dutta, Magableh. Asoeio-eeonomic Study of the Borrowing Process: The Case of Entrepreneurs in Jordan [J]. Applied Economics,2006,38(14):1627 - 1640.

[14] Pagano. Financial Markets and Growth: An Overview [J]. European Economic Review, 1993, 37(2/4):613 - 622.

[15] King, Ross. Finance, Entrepreneurship, and Growth: Theory and Evidence [J]. Journal of Monetary Economics,1993, 32(3/12): 513 - 532.

[16] Shahidur. Mierofinance and Poverty: Evidence Using Panel Data from Bangladesh [J]. The World Bank Economic Review,2005,19(2):263 - 286.

[17] 闫永夫. 中国农村金融业[M]. 北京:中国金融出版社, 2004.

[18] 杨兆廷,等. 河北农村经济问题研究[M]. 石家庄:河北人民出版社,2005.

[19] 张杰. 中国农村金融制度:结构变迁与政策[M]. 北京:中国

人民大学出版社,2003.
[20] 张满红. 合理撤并信息、信任与法律[M]. 上海:三联书店, 2003.
[21] 张元红,马忠富. 当代农村金融发展的理论与实践[M]. 南昌:江西人民出版社,2002.
[22] 何德旭. 中国金融服务理论前沿[M]. 北京:社会科学文献出版社,2006.
[23] 付俊文,李琪. 信用担保与逆向选择:中小企业融资问题研究[J]. 数量经济技术经济研究,2004(8):127-133.
[24] 金雪军,王利刚. 中小企业担保公司信用资本投资模式研究——有关"担保换期权"问题探讨[J]. 济南金融,2005(4):24-26.
[25] 李锐,李宁辉. 农户借贷行为及其福利效果分析[J]. 经济研究,2004(12):96-104.
[26] 刘明权,徐忠,俞建拖. 信贷市场中的非正规金融[J]. 世界经济, 2003(7):1-13..
[27] 史清华,等. 沿海与内地农户家庭储蓄借贷行为比较研究——以晋浙两省 1986—2000 年固定跟踪观察的农户为例[J]. 中国农村观察,2004(2):26-33.
[28] 孙庆文,等. 不完全信息条件下演化博弈均衡的稳定性研究[J]. 系统工程理论与实践,2003(7):11-16.
[29] 王霄,张捷. 银行信贷配给与中小企业贷款——一个内生化抵押品和企业规模的理论模型[J]. 经济研究,2003(7):68-92.
[30] 杨胜刚,胡海波. 不对称信息下的中小企业信用担保问题研究[J]. 金融研究,2006(1):118-126.
[31] 张建军,正规金融机构退出后的信贷市场研究:广东省恩平市个案分析[J]. 金融研究,2003(7):129-136.

[32] 中国人民银行广州分行课题组.从民间借贷到民营金融:产业组织与交易规则[J].金融研究,2002(10):101-109.

[33] 卓凯.非正规金融契约治理的微观理论[J].财经研究,2006(8):112-123.

[34] 张庆昉.农户结构和行为对借贷倾向的影响研究[J].财经理论与实践,2010(3):40-45.

[35] 史清华.农户结构和行为对借贷倾向的影响研究[J].财经理论与实践,2010(3):40-45.

[36] 黄宗智.三大历史性变迁的交汇与中国小规模农业的前景[J].中国社会科学,2007(4):54-58.

[37] 曹力群,温铁军.农村金融政策扶持体系的构建和完善[J].中国农村金融,2011(7):1-8.

[38] 曹力群.全面提高农村金融服务能力[J].乡镇经济,2009(5):88-95.

[39] 霍学喜.西部地区农户资金借贷的调查与思考[J].西北农林科技大学学报,2010(10):56-57.

[40] 颜志杰.农户小额贷款的利率选择[J].现代金融,2006(2):38-45.

[41] 李明贤.农户金融服务需求情况与供给效果分析——以湖南省祁阳县为例[J].农村金融研究,2011 (1):22-26.

[42] 赵斯彤.我国华北地区农户资金需求与信贷约束问题研究——基于问卷调查实证分析[J].经济研究参考,2010,47(1):12-16.

[43] 庞如超.农村信贷对农民收入增长的有效性研究[J].河北金融,2008(7):34-37.

[44] 张远军.中国农村走向繁荣的金融选择[M].北京:中国金融出版社,2008.

[45] 王双正.中国农村金融发展研究[M].北京:中国市场出版

社,2008.

[46] 李树生，何广文，等. 中国农村金融创新研究［M］. 北京：中国金融出版社，2008.

[47] 庞如超. 河北省农村小额贷款公司发展研究[J]. 合作经济与科技，2012(9)：12－15.

[48] 蒋难. 农户借贷需求行为的经济学分析与实证——以中部某省750家农户调查为例[J]. 金融发展研究，2009(5)：78－80.

[49] 庞如超. 农村金融发展与农民收入增长关系实证研究[J]. 华北金融，2008(6)：25－31.

[50] 陈军，曹远征. 农村金融深化与发展评析[M]. 北京：中国人民大学出版社，2008.

[51] 庞如超. 大型商业银行增加农村金融供给的途径探讨[J]. 黑龙江金融，2008(8)：30－33.

[52] 柳松，程昆. 中国农村非正规金融：绩效、缺陷与治理[J]. 农业经济问题，2005(12)：78－85.

[53] 冉茂盛，张宗益，冯军. 中国金融发展与经济增长的因果关系检验[J]. 重庆大学学报，2002(3)：33－38.

[54] 何广文. 处理好农村金融发展与农村经济增长的关系[J]，经济研究参考，2002(7)：41－45.

[55] 张小山，何安耐. 关于农村金融体制改革的几点思考[J]. 农业经济问题，2002(9)：29－33.

[56] 史永东，武志，甄红线. 我国金融发展与经济增长关系的实证分析[J]. 预测，2003(4)：22－27.

[57] 单俏颖. 我国金融发展与经济增长关系的实证研究[J]. 统计与信息论坛，2003(6)：9－15.

[58] 陈柳钦，曾庆久. 我国金融发展与经济增长关系的理论与实证研究[J]，金融论坛，2003(11)：43－45.

[59] 赵振全,薛慧丰.金融发展对经济增长影响的实证分析[J].金融研究,2004(8):56-62.

[60] 姚耀军,和丕禅.中国农村金融发展与经济增长(1978—2001)实证分析[J].西北农林科技大学学报,2004(11):23-29.

[61] 彭志超.海南省农村金融发展与农村经济增长的实证研究[J].西北农林科技大学学报,2004(12):59-64.

[62] 丁晓松.我国金融发展与经济增长关系的协整分析[J].统计与决策,2005(1):78-83.

[63] 钟笑寒,汤荔.农村金融机构收缩的经济影响:对中国的实证研究[J].经济评论,2005(1):76-81.

[64] 张兴军.金融发展与经济增长关系:对安徽省1985—2002实证分析[J].市场周刊,2005(1):48-53.

[65] 李刚.农村金融对农村经济发展的相关性分析化[J].财经科学,2005(4):18-22.

[66] 王满仓,等.陕西金融发展与经济增长的实证分析[J].西北大学学报,2005(7):78-82.

[67] 王晖蓉,耿广平.北京市金融业发展与经济增长相关关系研究[J].北京工商大学学报,2005(11):9-13.

[68] 陈述云,刘带春.贵州金融发展与经济增长关系的实证研究[J].贵州社会科学,2006(11):76-81.

[69] 刘兴海,李涛.农村金融发展与经济增长关系的实证研究[J].商场现代化,2006(12):134-137.

[70] 中国人民银行石家庄中心支行金融研究处.河北省农村金融调查[J].华北金融,2005(4): 18-22.

[71] 陈浪南,谢清河.我国小额信贷研究[J].农业经济问题,2002(3):35-40.

[72] 贺银凤.河北省应加快“小额贷款公司”试点工作[J].河北

金融,2006(6):12-16.

[73] 中国人民银行石家庄中心支行金融研究处课题组.廊坊市小额贷款公司——发展民间融资模式尝试[J].华北金融,2008(3):38-42.

[74] 中国人民银行承德市中心支行课题组.承德市小额贷款公司发展状况及政策建议[J].华北金融,2009(9):17-22.

[75] 沈冰.防范农村金融风险脆弱性的建议[J].经济研究参考,2007(6):45-48.

[76] 靳娟.我国农村金融风险的现状与对策[J].西安财经学院学报,2007(2):27-32.

[77] 郭河彬.我国农村金融风险的形成与化解[J].金融理论与实践,2006(4):13-16.

[78] 石树琴.信号传递与信息甄别模型浅析及其应用[J].复旦大学学报:自然科学版,2003(2):38-42.

[79] 程鹏,吴冲锋.借贷过程信号传递博弈模型分析[J].系统工程理论方法应用,2001(2):13-19.

[80] 冯涛,王元.我国农户信贷市场中的有效信贷模式选择[J].西部金融,2007(10):9-15.

[81] 王元.信息处理——博弈参与和农村金融服务中介[J].金融研究,2006(10):23-30.

[82] 冯兴云.从民间金融视角看农村金融发展战略选择[J].农村金融,2007(11):18-23.

[83] 王建威,何国钦.农村民间金融的发展逻辑与优化策略[J].上海金融,2007(11):34-40.

[84] 许玉晓.我国农业信贷制度低效问题探析[J].海南金融,2007(9):74-76.

[85] 武翠芳,赵其有,王向东.我国农村资金供求缺口分析[J].金融理论与实践,2007(7):65-67.

[86] 王叙果.我国农村金融市场的非均衡性分析[J].农业经济问题,2005 (2):33-38.

[87] 郭为.农民的收入增长转型与农村金融发展:基于分省面板数据的实证研究[J].商业研究,2007(3):56-63.

[88] 李跃,朱喜.农户金融抑制及福利损失的计量分析[J].经济研究,2007(2):22-29.

[89] 陈柳钦.我国农村民间金融的运行形式、存在的问题及其规范发展[J].经济研究参考,2006(72):67-70.

[90] 邱新国,陈源媛.中国农村非正规金融的产生与发展——基于农户行为特征的分[J].海南金融,2006(9):59-64.

[91] 苏士儒,等.农村民间金融发展和农金融体系建设[J].经济研究,2006(3):66-72.

[92] 姚耀军,陈德付.中国农村民间金融的兴起:理论及其实证研究[J].中国农村经济,2005(8):21-28.

[93] 林毅夫,孙希芳.信息、民间金融与中小企业融资[J].经济研究,2005(7):54-60.